TRINITY

Nazan Gül

Und ich beweg mich doch

Die Geschichte
einer geistigen Heilung

TRINITY

Dieses Buch dient der Information über eine Methode der Selbsthilfe und Bewusstseinsentwicklung. Wer sie anwendet, tut dies in eigener Verantwortung. Die Autorin beabsichtigt nicht, Diagnosen zu stellen oder Therapieempfehlungen zu geben. Die hier vorgestellten Verfahren sind nicht als Ersatz für ärztliche oder psychotherapeutische Behandlung bei ernsthaften Beschwerden zu verstehen. Eine Haftung der Autorin beziehungsweise des Verlags und seiner Beauftragten für Personen-, Sach- oder Vermögensschäden ist ausgeschlossen.

MIX
Papier aus verantwortungsvollen Quellen
FSC
www.fsc.org
FSC® C014889

Umschlaggestaltung: Guter Punkt, München unter Verwendung
eines Motivs von © Creativa / shutterstock
Satz: BuchHaus Robert Gigler, München
Druck und Bindung: Pustet, Regensburg
ISBN 978-3-941837-88-1

www.trinity-verlag.de

Vorwort

»Geistheilung? Ach, lasst mich in Frieden damit. Nicht auch noch das, ich habe doch schon alles versucht.«

Genauso habe ich gedacht. Weil die Ärzte mir sagten, ich sei unheilbar krank. »Austherapiert«, nennen sie es, sobald sie unter sich sind. Im Gespräch mit mir wurde dieses hässliche Wort natürlich nicht gebraucht. Es wäre ja auch die Offenbarungserklärung ärztlicher Kunst gewesen.

Austherapiert schon – aber wirklich unheilbar? Nein, eben nicht.

Ich sollte es erfahren, obwohl ich anfangs selbst nicht daran glaubte. Ja, ich bin geheilt. Ein Wunder? Vielleicht. Vielleicht aber auch nicht. Vielleicht ist »Geistheilung« ja so etwas wie die Medizin der Zukunft. Auch wenn es heute noch wie Science-Fiction anmutet. Bei mir jedenfalls hat es gewirkt, und heute kommt es mir ganz normal vor.

Um auch anderen Menschen Hoffnung zu machen, denen das Etikett »unheilbar« angeheftet wird, habe ich meine Geschichte aufgeschrieben. So, wie sie sich zugetragen hat. Das sollte betont werden, denn es ist eine fast unglaubliche Geschichte. Aber sie ist und bleibt doch wahr.

Es ist nebenbei auch die Geschichte eines unglaublichen Mannes. Und auch den gibt es wirklich! Er ist tatsächlich Geistheiler in Antalya an der türkischen Riviera. Allerdings pflegt er ein anderes »Geschäftsmodell« als seine hiesigen Kollegen. Zum Beispiel legt er keinen Wert auf Publicity. Wenn man sich von ihm behandeln lassen will, muss man ihn erst einmal finden. Und wer ihn findet, hat damit schon den ersten Schritt zur Gesundheit getan. Denn nichts ist dem Zufall überlassen auf dem Weg, der zu wahrer Heilung führt. Auch das sollte ich lernen, auf meinem eigenen Weg.

München, im Winter 2012/13
Nazan Gül

1 Die Weisheit in meinem Innern hilft mir, die richtigen Weichen zu stellen, und ich will ihr freudig folgen.

Ich schloss meinen E-Mail-Account. Nur Spam und Werbebotschaften. Keine Post für mich. Wer sollte mir auch schreiben, wenn ich kein Interesse daran zeigte, Kontakte zu pflegen? Erschreckt fuhr ich zusammen. Aus meinem Handy ertönte blechern Smetanas »Moldau«. Im selben Augenblick machten die Muskeln meines rechten Armes zu, meine Hand verkrampfte sich. Die verdammte multiple Sklerose! Seit dreizehn Jahren hatte sie mich im Griff und in den letzten Monaten zu immer stärkeren Beeinträchtigungen meines gesamten Bewegungsapparates geführt. Zwar konnte ich schon seit Jahren meine Beine nicht mehr bewegen und war an den Rollstuhl gefesselt, aber wenigstens meine Arme und Hände waren bis vor Kurzem noch völlig intakt gewesen. Deren Zustand hatte sich nun ebenfalls massiv verschlechtert. Besonders betroffen waren die Finger meiner rechten Hand, die sich gerade klauenartig zusammengezogen und eine Faust gebildet hatten. Ich versuchte verzweifelt, sie zu öffnen. Es war aussichtslos. Meine Hand war so fest geschlossen wie ein

Schraubstock, der mit aller Kraft zugedreht worden war. Nach wie vor dudelte mein Handy und ermahnte mich zur Eile. Mühsam drehte ich meinen Oberkörper nach rechts und griff mit meiner linken Hand nach dem Gerät. Deren Finger waren zwar auch versteift, ließen sich aber mit etwas Anstrengung noch ausreichend genug bewegen, um mit einem Tastendruck den Lautsprecher des Telefons einzuschalten. In meinem paralysierten Zustand war es unmöglich, mir den Hörer ans Ohr zu halten.

»Hi, ich bin's«, meldete sich mein Bruder Ersun. »Nazan, ich glaube, ich habe eine wirkliche Hilfe für dich entdeckt!«

»Ja, ist klar«, erwiderte ich, eher gelangweilt als genervt. Ersun ließ seit der Diagnose meiner MS nicht nach, mich mit Tipps und Ideen für eine Therapie einzudecken – gesammelt in Büchern, Zeitungen, online, beim Stammtisch oder beim Friseur.

»Und wann soll ich nach Indien reisen? Oder reicht dieses Mal ein Kopfstand?«

»Nein, ich meine es ernst. Mein Freund Yüksel hat mir von einem kurdischen Geistheiler in Antalya berichtet, der wahre Wunder vollbringen soll. Er hat Yüksels krebskranker Mutter geholfen, und viele Menschen aus allen Teilen der Welt reisen zu ihm, um sich von ihm heilen zu lassen.«

»Und? Was soll das mit mir zu tun haben?«

Ersun nervte mich. Ein Geistheiler – langsam wurde es mir zu bunt.

»Yüksel hat mir erzählt, dass Arslan, so heißt der Typ, die MS seiner Cousine Ayze kuriert hat. DAS hat es mit dir zu tun. Wenn es einmal funktioniert hat, warum nicht ein zweites Mal? Ich bin bereit, dir den Flug und den Hotelaufenthalt zu finanzieren, wenn du nach Antalya zu Arslan reisen willst. Was meinst du?«

Ich verbiss mir eine sarkastische Antwort. Immerhin war

es ein Liebesbeweis, dass er sich so um mich sorgte und verzweifelt nach Möglichkeiten suchte, mir zu helfen.

»Lass mich darüber schlafen, okay?«

Ich wollte meine Ruhe haben und das Gespräch beenden, ohne meinen Bruder allzu sehr vor den Kopf zu stoßen. Außerdem musste ich unbedingt verhindern, dass er mitbekam, in welch desolatem Zustand ich mich gerade befand. Er hätte vermutlich noch heftiger darauf gedrängt, dass ich sofort zu dem ominösen Geistheiler reisen sollte. Zum Glück konnte er nicht sehen, wie ich schräg und verkrampft in meinem Rolli hing. Aber es war nur noch eine Frage der Zeit, bis ich in Atemnot geraten und zu keuchen beginnen würde.

»Gerne. Ich ruf dich morgen wieder an«, sagte er und beendete das Gespräch.

Erfreulicherweise lösten sich in diesem Moment meine Verkrampfungen auf. Ich sank in meinen Rollstuhl zurück und schloss erschöpft die Augen. Ein Gedankensturm raste durch meinen Kopf. Einerseits war ich bereit, nach jedem Strohhalm zu greifen, um den Horror der stetig voranschreitenden Lahmlegung meiner Körperfunktionen zu bekämpfen. Andererseits hatte ich schon zu viel ausprobiert und zu viele Enttäuschungen erlebt. Sowohl alle derzeit bekannten Mittel und pharmazeutischen Drogen der Schulmedizin als auch sogenannte »alternative Heilmethoden« – nichts hatte mir wirklich geholfen. Die MS hatte sich stetig weiterentwickelt und meinen Körper mehr und mehr blockiert. Jedes Zerplatzen einer Hoffnung hatte mich psychisch stark mitgenommen. Ich wusste nicht, ob ich ein weiteres Scheitern noch einmal verkraften würde, und hatte keine Lust, meinen Ist-Zustand zu gefährden.

Inzwischen hatte ich mich nämlich mit dem Korsett meiner Krankheit abgefunden und mir mein Leben im Rollstuhl den Umständen entsprechend eingerichtet. Morgens holte mich ein ambulanter Pflegedienst aus dem Bett. Die Pflegerinnen setzten mich auf die Toilette, wuschen mich und zogen mich an. Danach richteten sie mir ein Frühstück her, und nach einem kurzen Schwätzchen verabschiedeten sie sich. Mein Mittagessen erhielt ich von einem privaten Lieferservice, der mir jeden Tag frisch gekochte Mahlzeiten mundgerecht geschnitten ins Haus brachte. Den Großteil des Tages verbrachte ich am Computer, mit Schlafen, Lesen und Fernsehen. Wenn das Wetter schön war, es mir richtig gut ging und Ersun Zeit hatte, machten wir Ausflüge in die nähere Umgebung. Die Batterie meines E-Rollis reichte für etwa 35 Kilometer, sodass ich einen Bewegungsradius von gut 17 Kilometern hatte. Ein gesunder Mensch kann sich kaum vorstellen, was es in diesem Radius aus meiner Perspektive alles zu sehen gibt. Aber inzwischen kam das kaum noch vor.

Am Abend erschien erneut eine Pflegerin, zog mich aus, wusch mich und brachte mich ins Bett. Wenn ich noch Hunger hatte, richtete sie mir eine Brotzeit her. Alles in allem ging es mir also gar nicht so schlecht.

Und jetzt sollte ich mich auf so ein riskantes Abenteuer mit völlig ungewissem Ausgang einlassen? Allein der Gedanke an die Strapazen der Hin- und Rückflüge ließ mich schaudern. Auch die Vorstellung, dass ich vermutlich Monate brauchen würde, um wieder zurück in meinen gerade gefundenen Lebensrhythmus zu finden, schreckte mich ab. Außerdem hatte ich erhebliche Zweifel an den Fähigkeiten des angeblichen Geistheilers. Was, wenn es sich um einen Scharlatan handelte, der Ersun nur sein Geld abluchsen wollte?

Ich beschloss, ein wenig im Internet zu recherchieren, und gab »Arslan - Antalya« bei »Google« ein. Es gab keine Einträge, was meine Skepsis zunächst verstärkte. Dann aber sagte ich mir, dass das auch ein gutes Zeichen sein könnte. Ich hatte mich oft mit Leidensgenossen unterhalten, die fest an esoterische Methoden für ihre Heilung glaubten. Sie hatten mir erklärt, dass ein wirklich erfolgreicher spiritueller Heiler, der im Einklang mit dem Universum steht, ohne Werbung auskommt. Er sucht keine Patienten, sondern die Patienten, die er heilen soll, finden ihn. Auch ohne Internetauftritt.

Ich beschloss, mir vor dem Einschlafen die Frage zu stellen, ob ich tatsächlich nach Antalya reisen solle. Und dann der Antwort zu folgen, die ich beim Aufwachen oder in meinen Träumen erhalten hatte. Generell stand ich vielem esoterischen Hokuspokus skeptisch gegenüber. Aber dieser Methode der Entscheidungsfindung vertraute ich. Ich hatte sie während eines Aufenthaltes in der Marianne-Strauß-Klinik am Starnberger See von einer Mitpatientin aufgenommen, die sich fest darauf verließ. Auch ich hatte damit in der Vergangenheit schon einige verblüffende Ergebnisse erzielt.

Den Rest des Tages verbrachte ich daher, ohne weiter über den Geistheiler zu grübeln. Pünktlich um 20 Uhr erschien Bianca, meine mir angenehmste Pflegerin, und brachte mich zu Bett. Ich schaute mir noch einen schwedischen Krimi an, dann wurde ich müde und schaltete den Fernseher aus. In meinem Zimmer herrschte vollkommene Stille. Ich schloss die Augen.

›Soll ich nach Antalya zu Arslan reisen?‹, fragte ich mich in Gedanken. Gebetsmühlenartig wiederholte ich diesen Satz. Bis mich schließlich der Schlaf übermannte.

Am nächsten Morgen war ich sofort hellwach. Doch an einen konkreten Traum konnte ich mich nicht erinnern. Mist. Ich träumte normalerweise ausgesprochen lebendig, konnte dabei meinen Körper beherrschen, konnte rennen, tanzen und

Ski fahren wie früher. Mein Traumleben war deutlich intensiver als mein Realleben. Deshalb war ich manchmal in Tränen aufgelöst, wenn ich aufwachte und mir klar wurde, dass die Nacht vorbei war und wieder zwölf Stunden im Rollstuhl vor mir lagen.

Ich schloss erneut die Augen, um mich an meine Träume zu erinnern. Doch da war nichts. Es gab kein einziges Bild, das vor mir auftauchte. Plötzlich erschien ein Löwe vor meinem inneren Auge und verschwand wieder. Ich verharrte in diesem Dämmerzustand, aber es geschah nichts.

Nach einer gefühlten Ewigkeit sah ich mich auf einmal in meinem elektrischen Rollstuhl unter einem Affenbrotbaum in der afrikanischen Savanne sitzen, dessen dicht belaubte Äste sich weit über mir ausstreckten. Ein Schrecken durchfuhr mich, als ich einen mächtigen Löwen entdeckte, der im Schatten des Baumes lag. Er schien tief zu schlafen. Behutsam wollte ich mich zurückziehen. Ich startete meinen Rolli und konnte nicht verhindern, dass dabei ein leises Klicken ertönte. Das reichte. Wie von der Tarantel gestochen sprang der Löwe auf und blickte suchend um sich.

Als er mich entdeckte, straffte sich sein Körper. Er streckte seine Nase in den Wind, um meine Witterung aufzunehmen. Ohne Vorwarnung ließ er ein dumpfes Brüllen ertönen und lief los. Starr vor Angst sah ich die mächtige Raubkatze mit weit aufgerissenem Maul auf mich zu springen. Ich war sicher, dass sie mich mit Haut und Haaren verschlingen würde.

Mit einem gewaltigen Satz landete der König der Tiere etwa zwei Meter vor meinem Rollstuhl. Dann blieb er vollkommen ruhig stehen. Er funkelte mich mit seinen smaragdgrünen Augen an. Trotz meiner Panik konnte ich meinen Blick nicht von ihnen lösen. Ich fühlte mich hypnotisch angezogen.

›Steh auf und komm zu mir‹, hörte ich auf einmal eine fauchende Stimme in meinem Kopf. ›Los, du kannst das!‹ Verwirrt und gelähmt vor Entsetzen saß ich in meinem Stuhl. Immer noch bannten mich die hypnotisierenden Augen des Löwen, der unbeweglich vor mir stand. In diesem Moment hatte ich den Eindruck, dass er mir zublinzelte. ›Steh auf und komm sofort zu mir!‹

Wieder vernahm ich die fauchende Stimme, aber diesmal deutlich energischer. Ich fühlte, wie mich eine nie gekannte Energie durchströmte. Mein durch die Erkrankung stets leicht gebeugter Rücken straffte sich von allein. Ohne Kraftaufwand und ohne Spastik im Rumpf! Wie von selbst glitten meine Füße von den Fußrasten meines Rollis und berührten den weichen Boden. Meine Hände ergriffen die Armlehnen. Mühelos gelang es mir, mich aus dem Sitz zu stemmen und mein Gewicht auf meine Füße zu verlagern. Ich stand aufrecht vor meinem Stuhl! Wie glühende Lava durchströmte mich vom Scheitel bis zu den Zehenspitzen ein tiefes Glücksgefühl. Den Löwen hatte ich völlig vergessen. Doch schon vernahm ich wieder das ungeduldige Fauchen.

›Jetzt lauf endlich los und setz dich auf meinen Rücken!‹, herrschte er mich an.

Diesmal folgte ich, ohne zu zögern. Mit winzigen Trippelschritten ging ich auf ihn zu. Es fühlte sich wunderbar an, unter meinen nackten Fußsohlen das weiche Moos zu spüren, das den Boden bedeckte. Bei jedem Schritt genoss ich die sanfte Massage. Der Löwe legte sich nieder. Ich schwang mich mühelos auf seinen Rücken. Er grollte zufrieden und ich …

»Guten Morgen, Nazan. Ich wünsche dir einen wunderschönen Tag!«

Die Stimme Biancas holte mich schlagartig ins Hier und Jetzt zurück. Offensichtlich war ich noch einmal eingeschlafen und hatte einen Traum der vergangenen Nacht wiederholt. Aber leider nicht bis zum Schluss. Verwirrt und enttäuscht öffnete ich die Augen. Das eben noch einmal Geträumte enthielt für mich keinerlei Antwort auf meine Frage, ob ich dem Geistheiler vertrauen und nach Antalya reisen sollte. Ich vermutete, dass sie im letzten Teil des Traumes versteckt gewesen sein könnte. Den ich aber gerade verpasst hatte, weil ich von Bianca geweckt worden war.

Missmutig und ungeduldig ließ ich die morgendlichen Zeremonien über mich ergehen. Ich war heilfroh, als wir endlich fertig waren und Bianca sich von mir verabschiedete.

Nachdem die Tür hinter ihr ins Schloss gefallen war, brachte ich den Rolli mithilfe seines Joysticks in seine Liegeposition, schloss die Augen und versuchte, noch einmal in den Traum einzusteigen. Es gelang mir sogar, doch auch dieses Mal endete er, als ich auf dem Rücken des Löwen saß. Zwei weitere Versuche scheiterten ebenso.

Resigniert beendete ich mein sinnloses Unterfangen und rollte zu meinem Computer, um mich abzulenken. Ich starrte eine Weile nachdenklich den Bildschirmschoner an. Da hatte ich eine Eingebung: Ich gab »türkische Männernamen« bei Google ein und suchte nach der Bedeutung des Namens Arslan. Als mir das Ergebnis entgegenleuchtete, begann mein Herz zu rasen. Arslan bedeutet Löwe.

Das gab den Ausschlag. Mit zitternden Händen ergriff ich mein Telefon und rief Ersun an.

»Brüderchen, ich bin einverstanden. Sag Yüksel, er soll mir einen Termin mit diesem Arslan vereinbaren. Und dann kannst du mir die Reise nach Antalya buchen. Ich nehme dein Angebot hiermit dankend an.«

Ich habe vergessen, was Ersun antwortete, aber ich weiß noch, dass er sich riesig freute.

Schon zwei Tage später rief er mich an und teilte mir mit, dass Arslan mich erwartete.

»Arslan hat Yüksel gesagt, dass du am Wochenende anreisen und eine Woche, maximal zehn Tage für deine Behandlung einplanen sollst. Ich habe die Flüge und ein Arrangement in einem guten, rollstuhlgerechten Hotel in Antalya für dich gebucht. Eine Pflegerin habe ich auch besorgt. Sie wird sich morgens und abends um dich kümmern. Du fliegst am Sonntag. Also hast du noch vier Tage Zeit, um packen zu lassen und alle sonstigen Vorkehrungen zu treffen. Ich komme morgen vorbei, um dir zu helfen.«

2 In mir wohnen Kraft, Zuversicht und Mut, um mir und meinem Vorhaben treu zu bleiben.

Am Sonntagmorgen um 11.30 Uhr saß ich in meinem Klapprollstuhl, den ich statt meines E-Rollis benutzte, vor der gläsernen Schiebetür des Terminals B des Münchner Franz-Josef-Strauß-Flughafens. Ich wartete auf Ersun, der mit seinem Auto ins Parkhaus gefahren war. Er hatte mich zum Flughafen gebracht, mein Gepäck ausgeladen und mich in meinen Rolli gewuchtet. Dann war er davongebraust und hatte mich einfach stehen lassen. Obwohl ich wusste, dass er gleich wieder erscheinen würde, kam ich mir hilflos und verlassen vor. Seltsame Gedanken schossen mir durch den Kopf. Ich fühlte mich klein wie eine Erdnuss mit einer dicken Schale drumherum. Ich war nicht mehr ich. Nicht mehr die, die ich mal gewesen war. Die vermisste ich, weil ich die, die ich jetzt war, noch weniger mochte als die alte Nazan. Denn die Jetzige dachte solche Sätze, während sie mit einem Riesenkoffer vor den Füßen und einem Rolli unterm Hintern auf ihren Bruder wartete. Als ich mir vorstellte, was mir gleich bevorstand, wurde mir schlecht vor Aufregung.

»Nazan, reiß dich zusammen!«, befahl ich mir halblaut. Mich selbst anzusprechen half mir manchmal, mich daran zu erinnern, dass sich wenigstens an meinem Namen nichts geändert hatte. Dann erinnerte sich auch mein Körper an früher. Nicht, dass er plötzlich aufstehen und gehen konnte. Aber tief durchatmen, um das mulmige Gefühl in den Griff zu kriegen, Zähne zusammenbeißen und Energie sammeln, um lächelnd anzugreifen – so weit reichte es noch.

Ersun war inzwischen wieder aufgetaucht und hatte meinen Koffer mit der einen und den Haltegriff meines Rollis mit der anderen Hand ergriffen. Er schob mich schweigend durch die lange Halle des Münchner Flughafens. Offensichtlich war er immer noch angesäuert, dass ich sein Angebot abgelehnt hatte, mich zu begleiten. Ich hatte kurz darüber nachgedacht und dann entschieden, alleine zu reisen.

Ersun würde mich nach jeder Sitzung mit Arslan sicher fragen, wie es gelaufen wäre und ob ich schon eine Verbesserung spürte. Diesen Druck wollte ich mir nicht antun. Ich hatte mich entschlossen, das Beste aus dem Trip zu machen und einfach meine Zeit in Antalya zu genießen, selbst wenn es mit der Heilung nicht so gut liefe.

Mein Bruder brachte mich zum Check-in der Chartergesellschaft für den Flug nach Antalya.

Ich war anscheinend die Erste, die hier einchecken wollte. Ersun schob mich direkt vor das Desk und hob meinen Koffer auf das Transportband neben dem Pult.

Ich bedankte mich und sagte ihm, dass ich jetzt alleine zurechtkäme. Er blickte mich skeptisch an, dann umarmte er mich und wünschte mir mit feuchten Augen viel Erfolg. Ich sah ihm nach, wie er leichtfüßig entschwand – befreit von meiner Last. An der Ausgangstür drehte er sich noch einmal um und warf mir eine Kusshand zu. Ich fing sie auf und warf sie ihm zurück.

Entschlossen drehte ich mich mitsamt meinem Rollstuhl um und fasste die Frau hinter dem Schalter ins Auge. Sie saß in einer tadellos sitzenden Uniform hinter ihrem Counter und schaute auf mich herab. Mir kam der Gedanke, dass sie mir auf den Kopf spucken könnte. Tat sie aber nicht.

Sie lächelte mir aufmunternd zu. Ich lächelte verkrampft zurück und nestelte mit meinen steifen Fingern den Flugschein nach Antalya aus meinem kleinen Rucksack, den ich auf meinem Schoß transportierte. Nachdem ich endlich das Ticket ans Tageslicht befördert hatte, streckte ich mühsam meinen Arm aus und reichte es ihr nach oben.

»Wie komme ich eigentlich an Bord des Fliegers?«, japste ich. Mir fehlte die Luft, weil mich die Bewegung meiner Gliedmaßen so angestrengt hatte.

»Darum kümmern wir uns. Moment bitte.«

Die Bodenstewardess fummelte an irgendetwas unter ihrer Arbeitsplatte herum, klebte einen Zettel an meinen Koffer und reichte mir mein Ticket zurück. Ich musste recht überfordert ausgesehen haben, denn sie lächelte mich mitfühlend an.

»So, Sie fliegen ab Gate 29. Gleich kommt eine Kollegin und fährt Sie dorthin. Dem Flugpersonal sage ich telefonisch Bescheid, die helfen Ihnen in die Maschine und setzen Sie in Ihren Sitz.«

Mir fiel ein kleines Gebirge vom Herzen. Die kümmerten sich wirklich um mich. Aber was genau meinte sie mit »fahren«?

In dem Moment näherte sich ein knallgelb lackiertes, offenes Wägelchen, das mich ein bisschen an ein Golfkart erinnerte. Es hatte eine Sitzgelegenheit neben der Fahrerin und eine Ladefläche fürs Gepäck. Am Steuer saß eine Blondine mit streng nach hinten gekämmten Haaren und einer dunkelblauen Uniform. Sie fuhr direkt auf mich zu und hielt neben mir an. Ohne abzusteigen, begrüßte sie mich mit einem routinierten Lächeln, das hier wohl Vorschrift war. Dann fragte sie mich: »Schaffen Sie es, sich an meinem Cart festzuhalten, damit ich Sie zu Ihrem Gate bringen kann? Oder soll ich Sie an mein Gefährt festbinden?«

Es kostete mich Mühe, keine pampige Antwort zu geben.

»Ich hab's noch nie probiert«, sagte ich stattdessen. »Aber wenn ich keine Spastik bekomme, müsste es funktionieren.«

»Gut, dann versuchen wir es. Ich werde sehr langsam fahren. Wenn es nicht mehr geht, rufen Sie einfach.«

Sie rangierte das Wägelchen vorsichtig rückwärts an mich heran. Ich beugte mich vor und ergriff mit beiden Händen die Haltestange an seinem Heck. Zu meinem Erstaunen schafften es meine steifen Finger, sich um sie zu krallen. Gemächlich zuckelten wir los. Ich dachte daran, dass ich es jetzt im wahrsten Sinn des Wortes in meinen eigenen Händen hatte, ob ich mein Vorhaben tatsächlich durchziehen sollte, das ich verrückterweise nur wegen einer vagen Traumbotschaft angetreten hatte. Noch war es möglich, die Stange loszulassen und meiner Chauffeurin zu erklären, dass ich aus gesundheitlichen Gründen nicht in der Lage wäre, den Flug durchzuhalten. Dann würde sie mich zum Taxistand ziehen, ich würde mich zurück in meine Wohnung bringen lassen, und das wär's dann gewesen.

Nach ein paar Sekunden schüttelte ich den Gedanken ab. Das konnte ich meinem Bruder und seinem Freund Yüksel, die alles für mich arrangiert hatten, nicht antun. Ich umklammerte den Haltegriff noch fester und beschloss, nicht mehr nachzudenken, sondern mich auf die Fahrt zum Gate zu konzentrieren.

Während wir im Schritttempo durch den Terminal rollten, zog der ungewöhnliche Transport alle Blicke auf sich. »Mami, ich will auch Eisenbahn spielen wie die Frau!«, hörte ich einen kleinen Jungen rufen.

»Sei still, die Frau ist sehr krank. Das willst du sicher nicht«, antwortete seine Mutter.

Ich lächelte bitter.

›Nein, das willst du bestimmt nicht‹, dachte ich betrübt. Dann versetzte ich mir einen symbolischen Tritt. ›Hör auf mit dem Selbstmitleid und der Rückschau in die Vergangenheit. Konzentriere dich auf die Gegenwart.‹

Ich beschloss, die Situation einfach zu genießen. Nach der monatelangen Abgeschiedenheit begann es mir tatsächlich Spaß zu machen, durch den Flughafenterminal gezogen zu werden. Und mir dabei die Leute anzusehen, die um mich herumwuselten oder in langen Schlangen vor den Check-in-Schaltern standen. Sie alle verströmten Erwartung, Aufregung, Vorfreude. Diese fiebrige Energie beflügelte mich. Plötzlich genoss ich es, »Eisenbahn zu spielen«, wie es der kleine Junge so treffend ausgedrückt hatte. Vielleicht war es sogar eine dieser versteckten Botschaften, mit denen das Leben seine gravierenden Veränderungen ankündigt. Es war doch ein schönes Symbol, dass ich hinter einem Mobil hing, das mir zu einer schnelleren Fortbewegung verhelfen konnte.

›Könnte das ein Sinnbild für Arslan sein?‹, dachte ich. ›Ein Hinweis darauf, dass er mich auch beschleunigen, beweglicher werden lassen könnte?‹ Die Vorstellung ließ mich übermütig werden.

»Geben Sie Gas, Sie können ruhig schneller fahren«, rief ich meiner Chauffeurin zu.

Sie drehte sich um und blickte skeptisch zu mir herunter. »Kein Problem für mich, aber können Sie das aushalten?«

»Na klar. Geht ganz leicht.«

Wenig später überholten wir die auf den horizontalen Transportbändern stehenden Menschen. Ich blickte abfällig zu ihnen hinüber. Offensichtlich wussten sie es nicht mehr zu schätzen, dass ihnen noch zwei funktionstüchtige Beine zum

Gehen gegeben waren, und zogen es vor, zu stehen. Gut, ich war ungeduldig und unfair, wenn ich so pauschal urteilte – das war doch nur der blanke Neid.

Meine Zugmaschine schwenkte unvermittelt nach links und bog in den langen Gang ein, der zu den abflugbereiten Flugzeugen führte. Ich war so mit dem Beobachten meiner Umwelt und meinen Gedanken beschäftigt, dass ich nicht aufpasste und es versäumte, die Bewegung des Carts mitzumachen. Meine rechte Hand löste sich, und mein Rolli fuhr geradeaus weiter. Bevor es mir den linken Arm ausriss, ließ ich los. Der Rolli schoss auf eine Stahltür am Ende des Ganges zu. Verzweifelt versuchte ich, die Räder des Rollstuhls mit meinen Händen abzubremsen. Es gelang ein paar Zentimeter vor der Tür. Meine Handflächen brannten von der Reibung, mein Herz raste.

Neben mir sagte jemand: »Das war knapp.«

Ich atmete tief durch und drehte meinen Rolli herum. Ein junger Typ mit Rucksack stand direkt vor mir – Bergstiefel, Fußballerwaden unter einer knielangen Lederhose. Offenbar war er auf dem Weg zu einer Klettertour.

»Du hättest mich fast erwischt, aber nur fast. Anscheinend sind wir beide unverletzt, oder?«

»Ja, bei mir ist alles klar. Tut mir leid, dass ich Sie beinahe über den Haufen gefahren hätte.«

»War ja nicht deine Schuld.«

Er deutete mit dem Kinn auf meine blonde Fahrerin, die inzwischen den Rückwärtsgang eingelegt hatte und mit ihrem Wägelchen auf mich zufuhr.

»Die hat wohl einen an der Waffel, mit dir so durch die Gegend zu rasen.«

»Ich hab sie dazu angestiftet. An eine Kurve hab ich nicht gedacht«, erwiderte ich kleinlaut.

»Kamikaze oder was?«

Ich sah verlegen auf meine Knie. Kaum lasse ich den Griff los, fahre ich beinahe einen jungen Bergfex um, knalle fast gegen eine massive Stahltür und werde auch noch als japanischer Selbstmordpilot bezeichnet. Na, wenn das keine Hinweise waren, an meinem Vorhaben festzuhalten und nach Antalya zu fliegen!

»Wird wohl doch nicht mein Traumjob«, brachte ich schließlich hervor.

Er lachte. »Warte, ich helfe dir.«

Er trat hinter meinen Rolli und schob mich zu dem Transportwägelchen, das meine Chauffeurin inzwischen dicht herangefahren hatte. Seine Offenheit und Hilfsbereitschaft machten mich noch verlegener.

»Alles in Ordnung bei Ihnen?«, fragte meine Chauffeurin sichtlich erschrocken.

»Ja, ja, alles gut.« Ich packte, so fest es mir meine schmerzenden Hände erlaubten, wieder die Haltestange.

»Es ist wohl besser, wenn wir jetzt langsam weiterfahren.«

Recht hatte sie! Was war ich doch für ein dummes Huhn. Wieder einmal hatte ich mich und meine Leistungsfähigkeit völlig falsch eingeschätzt. Diese Erkenntnis und auch, dass meine Kraft und meine Reaktionsfähigkeit so gewaltig nachgelassen hatten, deprimierten mich.

Gate 29 war ganz am Ende des langen Ganges, von dem die vielen Rüssel abgingen, an deren Enden die auf ihre Passagiere wartenden Flugzeuge geparkt waren. Meine Güte, ohne meine Zugmaschine, allein auf mich gestellt, hätte ich mich hier kaputt gerollt und irgendwann wohl aufgegeben. Im Gegensatz zu Querschnittlern, die von der Taille aufwärts öfter Bodybuilding-Format haben, schrumpft bei MSlern alles und lässt sie im besten Fall Muskeln erhalten, aber nicht aufbauen. Meine Bauch-, Rumpf- und Armmuskulatur waren während meiner Krankheit stark zurückgegangen.

Wie wenig Kraft ich noch besaß, hatte ich gerade erlebt. Wir erreichten das Ende des Ganges und fuhren im Schritttempo den leicht geneigten Rüssel zu meinem Flieger hinunter. Dabei musste ich all meine verbliebene Kraft aufbieten, um mich an dem Haltegriff abzustützen und zu verhindern, dass ich hinten auf das Heck des Wägelchens auffuhr. Als wir endlich vor der geöffneten Kabinentür der Maschine angekommen waren, stand mir Schweiß auf der Stirn, und meine Schultern schmerzten. Außerdem brannten meine Handflächen jetzt wie Feuer.

›Verdammt, du bist wirklich alles andere als belastbar‹, dachte ich und fühlte, wie mir Tränen über die Wangen liefen.

»Geht es Ihnen wirklich gut?« Meine Chauffeurin sah mich prüfend an.

»Danke, geht schon«, antwortete ich und biss die Zähne zusammen. »Ich muss nur ein wenig durchatmen, dann werde ich mich wieder erholen.«

»Das ist kein Problem. Wir haben noch jede Menge Zeit, bevor die anderen Passagiere erscheinen. Ich informiere die Flugbegleiter, dass Sie angekommen sind.«

Sie verschwand in der Maschine. Gierig sog ich die frische Luft ein, die durch die offene Versorgungstür des Rüssels hereinströmte. Mit jedem Atemzug fühlte ich mich besser. Meine dunklen Gedanken lösten sich auf. Nach ein paar Minuten erschien meine Begleiterin mit zwei Stewardessen. Sie begrüßten mich überaus freundlich, und ehe ich mich versah, schoben sie mich in den noch leeren Jet und hoben mich mit geübten Griffen in einen Sitz in der ersten Reihe. Während die eine mir den Sicherheitsgurt anlegte, klappte die andere gekonnt meinen Rollstuhl zusammen und verstaute ihn in einem Kabinenschrank. Die Blondine kam ein letztes Mal zu mir und reichte mir die Hand.

»Wie Sie sehen, wird man sich bestens um Sie kümmern.

Ich wünsche Ihnen einen angenehmen Flug und eine wundervolle Zeit in der Türkei.«

Ich bedankte mich und hatte keine Ahnung, was für prophetische Worte sie gerade gesprochen hatte.

Nachdem wir unsere Flughöhe erreicht hatten und die Leuchtschrift »Bitte anschnallen« erloschen war, bat ich eine der Flugbegleiterinnen um ein Glas Sekt. Ich führte es mit beiden Händen zum Mund, um es auf einen Zug zu leeren. Erschöpft schloss ich die Augen und dachte an die Geschichte meiner Krankheit. Ich erinnerte mich an den Tag, an dem alles so harmlos angefangen hatte. Den Tag, an dem ich plötzlich nicht mehr rennen konnte. In jeder Hinsicht bin ich der Typ Mensch, der es klar und geradeheraus mag. Klare Linien, klare Gedanken, klare Ansagen.

Kein Schnickschnack, kein Firlefanz. Und ausgerechnet mich holt dann eine Krankheit von hinten ein, die keinerlei Klarheiten in sich birgt. Kein Querschnitt, kein Krebs, nicht Arm ab und nicht Magengeschwür. Multiple Sklerose hat sich angeschlichen. Kein Mensch weiß, was das eigentlich ist. Natürlich gibt's eine Definition. Die Krankheit befällt das zentrale Nervensystem, schädigt die Hüllschicht der Nerven. MS ist eine chronisch-entzündliche Autoimmunerkrankung, die das zentrale Nervensystem (Gehirn und Rückenmark) betrifft. Im Krankheitsverlauf verhärtet sich langsam die äußere Schicht des Rückenmarks. Dadurch können die elektrischen Impulse der Nervenzellen, die vom Gehirn zum Rest des Körpers und umgekehrt unterwegs sind, nicht mehr passieren. Mein Hirn sagt: »Lauf!«, doch meine Beine rufen verzweifelt: »Wir hören nix.«

Keiner kann genau erklären, wo's herkommt, und vor allem nicht, wo's hinführt. Es kann jeden treffen – dich oder eben mich. Mich erwischte es, als plötzlich bei dem Besuch eines Reitstalls meine Beine taub wurden. Von jetzt auf gleich wurde ich verlangsamt und konnte nur noch wie eine altersschwache Greisin bedächtig einen Schritt nach dem anderen machen. Schnelles Laufen war mir aus heiterem Himmel unmöglich geworden. Es mag sein, dass bei dem einen oder anderen eine genetische Disposition vorliegt, aber ich habe viele MSler kennengelernt, und von denen wusste gerade mal eine, dass die Mutti den Mist auch schon am Hals hatte. Alle anderen traf es einfach aus dem Blauen heraus. Theorien über Ursachen gibt's viele. Ernährung mag eine Rolle spielen, wobei ich überzeugt bin, dass man es nicht auf so einfache Erklärungen schieben kann, wie ich es kürzlich in einer Zeitung gelesen hatte: »Zu viel Fleischwurst gegessen«.

Ich glaube schon, dass der übermäßige Fleischverzehr heutzutage in unseren Breiten, verbunden mit der dazu nötigen Massentierhaltung, allen möglichen seltsamen Krankheiten Vorschub leistet – seien es Allergien, Arthritis, Krebs, multiple Sklerose. Oder die Umweltverschmutzung. Oder der Stress. Oder, oder ...

Ganz heimlich glaube ich, dass jeder Mensch die Anlage für seinen potenziellen Kaputtmacher von vornherein in sich trägt. Und dabei denke ich nicht an DNA-Stränge. Es gibt meiner Meinung nach in uns allen eine Sollbruchstelle, die dann nachgibt, wenn wir mit uns selbst physisch oder psychisch nicht pfleglich umgehen. Gesund gestorben ist selten jemand, sieht man von Unfällen mal ab. Und sterben müssen wir alle. Dem einen ist ein Flugzeugabsturz in den Lebensplan geschrieben, dem anderen der plötzliche Kindstod, der Herzinfarkt und mir die MS. Was ist daran tragisch? Gut, ich bekomme es in der langsameren Variante und hab noch die zusätzliche Chance, einen anderen Abgang zu erleben.

Denn wirklich tödlich ist MS ja nicht unbedingt. Jahre vergehen, in denen du dem schleichenden Verfall deiner Physis zuschauen kannst – falls du nicht gerade eine superaggressive Variante auslebst. Denn MS ist niemals gleich. Jeder schwächelt auf seine Art.

Manchmal fragte ich mich, was übler ist. Zumindest phasenweise habe ich schon sehr gehadert mit der mir auferlegten Plackerei. Scheiß Krüppeldasein und so. Die Welt ist nun mal auf Menschen ohne Behinderung eingestellt und funktioniert nur mit ihnen und damit auch für sie. Für Leute im Rollstuhl ist alles zu groß, zu schnell, zu hoch. Ich bin jetzt nun mal klein, langsam, behäbig. An diese Tatsache habe ich mich gerade mal so gewöhnt. Und jetzt flog ich einer nahen Zukunft entgegen, in der ein Fremder angeblich dafür sorgen will, dass die fernere Zukunft nicht so bleiben wird. Unvermittelt bekam ich Herzrasen.

Gottlob erschien in diesem Moment eine der Stewardessen mit ihrem Servierwagen neben mir und wollte wissen, ob ich Hühnchen oder Pasta wollte. Ich lehnte dankend ab. Mit meinen halb gelähmten Händen wäre sowieso die Hälfte auf meinem T-Shirt und meiner Hose gelandet, und die Sauerei musste ich wirklich nicht haben. Ich bat sie, mir noch einen Sekt zu bringen. Ich wollte ein bisschen Alkohol, um mich zu beruhigen und den Rest des Fluges ein Nickerchen machen zu können. Wieder leerte ich das Glas auf einen Zug und schlief tatsächlich ein.

3 Ich bin eins mit allem, weil ich vertraue. Ich höre auf meine innere Stimme, die mich lenkt und mich das Richtige tun lässt.

Ich wachte auf, weil die Nervenenden in meinem Hintern mir signalisierten, dass die Maschine ihre Flughöhe verließ und ihren Anflug auf Antalya begann. Ich freute mich darüber, dass sie nach dem jahrelangen Sitzen im Stuhl dazu noch in der Lage waren. Wir flogen die Küste entlang, die sich an schroff aufsteigende braune Berge schmiegte, die teilweise mit Schnee bedeckt waren. Vor der Tragfläche tauchten die ersten Häuser auf. Erstaunt blickte ich auf eine schier endlose Reihe von zylindrisch geformten Hochhäusern, die wie Soldaten an einer breiten Küstenstraße aufgereiht waren. Das Flugzeug folgte dem Lauf der mehrspurigen, dicht befahrenen Stadtautobahn. Beeindruckt sah ich links und rechts von ihr Gewerbegebiete, Parkplätze und Industrieanlagen unter uns vorbeiziehen, die zwischen großflächig verstreuten Wohnsiedlungen lagen. Allmählich wurde mir die gewaltige Ausdehnung Antalyas bewusst. Das hier war alles andere als die kleine Stadt am Meer, die ich in meiner Jugend einmal mit meinem Vater besucht hatte. In den letzten Jahrzehnten war hier eine pulsierende Millionenstadt entstanden.

Der Jet flog eine sanfte Kurve und setzte weich auf der Landebahn auf. Die Passagiere klatschten. Ich fragte mich, was diese völlig unsinnige Aktion sollte. Schließlich drang davon kein Laut in das abgeschottete Cockpit zu der Crew, die bei der Landung auch noch Kopfhörer trug. Doch dann nahm ich den Applaus einfach als gutes Omen für mich und meinen Aufenthalt.

Der Flieger rumpelte über eine anscheinend arg ramponierte Landebahn zu seiner Parkposition und kam zum Stillstand. Eine der Stewardessen trat zu mir.

»Wir lassen erst alle Passagiere von Bord, und dann werden Sie abgeholt«, erklärte sie mir im Tonfall einer geduldigen Kindergärtnerin, der mich schon immer auf die Palme gebracht hat. Ich schluckte meine bissige Erwiderung hinunter.

»Ich habe Zeit.«

Das war bei meinen Mitreisenden anscheinend völlig anders. Sie sprangen wie elektrisiert aus ihren Sitzen, rissen die Klappen der Gepäckabteile auf und zerrten ihr Handgepäck heraus. Wie Lemminge drängten sie zum vorderen und hinteren Ausgang, wobei sie ihre Gepäckstücke als Waffen einsetzten, um ihre zum Stillstand gekommenen Vorderleute zum Weitergehen zu animieren. Mancher Fluch und manche Drohung wurden ausgestoßen.

Ich erwartete jeden Moment den Ausbruch von Handgreiflichkeiten unter diesen anscheinend extrem gestressten Menschen, deren Frustrationstoleranz und Geduld offenbar gegen null tendierten. Nachdenklich schaute ich ihnen zu, wie sie sich an mir vorbei zum Ausgang schoben. Ich stellte mir vor, wie sie Tag für Tag acht Stunden lang immer dieselben eintönigen Tätigkeiten verrichteten und dabei von dem Räderwerk ihres Unternehmens allmählich zermürbt und zerbrochen wurden – wie es Charlie Chaplin in seinem Film »Golden Times« so trefflich dargestellt hatte. Plötzlich taten sie mir leid, diese Hektiker, die ihr Dasein im Rattenrennen bestreiten mussten. Vor denen jetzt aber die einzigen Tage des Jahres lagen, an denen sie selbst bestimmen durften, wie sie sie gestalten möchten. Doch vermutlich hatten sie sich für einen »All-inclusive-Urlaub« entschieden, bei dem ihnen der Veranstalter alle Entscheidungen über ihren Tagesablauf abgenommen und sie in ein festes Korsett von Mahlzeiten, Animation und Busausflügen gepresst hatte. Sie kannten und wollten es nicht anders.

Bei diesen Gedanken bekam ich das Gefühl, mein Leben so gut wie ohne Fremdbestimmung zu führen. Ich konnte mir jeden Tag nach Lust und Laune frei gestalten und mit den mir noch verbliebenen körperlichen Fähigkeiten jeden Augenblick ganz bewusst genießen. Auf einmal kamen mir erneut Zweifel, warum ich überhaupt hierhergeflogen war. Aber diesmal, weil mir gerade klar geworden war, dass mein Leben längst nicht so eingeschränkt war wie das manch eines körperlich Gesunden, der hier gerade an mir vorbeimarschierte.

Nach etwa zehn Minuten hatte auch der letzte Passagier die Kabine verlassen. Die beiden Stewardessen erschienen mit meinem Rolli und schoben ihn neben meinen Sitz. Sie lupften mich hoch und setzten mich hinein. Wenige Augenblicke später stand ich auf der Plattform einer an das Flugzeug geschobenen Gangway und schnappte nach Luft. Hier herrschte eine feuchte Bullenhitze, die mich wie ein Keulenschlag traf. Sofort lief mir der Schweiß über Gesicht und Körper. Das hier war kein Vergleich mit der trockenen Sommerwärme in München. Offensichtlich hatte seit meinem letzten Aufenthalt in der Türkei eine deutliche Klimaerwärmung stattgefunden. An eine so hohe Temperatur konnte ich mich beim besten Willen nicht erinnern. Zwei kräftige Jungs in schmucken weißen Kurzarmhemden und blauen Hosen stiegen aus einem am Fuß der Gangway geparkten Kleinbus und eilten die steile Treppe hinauf.

»Willkommen in Antalya«, begrüßten sie mich. Mühelos hoben sie mich samt meinem Rolly hoch, trugen mich die Stufen hinunter und setzten mich vor dem Bus ab. Als sie die Schiebetür des Autos öffneten, wehte mir eiskalte Luft entgegen. Offenbar lief die Klimaanlage auf Hochtouren. Die beiden Männer hoben mich in den Innenraum des Busses und fixierten meinen Rolli mit am Boden befestigten Schlaufen. Im Gegensatz zu der feuchten Hitze draußen schien hier drin eine Temperatur um den Gefrierpunkt zu herrschen. Der Kälteschock paralysierte mich.

›Gute Güte, bei meinem desolaten Immunsystem werde ich mir sicher eine Lungenentzündung holen‹, schoss es mir durch den Kopf. Bevor sie die Tür schlossen, bat ich meine beiden Begleiter, die Aircondition abzustellen. Sie sahen erst mich und dann sich erstaunt an. Aber sie folgten meiner Bitte, nachdem sie in der Fahrerkabine Platz genommen hatten und mich zum Ankunftsterminal fuhren. Die Einreiseformalitäten waren rasch erledigt, weil meine beiden Transporteure mich einfach an den langen Warteschlangen vorbeischoben und einem ihnen anscheinend gut bekannten Beamten meinen Pass vorlegten. Der warf nur einen flüchtigen Blick darauf und winkte uns durch. Diese exklusive Sonderbehandlung gefiel mir. Am Transportband unseres Fluges mussten wir etwas auf meinen Koffer warten. Als er schließlich auftauchte, losten die beiden per »Schere-Stein-Papier« aus, wer mich schieben durfte. Der Verlierer hievte den Koffer vom Band und zog ihn hinter uns her.

Vor der Ankunftshalle des Airports warteten Schulter an Schulter Männer und Frauen, die Pappschilder mit Namen in die Luft hielten. Es dauerte eine Weile, bis wir meinen Namen auf einem von ihnen gefunden hatten. Bis dahin hatte mir die Hitze bereits wieder den Schweiß aus allen Poren getrieben, und ich war am ganzen Körper klatschnass. Der Repräsentant des Transportunternehmens begrüßte mich freundlich. Dann geleiteten sie mich zu dritt zu einem wartenden Kleinbus, in dem ein Mann schlafend am Steuer saß. Diesmal wurde ich mitsamt meinem Rolli über eine kleine Rampe in den Transporter geschoben, seine Räder wurden mit Schlaufen fixiert. Obwohl ich jahrelange Erfahrungen mit Pflegerinnen und Krankenschwestern hatte, die professionell an meinem Körper herumfummelten, machte es mir immer noch etwas aus, wie ein Gepäckstück behandelt zu werden.

»Die Fahrt zum Hotel dauert nur eine knappe Viertelstunde. Ich wünsche Ihnen eine schöne Zeit und einen angenehmen Aufenthalt in Antalya«, sagte der Transport-Repräsentant mit einer tiefen Verbeugung. Dann schloss er die Tür, trat zurück und gab dem Fahrer, der ihn verschlafen ansah, ein Zeichen. Der aus dem Land der Träume Zurückgekehrte startete den Motor. Wieder schaltete sich eine offensichtlich auf Höchstleistung gestellte Klimaanlage ein. Anscheinend war der Mann am Volant immer noch nicht ganz wach. Er stellte das Radio an, und türkisch eingefärbte Technomusik beschallte mich in erheblicher Lautstärke.

›Die 15 Minuten Fahrt mit der eiskalten Aircondition wirst du durchhalten‹, dachte ich. Es blieb mir sowieso keine andere Wahl, denn eine Kommunikation mit dem Fahrer war wegen der lautstarken Musik unmöglich. Nur am Rande: Ich hasse Technomusik nicht nur wegen ihrer wummernden Bässe, sondern weil sie bei mir einen Brechreiz erzeugt.

»In einer Viertelstunde ist auch das überstanden«, murmelte ich vor mich hin und versuchte, mich zu beruhigen. Obwohl ein ungutes Gefühl in mir hochkroch, als ob mein Schweiß gerade auf meiner Haut gefror.

Eine gefühlte Ewigkeit später standen wir in einer menschenleeren Seitenstraße einer scheinbar gottverlassenen Gegend Antalyas am Straßenrand. Nach seiner Irrfahrt durch diverse Stadtteile hatte mein offenbar völlig ortsunkundiger Fahrer die Suche nach meinem Hotel aufgegeben. Plötzlich war er rechts rangefahren, hatte den Motor – und Gott sei dank auch die Klimaanlage und den dröhnenden Technoscheiß – abgestellt und den Bus geparkt. Halb taub, völlig durchgefroren und vor Kälte am ganzen Körper bibbernd schaute ich zu, wie er mit seinem Handy am Ohr den Bürgersteig auf und ab lief, wobei er wild mit der freien Hand in der Luft herumfuchtelte. Inzwischen vermutete ich, dass er unter Drogen stand. In was für eine üble Situation war ich hier geraten? Heute früh war meine beschränkte Welt doch noch völlig in Ordnung gewesen. Es fehlte nur noch, dass der Fahrer mit ein paar Typen verbündet wäre, die gleich hier erscheinen und mich ausrauben würden. Plötzlich überfiel mich eine Spastik. Ich wurde wie von einer Riesenhand durchgeschüttelt. Mein Körper zappelte im Rollstuhl wie ein Fisch auf dem Trockenen. Ich verkrampfte. Mein Oberkörper wurde vollkommen bewegungsunfähig. Meine Füße dagegen flogen unkontrolliert durch die Luft und landeten schließlich neben den Pedalen des Rollis am Boden.

In diesem Moment wurde mit einem kräftigen Ruck die Schiebetür des Kleinbusses aufgerissen. Vor Schreck blieb mir fast das Herz stehen. Die Türöffnung wurde komplett von der Silhouette eines Hünen ausgefüllt. Die Umrisse seines bulligen Körpers und seines kahl geschorenen Kopfes zeichneten sich scharf gegen das Sonnenlicht ab, das gleißend ins Wageninnere fiel. Aufsteigende Panik löste meinen spastischen Anfall auf. Ermattet sank ich zurück in meinen Rolli. Ich blickte blinzelnd zur Tür. Jede Sekunde erwartete ich den Angriff des Eindringlings. Aber zu meinem Erstaunen sah ich in ein freundlich lächelndes Gesicht mit warmen braunen Augen, dem jede Aggressivität fehlte.

Der Eindringling beugte sich zu mir herab.

»Willkommen in Antalya, Nazan. Ich bin Arslan!«

Ich glaubte, mich verhört zu haben.

»Was …? Wie …? Arslan? Aber … wo kommen Sie denn auf einmal her?«

»Ganz einfach. Ich habe an der Rezeption deines Hotels auf dich gewartet. Dabei habe ich mitbekommen, wie der Operator deines Fahrers dort angerufen hat, um sich nach der genauen Lage zu erkundigen, weil dein Fahrer es nicht finden konnte. Ich habe mir den Hörer geben lassen, den Operator gefragt, wo ihr gerade seid, und ihm gesagt, er solle seinen Fahrer bitten, dort zu bleiben und auf mich zu warten. Klingt kompliziert, war aber einfach, und deshalb bin ich jetzt hier. Komm, lass dich umarmen, du bist ja völlig aufgelöst. Aber so eine Panne ist auch immer eine wunderbare Geduldsübung. Und im Übrigen wollen wir uns von jetzt an beide duzen.«

Dabei grinste er mich an. Er hatte mit einer tiefen, voluminösen Stimme gesprochen, die zu seinem mächtigen Körper passte.

Ich sah ihn mir genauer an. Er erinnerte mich körperlich an meinen Vater, der ebenfalls ein sehr kräftiger Mann gewesen war. Arslan war komplett in Weiß gekleidet. Zu einer leichten Sommerhose trug er ein weit geschnittenes Hemd, dessen Kragen so offen stand, dass ich die dichte schwarze

Behaarung seines breiten Brustkorbs erkennen konnte. Eine Energie ging von ihm aus, die mich immer entspannter werden ließ. Er nahm mich in seine Arme. Ich legte meinen Kopf gegen seine Brust und schloss die Augen. Das Zittern und Beben meines Körpers beruhigte sich. Ich hörte auf zu frieren und fühlte mich behütet und beschützt. Arslan löste seine Umarmung und sah mich mit seinen braunen Augen fürsorglich an.

»Schön, dass du da bist. Ich bin nämlich sicher, dass ich dir helfen kann. Warum, erkläre ich dir später. Jetzt fahre ich euch voraus und lotse den Fahrer zum Hotel. Dann checken wir dich ein. Wenn du möchtest, gehen wir anschließend in meine Praxis. Die ist nur 50 Meter von deinem Hotel entfernt.«

»Natürlich, deshalb bin ich doch hier«, erwiderte ich.

»Und danke, dass du mich gerettet hast.«

»Nicht so voreilig, meine Schöne.« Er bückte sich und setzte meine Füße zurück auf die Pedale des Rollis. Dabei zwinkerte er mir zu. Dann schob er die Schiebetür ins Schloss. Ein paar Minuten später erreichten wir das Hotel, das mir auf Anhieb gut gefiel. Ein etwa 30 Meter hoch über einer felsigen Küste gelegenes, viergeschossiges Haus mit einem atemberaubenden Blick über die weit geschwungene Bucht von Antalya. Auf der dem Hotel gegenüberliegenden Seite wurde sie von den hoch aufragenden, schneebedeckten Bergen gesäumt, die ich vom Flugzeug aus gesehen hatte. An ihren flachen Ufern standen dicht gedrängt die weißen Häuser Antalyas wie Haufen wahllos hingeworfener Kieselsteine. Unter Arslans Aufsicht und begleitet von seinen Kommandos luden zwei Hotelpagen meinen Koffer aus. Dann lösten sie meinen Rolli aus seiner Verankerung, hoben mich aus dem Bus und schoben mich zur Rezeption des Hauses. Wir durchquerten eine – natürlich – eisgekühlte Hotelhalle, die mit weißem Marmor und geschmackvollen Möbeln ausgestattet war. Der Portier an der Rezeption hieß mich willkommen und händigte mir anstelle des früher üblichen Schlüssels eine Chipkarte aus.

Er fragte mich, für wann er die von meinem Bruder georderte Pflegerin bestellen sollte. Ich warf Arslan einen ratlosen Blick zu. Er sah kurz auf seine Uhr, stellte fest, dass es jetzt 18.17 Uhr wäre, und schätzte, dass wir für die erste Sitzung etwa eine Stunde brauchen würden. Danach könnte ich noch eine Kleinigkeit essen, und dann wäre ich vermutlich so müde, dass ich mich nach dem Bett sehnte. Deshalb wäre 20.30 Uhr für das Erscheinen der Pflegerin okay. Noch bevor ich zustimmen konnte, machte sich der Portier eine Notiz. In diesem Hotel waren sie offensichtlich sehr gut organisiert.

Ersun hatte mir eine Junior-Suite reserviert, in der wieder eine Klimaanlage auf Hochtouren lief. Doch ich war zunächst beeindruckt von der Größe des Raumes, in dem ich mühelos mit meinem Rolli rangieren konnte. Auch hieran war also gedacht worden. Noch imposanter war allerdings der Ausblick. Von jedem Winkel des Zimmers aus konnte ich die Bucht von Antalya sehen. Ich trank das so lange entbehrte Blau des Meeres förmlich in mich hinein, während die beiden Pagen unter Arslans Aufsicht meinen Koffer auspackten und meine Sachen in den Schränken verstauten.

»Sie sollen die Aircondition abstellen«, bat ich Arslan. »Ich hole mir den Tod, wenn ich dauernd zwischen der Hitze draußen und meinem eisgekühlten Zimmer pendeln muss.«

»Daran wirst du dich gewöhnen müssen. In ganz Antalya gibt es fast kein Haus ohne Klimaanlage. Die gehört für uns zum Leben dazu. Mach dir keine Sorgen, wenn du mit mir unterwegs bist, wird dir nichts geschehen. Du wirst dich noch nicht einmal erkälten, das verspreche ich dir. Aber da das Zimmer hier jetzt dein Zuhause ist, wird dein Wunsch natürlich erfüllt.«

Er rief einem der Pagen meine Bitte zu, und der stellte das leise, aber vernehmlich surrende Teufelsgerät ab, das nicht nur extrem schädlich für die Gesundheit, sondern auch noch einer der übelsten Energieverschwender ist. Sofort stoppte der eiskalte Luftstrom. Ich genoss die eingetretene Stille und die langsam wieder steigende Zimmertemperatur.

Nachdem mein Koffer ausgeräumt und meine Sachen in den Schränken verteilt waren, verabschiedeten sich die Pagen und ließen uns allein.

»Hast du Hunger? Sollen wir zuerst eine Kleinigkeit essen?«, fragte Arslan.

»Nein, danke, ich bin zu aufgeregt. Lass uns bitte gleich zu dir in deine Praxis gehen. Etwas essen kann ich später.«

»Wie du möchtest.«

Seine Aufmerksamkeit gefiel mir immer besser.

4 Ich habe ein Anrecht auf Gesundheit, Wohlergehen und Lebensfreude. Das alles entsteht, wenn ich gesunde Gedanken hege.

Als wir das Hotel verließen, sog ich die salzige Meeresluft tief in meine Lungen. Der fantastische Blick über die weit geschwungene Bucht erschien mir bereits etwas Selbstverständliches zu sein. Es ist erstaunlich, wie schnell der Mensch Schönes in sein Leben integriert und es als vollkommen normal ansieht.

›Warum macht er das mit etwas scheinbar Hässlichem nicht genauso? Und wer definiert überhaupt den Unterschied? Wo genau liegt denn die Grenze zwischen schön und hässlich?‹, fragte ich mich.

Arslan bewegte meinen Rolli mühelos mit einer Hand die sanft ansteigende Straße hinauf, die vom Hotel zu seinen Behandlungsräumen führte. Dabei erzählte er mir, dass Antalya etwa zwei Millionen Einwohner habe und in der Hochsaison noch einmal so viele Touristen die Stadt bevölkerten. Ich hörte ihm nur mit einem Ohr zu. Angestrengt überlegte ich, wie wohl die »Praxis« eines Geistheilers aussehen und was mich darin erwarten würde. Die merkwürdigsten Bilder spukten mir im Kopf herum. Instinktiv umklammerte ich meinen kleinen Rucksack mit meinem Geld, meinen Kreditkarten und meinen Papieren, den ich vorsichtshalber nicht in meinem Zimmer zurückgelassen hatte. Arslan bog von der Straße ab und schob mich über eine kurze Auffahrt auf die gläserne Eingangstür eines vierstöckigen Gebäudes zu, das auf mich wie ein normales Bürogebäude wirkte. Während wir uns dem Eingang näherten, bemerkte ich, dass eine Treppe mit sechs Stufen zu der Tür hinaufführte. Ein unüberwindliches Hindernis für eine Rollstuhlfahrerin. Arslan schien das nicht im Geringsten zu stören. Er stoppte meinen Rolli ein paar Zentimeter vor der untersten Stufe. Seine Arme schoben sich links und rechts an meinem Oberkörper vorbei, und seine Hände ergriffen die Armlehnen meines Rollstuhls. Ich wurde sanft vom Boden hochgehoben und wurde ebenso sanft auf dem Podest oberhalb der sechsten Stufe abgesetzt.

Arslan schloss die Tür auf und drückte kurz auf eine Klingel. Sein Atem hatte sich trotz der Kraftanstrengung nicht ein bisschen beschleunigt. Nur sein Gesicht war schweißnass. Was bei einer Temperatur von sicherlich über vierzig Grad Celsius und der extrem hohen Luftfeuchtigkeit allerdings kein Wunder war.

Wir fuhren mit dem Lift in den vierten Stock und standen schließlich vor einer dunkelbraunen Holztür. Verwundert stellte ich fest, dass nirgends ein Schild zu sehen war. Auch an den anderen beiden Türen des Ganges war kein Hinweis zu sehen, wer und was sich hinter ihnen verbarg.

Die Tür wurde aufgerissen. Ein hübsches junges Mädchen begrüßte mich mit einem strahlenden Lächeln.

»Du musst Nazan sein. Ich hoffe, du hattest eine angenehme Reise. Magst du einen Tee zur Begrüßung?«

»Das ist Fatma, meine Sekretärin«, hörte ich Arslan hinter mir. »Du musst entschuldigen, sie ist sehr fürsorglich, aber manchmal etwas vorschnell und redegewaltig.«

»Um etwas dazuzulernen, arbeite ich schließlich für dich«, konterte Fatma. Allerdings in einer sehr respektvollen Tonlage, die mich ihre Verehrung für ihren Chef erahnen ließ.

»Ich weiß«, bestätigte Arslan. »Aber jetzt bring Nazan in unseren Warteraum, und dann servierst du ihr eine Tasse Tee. Ich bin ziemlich verschwitzt, möchte duschen und mich umziehen, bevor wir mit ihrer Behandlung beginnen.«

Arslan verschwand. Fatma ging um mich herum und bugsierte mich in einen langen Korridor, von dem links und rechts je zwei Türen abgingen und an dessen Ende ein beiger, samtener Vorhang hing. Eine der Türen stand offen. Neugierig blickte ich hinein. Als Hotelierstochter erkannte ich sofort eine perfekt eingerichtete Massivholzküche mit einem großen Esstisch, um den herum vier gepolsterte Stühle platziert waren. Der Raum war sorgfältig aufgeräumt und blitzte vor Sauberkeit.

Es war vollkommen still. Fatma schob mich an der Küche vorbei zum Empfangsraum, der durch den samtenen beigen Vorhang abgeteilt war. Wie auf einer Theaterbühne öffnete er sich und enthüllte einen großen, lichtdurchfluteten Raum. Die gegenüberliegende Wand bestand komplett aus bodentiefen Fenstern, die den Blick auf die Bucht mit dem im Sonnenlicht weiß schimmernden Häusermeer Antalyas freigaben.

Fatma rollte mich zu zwei gemütlichen Couchen und vier schweren Sesseln mit einem Marmortisch. Diese Sitzgarnitur schien mir bis auf ein paar Grünpflanzen das einzige Mobiliar zu sein. Erst als wir die Couch passierten, deren Lehne so hoch war, dass ich aus meiner Position nicht über sie hatte hinwegsehen können, gewahrte ich an der Seitenwand die hölzerne Statue einer Schlange, die sich um einen mannshohen Stab wand. Verwundert fragte ich mich, was das zu bedeuten hätte. Denn dass diese ungewöhnliche Figur nicht zufällig hier stand, war mir klar.

Fatma nahm eine Fernbedienung vom Tisch und schaltete einen CD-Spieler ein. Es ertönte die mir bestens vertraute Musik von Deuter, die ich sehr mochte. Wohlbehagen breitete sich in mir aus. Das noch verstärkt wurde, nachdem Fatma die Jalousien vor der Fensterfront heruntergelassen hatte, wodurch der Raum in ein angenehmes Halbdunkel getaucht wurde. Die Lamellen waren so justiert, dass sie zwar den Lichteinfall reduzierten, aber nicht meine Aussicht auf das blaue Meer in der Bucht unter uns beeinträchtigten.

Danach ging sie zu einem Schrank, holte fünf Aromakerzen heraus und platzierte sie im Kreis um mich herum. Sie zündete sie an, und ihr Duft verbreitete sich.

»Ich lass dich jetzt alleine und bereite deinen Tee«, verkündete Fatma, nachdem die letzte Kerze brannte.

»Das ist sehr lieb von dir. Vielen Dank für alles.«

»Nicht so voreilig.«

Fatma verschwand in der Küche und ließ mich mit meinen Gedanken allein.

›Anscheinend färbt das Vokabular ihres Chefs auf sie ab‹, stellte ich für mich fest. ›Ich bin mal gespannt, welche seiner Vokabeln auf mich abfärben werden.‹

Lächelnd schloss ich die Augen und ließ mich von der Musik und den Düften davontragen.

Ein leises Räuspern riss mich aus meinen Träumen. Aufgeschreckt öffnete ich meine Lider und erblickte Arslan, der jetzt im frischen weißen Hemd und sauberer weißer Hose mir gegenübersaß.

»Bin ich etwa eingeschlafen?«

»Ja, aber nur eine halbe Stunde. Ich habe dich schlafen lassen. Es war eine gute Gelegenheit für eine erste – nennen wir es – Untersuchung. Es sieht gut aus. Ich bin sicher, dass ich dir helfen kann. Ich habe die Erlaubnis erhalten, dich zu heilen, wenn du deine Erfahrungen …«

Plötzlich wurde mir mulmig zumute.

»Moment mal«, unterbrach ich ihn sofort. »Wer muss dir denn die Erlaubnis erteilen, mich zu heilen? Willst du damit andeuten, du hast einen Chef, der dir sagt, was du zu tun hast?«

Arslan blieb gelassen, meiner sichtbaren Nervosität zum Trotz.

»Ich verstehe gut, dass du sehr viele Fragen hast. Aber du musst verstehen, dass ich dir nicht jede Frage gleich beantworten kann. Es bringt dir nichts, wenn ich dir meine Erkenntnisse nur theoretisch vermittle. Du musst deine eigenen Erfahrungen machen. Keine Sorge, bei diesem Prozess werde ich dich unterstützen. Jetzt lass mich zu Ende führen, was ich sagen wollte, als du mich unterbrochen hast. Nämlich dass du deine Erfahrungen, die du mit deiner Behinderung machen solltest, beenden musst.«

Es entstand eine Pause. Ich ahnte, dass er recht damit hatte, dass ich Geduld haben und mich auf sein Tempo und seinen Rhythmus einstellen musste.

»Jetzt hab ich mal eine Frage.« Arslan hob die Augenbrauen. »Nazan, was weißt du eigentlich über Geistheilung?«

Die Frage erleichterte mich irgendwie. Wie es meine Art ist, hatte ich im Internet recherchiert und mir die wichtigsten Informationen notiert. Den Zettel hatte ich bei mir.

»Natürlich habe ich mich sachkundig gemacht. Warte, ich lese dir vor, was ich aufgeschrieben habe.« Ich griff in meinen Rucksack und kramte das Blatt heraus. Ich entfaltete es bedächtig und las laut vor:

»Geistheilung ist eine hochwertige Alternative zur Hochschulmedizin, zur Naturheilkunde und zur Psychologie.

Es ist eine sanfte Methode der Heilung, die selbst dort noch Erfolge verbucht, wo andere Therapien sich schwertun. Geistheilung hat keine Nebenwirkungen. Es ist nicht einfach die Behebung von Krankheit oder Symptomen, sondern die Beseitigung der Ursachen im Unbewussten, in der Seele. Eine Geistheilung sucht die Ursachen für Krankheit in Gedanken, Gefühlen, Neigungen sowie unerlösten Konflikten und Schockerlebnissen, egal, ob diese bewusst oder unbewusst erlebt und gespeichert wurden. Geistheilung ist ein Überbegriff für die Arbeit mit drei Energien: Bioelektrizismus, Biomagnetismus und Biophotonen (Licht im unsichtbaren Bereich). Bei der Geistheilung werden über Bioenergien Informationen zur Selbstheilung übertragen.

Spontanheilungen und Heilkorrekturen, bei denen Materie aufgelöst oder erzeugt wird, sind die höchste Form der Geistheilung. In der Geistheilung werden zahlreiche Diagnosemethoden eingesetzt: Darunter sind Hellsehen, außersinnliche Wahrnehmung sowie Pendel, Ruten und Tensoren. In der Energiearbeit gibt es zahlreiche Methoden. Der Hauptteil von ihnen wirkt über die sieben Hauptenergiezentren des Menschen, die Chakren.

Das Grundprinzip der Geistheilung ist Anteilnahme beziehungsweise Einfühlung und Mitteilung. Vor der Mitteilung werden in der Regel kranke Schwingungen beseitigt. Die Vermittlung der Heilinformationen geschieht durch eine liebevolle Zuwendung. Es ist nicht die Energie des Heilers, die hier zum Einsatz kommt, sondern universelle Schöpfungskraft und göttliches Bewusstsein.

Für den Heiler ist es wesentlich einfacher, wenn der Patient an die Heilungsmöglichkeit glaubt, sich ihm öffnet und ihm vertraut. Geistheilung kann jede andere Methode ergänzen und unterstützen. Sie kann auch über große Distanzen stattfinden. Der Geistheiler ist nur ein Kanal, der Energien und Informationen weitergibt, die er von seinem Geistführer, von Engeln oder Ärzten aus dem Jenseits erhält.«

Damit war meine Lesung beendet. Erwartungsvoll sah ich Arslan an. Er hatte mir geduldig und aufmerksam zugehört.

»Ehrlich gesagt, habe ich nicht wirklich etwas damit anfangen können. Was genau sind zum Beispiel die sieben Energiezentren? Und was sind Tensoren?«, wollte ich wissen. »Im Prinzip ist das nicht schlecht, was du dir aufgeschrieben hast. Du hast alle wesentlichen Elemente der Geistheilung aufgeführt. Allerdings nur in der Theorie. Ich bin Praktiker und habe meine eigenen Methoden, die du noch kennenlernen wirst. Ich bin nämlich ein großer Freund der Mitteilung, die du gerade erwähnt hast. Ich nenne es allerdings Einweihung. Du sollst die Zusammenhänge verstehen lernen und exakt wissen, was mit dir und – noch wichtiger – in dir geschieht. Deshalb werde ich dir in den nächsten Tagen sehr viel erklären.

Zu deinen beiden Fragen: Mit deinen sieben Energiezentren, den sogenannten Chakren, werden wir uns in den nächsten Tagen ausführlich und sehr intensiv beschäftigen. Tensoren sind eine besondere Form von Ruten. Ich verwende jedoch keine solchen Hilfsmittel, sondern ausschließlich meine Hände. Dabei setze ich natürlich auch Bioenergie ein. Durch das Auflegen meiner Hände auf deinen Körper, aber durchaus auch ohne direkten Körperkontakt, wird dir kosmische Energie, die man auch Bioenergie nennen kann, zugeführt. Sie setzt deine blockierten Energien frei und bringt sie in Bewegung. Und bewirkt noch so einiges. Du wirst während meiner Behandlungen eine wohltuende Wärme, tiefe Entspannung und das Fließen der Energie wahrnehmen, die durch die in dich einströmende Kraft aktiviert wird.«

Dazu war ich bereit. Ich hing an seinen Lippen und wollte mehr erfahren. Doch erst einmal kam ein kleiner Dämpfer. »Weißt du«, fuhr er fort. »Für dich als Empfängerin von Bioenergie ist vor allem Offenheit sehr wichtig. Dann kannst du die Wirksamkeit meiner Behandlung mit deinem ganzen Körper spüren und erleben. Mit deinem Verstand wirst du sie allerdings nicht verstehen können. Doch wenn dein Herz berührt wird, weiß es, dass es mir vertrauen kann. Und genau das meinte ich, als du mich vorhin unterbrochen hast. Nur darauf kommt es an.«

Er klatschte vergnügt in die Hände.

»Wie du richtig auf deinem Zettel notiert hast, ist Bioenergie nicht meine Energie. Nicht ich bin es, der sie erzeugt. Ich bin nur ein Kanal, durch den sie hindurchströmt.« Arslan war wieder ernst geworden.

»Wie ich dir schon erklärte, verlangt meine Behandlung von deiner Seite Offenheit und Vertrauen. Im Prinzip funktioniert sie sogar ohne, aber dann verzögert sich der Prozess. Meine Methode ist kein Wellnessprogramm, auch wenn meine Behandlung wohltuend, entspannend und angenehm ist.

Die ganz wesentliche Frage ist aber, ob du überhaupt gesund werden willst. Willst du wirklich dein ganzes Leben wieder verändern, an das du dich gerade so schön gewöhnt hast? Deine Reise zu mir ist ein erster Schritt, aber bist du dazu von ganzem Herzen bereit? Und was genau erwartest du von mir?«

Er sah mich prüfend an.

»Ich möchte, dass du mich wieder gesund werden lässt. Und ja, ich will es von ganzem Herzen«, antwortete ich entschlossen.

»Bist du dir da ganz sicher?«

»Absolut. Ohne jeden Zweifel.«

Arslan lächelte zufrieden. Aber so ganz überzeugt erschien er nicht.

»Nazan, deine gerade getroffene Entscheidung ist die unabdingbare Voraussetzung für alles Weitere. Sie ist alles andere als selbstverständlich. Denn sie bedeutet, dass du aus den Illusionen erwachen wirst, die du dir von dir selbst und von der Welt gemacht hast. Das ist ein sehr harter Einschnitt, der zu unvermeidlichen Schmerzen und vielen Tränen führen wird. Wie bei einer Geburt, bei der ich die Hebamme sein werde.«

Er beugte sich zu mir herüber, um seinen Worten noch mehr Nachdruck zu verleihen.

»Was du gebären wirst, ist dein wahres Ich. Während der Geburtswehen, als die ich den Heilungsprozess auch bezeichnen könnte, wirst du verstehen, dass weder das sogenannte Schicksal noch der Zufall für deine Erkrankung verantwortlich sind. Und das ist am Anfang wirklich nicht einfach. Deshalb frage ich dich ein drittes und letztes Mal: Willst du das wirklich auf dich nehmen?«

Erneut sah er mich ernst und prüfend an.

Aber ich war wirklich fest entschlossen, mich auf ihn einzulassen und ihm zu vertrauen. Ich fühlte mich in Arslans Nähe von Augenblick zu Augenblick wohler und gut aufgehoben.

»Ja, Arslan, ich will es wirklich!«, bekräftigte ich meinen Entschluss und sah ihm dabei direkt in die Augen.

Er nickte bedächtig.

»Also gut. Dann ist deine Entscheidung endgültig. Ich akzeptiere sie. Es freut mich, dass du diesen steinigen und nicht einfachen Weg mit mir gehen willst. Was hältst du davon, wenn wir jetzt einige Minuten miteinander schweigen?«

Ich folgte seiner Aufforderung und schloss die Augen. Dabei dämmerte ich wieder weg.

Arslans Stimme holte mich zurück.

»Liebe Nazan, es ist schön, dass du in meiner Gegenwart so gut entspannen kannst. Aber ich möchte dir noch einiges erklären. Schlafen kannst du später im Hotel. Zu Beginn unserer gemeinsamen Reise müssen wir erst einmal Licht in die

Dunkelheit bringen. Ich werde dich mit einigen Erlebnissen aus deiner Vergangenheit konfrontieren, die deine Lebenseinstellungen elementar geprägt haben. Das kann sehr schmerzhaft werden. Du wirst während deines Heilungsprozesses einige Kollisionen erleben, die dein bisheriges Lebenskonstrukt bis in seine Grundfeste erschüttern und vermutlich zum Einsturz bringen werden. Aber wir werden die entstandenen Trümmer völlig neu zusammenfügen, keine Sorge.« Beruhigend legte er seine Hand auf meinen Unterarm und fuhr fort.

»Wir werden tief in dir graben müssen, um nach den Ursachen deiner Verletzungen zu forschen, die zu deiner Erkrankung geführt haben. Du wirst deinen bisherigen Lebensweg verlassen und einen völlig neuen Kurs einschlagen müssen.

Du wirst lernen, dass alle Dinge, die kleinsten und die größten, die niedrigsten und die höchsten, in dir vorhanden sind. Ein einziges deiner Atome enthält alle Elemente der Erde und des Kosmos. Eine einzige Idee deines Geistes beinhaltet alle Gesetze des Lebens, so wie man in einem einzigen Tropfen Wasser alle Geheimnisse des endlosen Ozeans findet.«

Arslan gab mir Gelegenheit, seine Worte auf mich wirken zu lassen. Dann fuhr er fort:

»Also wird es bei deinem Heilungsprozess, der durch meine Behandlung initiiert wird, nicht anders sein als bei den Vorgängen im Kosmos. Das sind die ersten beiden Wahrheiten, die du anzunehmen bereit sein musst: Es wird Kollisionen geben. Und du wirst deine jetzige Umlaufbahn verlassen und ein neues Lebenskonstrukt akzeptieren müssen, um ein stabiles Gleichgewicht in deinem Leben zu erzeugen. Ich werde immer an deiner Seite sein und dir dabei helfen. Doch letztendlich wirst du alleine entscheiden, ob du bereit bist, diesen sicher nicht einfachen Weg mit mir bis zu seinem Ende zu gehen. Warum, Nazan, glaubst du, dass bei der Behandlung mit Cortison ein Hautausschlag kurzfristig verschwindet, dafür aber Asthma auftritt?«

Ich wunderte mich über diesen abrupten Themenwechsel.

»Keine Ahnung, erklär es mir.«

»Du musst begreifen, meine liebe Nazan, dass es da eine Instanz in dir gibt, vor der du während deiner ganzen Lebenszeit auf der Hut sein musst. Sie ist nämlich sehr listig, klug und geschickt. Und dazu noch äußerst widerstandsfähig. Nicht zuletzt ist sie in der Lage, eine Heilung vorzutäuschen, um zu verhindern, dass deine Krankheit wirklich aufgelöst wird. Wie spielende Kinder die Welt der Erwachsenen nachahmen, so imitiert sie deine Heilung. Und plötzlich lebst du in der Illusion, geheilt zu sein. Nur weil dein physischer Körper gesund ist und du für eine Zeit lang problemfrei leben kannst, bist du aber noch lange nicht gesund. Eine gefährliche Täuschung, denn es ist nur eine Pause zwischen zwei Erkrankungen. Irgendwann kommt es zum erneuten Ausbruch des alten Leidens, das sich in Wahrheit nur in deinem Körper verkapselt hatte. So wie bei dem mit Cortison behandelten Hautausschlag …«

»Was soll das für eine Instanz sein, die angeblich so mächtig ist, dass sie mich ständig hinters Licht führen kann?«, unterbrach ich ihn rigoros. Denn dass sich vorübergehende Phasen der Besserung mit erneuten Krisen abwechselten, gehörte ja zu meinem Krankheitsbild. Was hatte er mir also Neues zu bieten?

Er ließ sich nicht irritieren.

»Hatte ich dir nicht eben schon erklärt, dass du Geduld brauchst?«, tadelte er mich sanft. »Nun, ich nenne diese Instanz ganz einfach dein verändertes Ich.«

Jetzt war er es, der mich herausfordernd anblickte, als ob er auf eine besondere Reaktion warten würde. Ich war tatsächlich verdutzt über diese Antwort und, ja, auch ein bisschen verärgert. Wollte er mich auf den Arm nehmen? Da ich nichts entgegnete, fuhr er gelassen fort.

»Dein verändertes Ich, meinetwegen kannst du es auch Ego nennen, ist in Wirklichkeit nichts weiter als eine Illusion. Nichts als Einbildung. Allerdings eine Einbildung, die weitere Einbildungen erzeugt. Und das ist das Schlimme daran. Doch was auch immer es sein mag, es ist nicht wirklich. Gleichwohl richten wir Menschen unsere ganze Aufmerksamkeit auf diese scheinbare Realität. Unser Ego ist das Zentrum des ganzen Daseins. Und nur weil wir ihm diese Position einräumen, kann es so mächtig werden, dass es die Kontrolle über unser gesamtes Denken, Fühlen und Handeln übernimmt. Kannst du mir folgen?«

Klar konnte ich das. Ich war jetzt doch etwas beschämt, dass ich ihn nicht hatte ausreden lassen. Zumindest klang es in sich logisch, was er mir da erzählte, wenn auch nicht unbedingt in allen Punkten glaubwürdig. Er schien mit meiner Reaktion zufrieden und kam jetzt erst richtig in Fahrt. Ich begann zu spüren, mit welchem inneren Engagement er redete. Er sprach sehr einfach, aber mit großem Ernst. Wobei seine dunklen Augen immer wieder schelmisch blitzten, er schien es fast zu genießen, mich jetzt ein wenig zu verwirren.

»Die Aufmerksamkeit der Durchschnittsmenschen«, fuhr er mit einem tiefen Seufzer fort, »gilt stets nur den Bereichen, die sie sinnlich erfassen können. Denn das ist die Ebene des Ego. Es akzeptiert nur das als wahr und gültig, was es durch den physischen Körper und vielleicht noch durch den Rest von Verstand, der dir geblieben ist, kennengelernt hat …«

Ich wollte wieder aufbegehren, biss mir aber auf die Zunge, da ich merkte, dass er sich sehr beherrschen musste, um nicht laut loszuprusten. Dieser Mann war ein begnadeter Schauspieler – und ein Meisterpsychologe, der offenbar genau wusste, welche Knöpfe er bei mir drücken musste, um mich zu provozieren. Ich nahm mir vor, sehr vorsichtig zu sein. Und ihm erst einmal zuzuhören. Da musste ich nicht lange warten, hörte sich hier etwa auch jemand selbst gern reden?

»Unser normales, alltägliches Ich kann vor allem eines nicht akzeptieren: dass wirkliche, endgültige Heilung nicht auf seiner Ebene stattfinden kann. Die Ebene, auf der echte Genesung erzielt wird, ist für sein ewiges Möchten und Wollen nicht erreichbar. Sie ist auch keine Sache des Könnens, sondern des Geschehenlassens. Deshalb sind alle Methoden, die seinem Willen entspringen, niemals wirksame Heilmittel. Und wenn sie noch so eindrucksvolle Wirkungen erzielen mögen. Sie können immer nur den physischen Körper und vielleicht noch einen winzigen Teil unserer Psyche beeinflussen.«

Jetzt wollte ich aber doch wissen, was das denn für eine Ebene sein sollte, von der aus seine sogenannte wahre und echte Heilung stattfand – oder wie sagte er doch gleich: wo man sie »geschehen lassen« sollte. Er gewahrte meine fragenden Blicke und setzte, wie um die größte Aufmerksamkeit aus mir herauszukitzeln, mit gedämpfter Stimme seine Rede fort.

»Heilen kann uns nur unser Selbst, unser wahres Ich, wie ich es nenne, das in unserem innersten Kern verborgen liegt. Es ist so klein wie ein Reiskorn und so groß wie die ganze Welt. Es ist so verletzlich, dass es sich vollständig aus unserem furchtbaren Alltag verabschiedet hat. Und so mächtig und kraftvoll, dass es dabei doch immer die einzige Quelle unseres Lebens, unseres Bewusstseins und unserer Gesundheit bleibt. Gewöhnliche Medikamente und Therapien lassen es vollständig kalt. Es braucht sie auch gar nicht, weil es eigentlich kerngesund ist. Das Problem ist, dass es von all dem total unberührt bleibt. Aber was heißt ›Problem‹ – das eigentliche Problem ist sein Abklatsch, sein Usurpator, den ich deshalb ›verändertes Ich‹ nenne. Ständig versucht es, zu heilen und zu verbessern. Dabei geht es doch darum, das Leben so zu lassen, wie es ist. Da aber ständig dran herumgeschraubt wird, bleibt der ewige Kreislauf von Krankheit und scheinbarer Heilung ungebrochen. Jede Phase, in der du ohne Beschwerden bist, ist lediglich ein Waffenstillstand. Nur wenn dein Selbst, das wahre Ich, die Heilung geschehen lässt, ist sie durchgreifend und dauerhaft. Erst dann herrscht Frieden und kein Krieg zwischen dir und dem Leben. So, und jetzt brauche ich erstmal eine Teepause.«

Wenig später saßen wir uns mit zwei dampfenden Tassen Tee in der Hand gegenüber und genossen das von Fatma zubereitete aromatische Getränk. Ich hatte während meiner Erkrankung viel über Heilung gelesen und musste daran denken, dass man in der westlichen Hochschulmedizin immer noch nicht genau wusste, was es ist, das im Menschen eine Heilung bewirkt. Wohl auch aus Verlegenheit wurde der Begriff »Selbstheilungskräfte« eingeführt. Auch wenn niemand die konkreten Vorgänge kennt, die sich dahinter verbergen, hat man sich darauf verständigt, dass es im Menschen ein inneres Organisationssystem gibt, das danach strebt, ihn funktionsfähig und am Leben zu erhalten.

Immerhin, das war ein Erklärungsmodell, das in mein Weltbild passte. Ich reimte mir jetzt alles, was er gesagt hatte, so zusammen, dass er versuchen würde, mich direkt mit diesem System zu verbinden und dabei in irgendeiner geheimnisvollen Art und Weise mit meinem »wahren Ich« zu kommunizieren. Ich schob es dagegen erst einmal auf die lange Bank, den genauen Unterschied zwischen »Ich« und »Selbst« zu definieren. Schließlich war ich nicht hergekommen, um einen Grundkurs in spiritueller Psychologie zu besuchen, sondern aus dem ganz handfesten Grund, geheilt zu werden. Also musste ich ihn wohl oder übel erst einmal machen lassen, sonst hätte ich ja gleich wieder nach Hause fahren können.

Arslan überließ mich diesen Gedanken und trank seine Tasse aus, bevor er seinen Einführungsvortrag fortsetzte.

»Meine Heilmethode ist vor allem ein Weg zur Entdeckung deines wahren Ichs. Das allein wird dazu führen, dass die Ebenen, auf denen sich dein Bewusstsein bewegen wird, immer feinstofflicher und subtiler werden. Du wirst verstehen, was ich meine, wenn du ganz praktisch die Auflösung der Spannungen und Konflikte deiner Geistkörper erlebst … jetzt schau nicht schon wieder so verzweifelt, ich werde dir schon noch erklären, was ich darunter verstehe.«

Er blickte mich mit einer Mischung aus Amüsement und leichtem Tadel an. Ich ahnte schon, dass jetzt wieder ein ironischer Kommentar folgen würde, und ich sollte mich nicht täuschen.

»Selbst jemand wie du, die weder eine vernünftige spirituelle Erziehung genossen hat noch bisher selbst darauf gekommen ist, was unsere eigentliche Lebensaufgabe ist, sollte verstehen: Weder Schicksal noch Gene, und auch nicht unsere Erziehung, sind für das Leben verantwortlich, das wir haben. Nein, wir selbst sind es. Allein wir selbst sind verantwortlich dafür, und zwar einschließlich unseres Gesundheitszustandes! Jedes Fitzelchen, das auf dem Bildschirm meines Lebens erscheint, ist die Wirkung einer Ursache, die ich irgendwann selbst gesetzt habe, ob bewusst oder unbewusst. Das gilt auch für Krankheit und sogenannte Unfälle. Es gibt ihn nicht, den sogenannten Zufall.«

Er sah mich forschend an, wie um die Wirkung seiner Worte zu prüfen. Ich war jetzt allerdings nicht geneigt, mir in irgendeiner Form etwas anmerken zu lassen. Schon gar nicht, dass ich mittlerweile ziemlich neugierig geworden war, was wohl als Nächstes kommen würde. Ich sollte nicht lange warten müssen.

»Das sieht dein alltägliches Ich natürlich völlig anders. Es glaubt daran, selbst eine Heilung bewirken zu können, weil es nicht daran zweifelt, dass dir die Erkrankung ja mehr oder weniger zugeflogen ist. Es hat keine Ahnung von dem Gesetz der Resonanz, welches besagt, dass du dir dein eigenes Leben im Einklang mit und als Konsequenz aus deinem eigenen Bewusstseinsstand erschaffst. Du selbst ziehst die Ereignisse und Menschen in dein Leben an, die dir – und nur dir allein – voll und ganz entsprechen. Ob das ein harmonisches Verhältnis ist, du und dein Leben, oder ob ihr zueinanderpasst wie der Körperteil mit vier Buchstaben zum berühmten Eimer, ist natürlich die Frage ...«

Er brach in schallendes Gelächter aus. Ich war jetzt doch etwas pikiert und fragte mich, was mich hier wohl erwarten würde. Bei diesem Menschen, der übergangslos vom Philosophen zum Witzemacher mutierte. Und dabei übergangslos von gewählter Sprache in drastischen Jargon zu wechseln vermochte. Er ließ mir aber gar keine Zeit, mir irgendwelche Befürchtungen auszumalen, nachdem er mich geschockt hatte – eine Taktik, die ich noch des Öfteren kennenlernen sollte. Irgendwann war ich dann schließlich sogar dankbar dafür, denn wenn ich etwas überhaupt nicht gebrauchen konnte, dann waren es nutzlose Gedanken darüber, was mir alles an schlimmen Dingen passieren könnte.

»Nazan, meine Schöne, du hattest bisher keine Chance, dauerhafte Heilung zu erlangen, weil du nicht nach den wahren Ursachen deiner Krankheit gesucht hast. Und selbst wenn – du hättest sie mit an Sicherheit grenzender Wahrscheinlichkeit nicht gefunden. Weil es nur dein verändertes Ich ist, das bisher danach gesucht hat. Das heißt, du hast dieser mächtigen Instanz in dir sogar noch die Möglichkeit gegeben, dich mit List und Tücke hinters Licht zu führen. Zum Beispiel dadurch, dass du meinst, selbst nicht ausreichende Heilkräfte zu haben. Und dann versuchst, solche fähigen Helfer wie Engel, die universelle Energie oder die Kraft geistiger Welten einzusetzen …«

»Also komm, das hab ich wirklich nie getan«, musste ich jetzt doch protestieren. »Ich habe mich immer aus dem Staub gemacht, wenn irgendwelche Leidensgenossinnen mir mit so etwas kamen!«

Arslan grinste listig.

»Na klar, und jetzt hast du dich in die Höhle des Löwen gewagt. Oder etwa nicht?«

Mir wurde auf einmal leicht schwindlig, und ich hätte eigentlich wissen müssen, warum gerade jetzt. Tappte aber innerlich völlig im Dunkeln, weil er so viele verschiedene Reaktionen auf einmal in mir auszulösen verstand. Außerdem ließ er mir erneut keine Zeit, mich damit zu befassen. Und nachdem er die nächsten paar Worte gesprochen hatte, war der Schwindel auch schon wieder vorüber, wie weggewischt.

»Egal, mit welchen Heilungshelfern du dich abgibst, ob es himmlische Wesen oder irdische Ärzte sind: Sie sind doch alle nur der verlängerte Arm deines Egos, dieses veränderten Ichs, die es ausschließlich im Rahmen seiner eigenen engen Grenzen einzusetzen vermag – und sich auf diese Weise selbst in die Tasche lügt. Nach wie vor bist du es, und nur du, in deiner eigenen Begrenztheit, die da agiert. Dein verändertes Ich meint tatsächlich, die Kontrolle zu haben, und übersieht dabei, dass wirkliche Heilung nur durch seinen Chef, das wahre Ich, möglich ist. Wenn er in Erscheinung tritt, geschieht Heilung von allein, in der ihr eigenen Zeit. Sie kann von nichts und niemandem außer dir selbst herbeiführt werden. Auch ich bin nichts als ein Katalysator, der Prozesse in Gang setzt und sie begleitet.«

Ich war froh, dass er jetzt anscheinend eine Pause machen musste. Das war doch ein bisschen viel auf einmal! Er musterte mich von Kopf bis Fuß. Ich musste ihn mit den großen Augen eines Kindes angesehen haben, das gerade im Kerzenschein des Christbaumes seine Geschenke ausgepackt hatte. Anscheinend war er ganz zufrieden mit dem, was er gesehen hatte. Er nickte fast unmerklich. Dann ergriff er meine Hände.

»Lass uns jetzt in meinen Behandlungsraum gehen. Bleib einfach in der entspannten Stimmung, in der du gerade bist. Sei offen für alles, was gleich geschieht, und vertraue mir.«

»Ich vertraue dir«, hörte ich mich zu meiner eigenen Überraschung flüstern. Ich hatte zwar längst nicht alles verstanden, was er mir gerade zu erklären versucht hatte. Aber eines war doch durchgedrungen: dass er meinte, ich hätte selbst die Ursachen für meine Krankheit gesetzt. Und auch, dass ich mich ihm anvertrauen sollte. Und dazu war ich misstrauisches und kontrollbesessenes Wesen erstaunlicherweise bereit.

5 Ich vertraue meiner Intuition. Sie hilft mir, zur richtigen Zeit am richtigen Ort zu sein und meine Chancen optimal zu nutzen.

Ich lag auf der Behandlungsliege neben einer Palme und einem kleinen antiken Schreibtisch, vor dem zwei gepolsterte Besucherstühle standen, die die einzige Möblierung in Arslans schlichtem Behandlungszimmer waren. Er stand mit geschlossenen Augen neben mir und hatte seine linke Hand auf die Mitte meines Brustkorbs und die rechte auf meinen Solarplexus gelegt.

Nachdem er mich aus meinem Rolli geliftet und auf der Liege platziert hatte, forderte er mich auf, nichts weiter zu tun, als zu entspannen und loszulassen.

»Das fällt mir leicht«, sagte ich. »Das mache ich sowieso dauernd. Was bleibt mir in meinem Zustand auch anderes übrig?«

»Das ist wunderbar, denn daran erkennst du, dass etwas so scheinbar Negatives wie deine Krankheit durchaus ihre positiven Seiten hat. Und was genau machst du, um dich zu entspannen?«

»Ich versuche, Gedankenleere in meinem Kopf zu erzeugen, indem ich meine Gedanken beobachte. Meine Gedanken kommen und gehen. Ich versuche nicht, sie zu unterdrücken. Sie sind unwichtig. Es ist, als ob jemand auf der Straße an mir vorbeigeht und ich mich mit ihm zu einem späteren Zeitpunkt verabrede. Bis der Nächste vorbeikommt, entsteht eine Lücke. Auf diese Lücke richte ich meine Aufmerksamkeit. Wenn dann der nächste Gedanke kommt und ich mich nicht mit ihm identifiziere, sondern ihn unbeteiligt beobachte und dies bei jedem Gedanken wiederhole, so wie bei einer Prozession, die an mir vorüberzieht, dann verlagert sich der Schwerpunkt meiner Aufmerksamkeit wie von selbst auf die Zwischenräume. Allmählich werde ich mir dann der Stille bewusst, die dort herrscht. Eine Stille, aus der ein tiefer Frieden aufsteigt.«

»Das hast du ganz wunderbar beschrieben, Nazan. Ich bin froh, dass du bereits Dinge weißt, die ich anderen Patienten erst noch lange erklären muss. Wir werden jetzt ein Energiefeld aufbauen, in dem Lebensenergie willkommen ist. Gerade am Anfang ist es wichtig, sich stets aufs Neue zu vergegenwärtigen, dass alle persönlichen Wünsche und Vorstellungen losgelassen werden müssen, um zu einem aufnahmebereiten Gefäß für die einströmende Energie zu werden. Nicht mehr um dein Wollen und Handeln geht es, sondern ums Geschehenlassen. Schließ einfach die Augen und lass mich machen.«

Schon nach einigen tiefen Atemzügen fühlte ich, wie sich mein Körper entspannte. Auf einmal bemerkte ich, wie Arslan seine linke Hand von meinem Herzen zu meiner Kehle und seine rechte Hand von meinem Solarplexus zu meinem Schambein wandern ließ. Eine deutlich spürbare, belebende Energie durchströmte mich. Überall kribbelte es, als liefen unzählige Ameisen in mir herum. Eine wohltuende Wärme breitete sich in mir aus. Mein Körper fühlte sich unbeschwert und leicht an. Wie in dem Salzwassertank, in dem ich vor Jahren einmal gelegen hatte, meinte ich, zu schweben und mich langsam aufzulösen. In dieser ungewohnten Situation stürmten die Gedanken wild auf mich ein. Ich hielt sie aber nicht fest, sondern ließ sie kommen und gehen, ohne mich an sie zu klammern oder sie zu bewerten. Manche sind eben angenehm, manche übel, aber alle sind sie nur vorübergehend anwesend. Allmählich ließ ihr Ansturm nach, und ich konzentrierte mich auf die Abstände zwischen ihnen, die immer größer wurden und sich nach und nach blau färbten. Wie der Himmel, der hinter den vorbeiziehenden Wolken auftaucht, wenn sie sich auflösen. Ich lenkte meine Aufmerksamkeit auf das klare Blau und fühlte, wie es still wurde in mir. Meine Gedankenflut versiegte. In meinem Geist trat Frieden ein. Vollkommene Ruhe und Entspannung erfassten mich. Ich verlor jedes Zeit- und Raumgefühl. Wie der Nebel über einer Morgenwiese stiegen lange verschüttete Gefühle in mir empor: Liebe, Geborgenheit und Vertrauen. Ich merkte, dass mir Tränen der Freude übers Gesicht liefen.

Ein tiefer Seufzer neben mir riss mich aus meinem beseelten Zustand. Widerwillig öffnete ich die Augen. Ich erschrak, weil Arslan sich mit schmerzverzerrtem Gesicht seine linke Schulter rieb.

»Was … was ist passiert?«, fragte ich nach ein paar Sekunden, die ich brauchte, um endgültig ins Hier und Jetzt zurückzukommen. Erstaunt stellte ich fest, dass ich in einer Tonlage sprach, die deutlich höher lag, als meine mir vertraute.

»Nichts Besonderes. Alles gut. Das passiert schon mal«, erwiderte Arslan, doch er schien sich große Mühe geben zu müssen, um sein mir inzwischen vertrautes freundliches Lächeln aufzusetzen. Es gelang ihm nur eine schiefe Grimasse. Er schien wirklich große Schmerzen zu haben.

»Was passiert schon mal?«

»Nichts, was dich beunruhigen müsste. Bleib einfach noch etwas liegen, horche in dich hinein und lass die Erfahrungen aus deiner Meditation nachklingen, während ich nach nebenan gehe und mich wieder in Ordnung bringe. Keine Sorge, ich bin gleich wieder zurück.«

Er drehte sich um und verschwand durch eine Tür am Kopfende des Raumes. Aus dem Augenwinkel meinte ich, auf Arslans weißem Hemdrücken einen roten Fleck zu sehen. Ich fragte mich beunruhigt, ob das Blut war und wie er sich an dieser Stelle seines Körpers verletzt haben könnte. Dann hörte ich, wie im Nebenraum eine Dusche angestellt wurde. Das gleichmäßige Rauschen des Wassers ließ mich wieder in einen angenehmen Dämmerzustand hinübergleiten, und meine offenen Fragen versanken in meinem Unterbewusstsein.

Die Sonne verschwand hinter den schneebedeckten Gipfeln der Berge auf der anderen Seite der Bucht. Ihre Strahlen verwandelten den Himmel in ein Flammenmeer, das von der Wasseroberfläche der unter uns liegenden Bucht gespiegelt wurde. Arslan und ich saßen schweigend auf der Dachterrasse meines Hotels und ließen den spektakulären Anblick auf uns wirken. Ich fühlte mich so leicht und beschwingt wie seit Jahren nicht mehr. Während ich an meinem kalten Wein nippte und das Glas auf den Tisch zurückstellte, spürte ich, dass sich die Beweglichkeit meiner Arme und die Greiffähigkeit meiner Hände deutlich verbessert hatten. Sogar mein größtes Problem beim Zugreifen und Festhalten – die ständige Verkrümmung des kleinen Fingers meiner beiden Hände – war in diesem Moment behoben. Sie waren begradigt und ließen sich erstaunlich geschmeidig bewegen. Doch das löste keine Euphorie in mir aus. Es war bei dem Verlauf meiner Erkrankung nichts Ungewöhnliches, dass ich an guten Tagen einen Teil meiner Beweglichkeit zurückerhielt.

Zu Beginn war ich einige Male in die Falle getappt. Ich hatte mir sogar eingebildet, dass die MS wieder verschwunden war, als ich eines Tages wieder ohne zu hinken laufen konnte. Umso schlimmer war dann mein Absturz gewesen, als ich wenige Tage später bemerkte, dass sich die Verbesserung meines Zustandes aufgelöst hatte. Ich war in eine tiefe Depression gestürzt. Um das zu vermeiden, hatte ich mir angewöhnt, jede positive Veränderung genauso gleichmütig zu ertragen wie eine Verschlechterung. Das galt auch in diesem Moment.

Arslan hatte diese Veränderung der Beweglichkeit meiner Finger aufmerksam registriert.

»Ich sehe, dass es deinen Armen und Händen gerade sehr gut geht. Deine ganze Körperhaltung und Ausstrahlung haben sich verändert. Das heißt, meine Behandlung schlägt bereits an, weil du wirklich offen für sie bist und mir vertraust. Deshalb möchte ich dir erklären, was heute mit meiner Schulter passiert ist.« Er drehte den Kopf zur Seite und schaute gedankenverloren über die stille Bucht. Ich sah ihn erwartungsvoll an. Was kam denn jetzt? Arslan räusperte sich.

»Ich habe dir vor deiner Behandlung erklärt, dass jede Heilung auch ein Kampf ist. Und das meinte ich im wahrsten Sinn des Wortes. Während ich dir meine Hände auflegte, drang ich mit meinem Geistkörper in deinen physischen Körper ein, um ...«

»Wie bitte?«, fiel ich ihm ins Wort. »Wie meinst du das, dass du mit deinem Geistkörper in meinen physischen Körper eingedrungen bist? Woher nimmst du dir das Recht dazu? Wie soll das denn gehen?«

Arslan runzelte die Stirn.

»Nicht ohne Grund habe ich dir erklärt, dass du Geduld haben musst. Wir befinden uns am Anfang eines sehr schwierigen Weges, auf dem uns von einem mächtigen Gegner viele komplizierte Herausforderungen gestellt werden. Dein verändertes Ich, über das wir schon gesprochen haben, ist listig und klug. Um sich zu schützen, hat es sogar eine eigene Armee in dir erschaffen.«

Ein Frösteln überlief mich.

»Ich habe eine Armee in mir? Wie kann das sein?« »Nazan, wenn ich dir diese Frage jetzt schon beantworte, würde ich eine Truhe öffnen, deren Inhalt für die meisten Menschen verstörend und verwirrend ist. Deshalb …«

Arslan legte eine Pause ein. Er schien darüber nachzudenken, wie er fortfahren sollte. Ich bemerkte, dass sich seine sonst so heitere Stimmung verändert hatte. Er war sehr ernst geworden. Gespannt wartete ich auf seine nächsten Worte. »Du fragst mich, woher ich mir das Recht nehme, in dich einzudringen. Du hast mir die Erlaubnis erteilt, als du mir dreimal bestätigt hast, dass du von mir geheilt werden möchtest. Zu meinen Heilmethoden gehört es, dass ich mit meinen Geistkörpern deinen physischen Körper inspiziere, um eventuell vorhandene Schäden erkennen und reparieren zu können. Aber dazu ein andermal mehr. Nazan, ich bin müde geworden. Lass uns jetzt einfach die Stimmung des Sonnenuntergangs genießen und …«

Arslan sah den Ober an, der in diesem Moment an unseren Tisch getreten war.

»Ja bitte?«

»Ich soll Ihnen von der Rezeption ausrichten, dass die Pflegerin gekommen ist. Sie wartet in der Halle auf Sie.«

»Danke. Dann bringen Sie mir die Rechnung«, erwiderte ich statt Arslan. Es gefiel mir gar nicht, dass wir unterbrochen wurden. Ich hatte noch so viele Fragen und hätte gerne nachgebohrt. Arslan las die Verärgerung in meiner Mimik. »Alles hat seine Zeit, Nazan. Wir werden unser Gespräch morgen fortsetzen. Ich habe dich für zehn Uhr eingeplant, also wird Fatma dich um 9.40 Uhr abholen. Gehen wir, lass deine Pflegerin nicht länger warten.«

Mir kam der Gedanke, dass ein spiritueller Meister solche Unterbrechungen eventuell gezielt herbeiführt, wenn er sich in einer unangenehmen Situation oder Bedrängnis befindet. Doch dann verwarf ich ihn sofort wieder.

Die Heilgehilfin entpuppte sich als stämmige, resolute Mittvierzigerin, die mich mit der freundlichen Professionalität einer erfahrenen Krankenpflegerin begrüßte. »Willkommen in Antalya, Nazan. Ich heiße Melek.«

Arslan beugte sich zu mir herunter und umarmte mich.

»Du bist jetzt in guten Händen. Ich wünsche dir eine angenehme Nachtruhe. Wir sehen uns morgen früh. Ich muss noch dafür sorgen, dass morgen eine Rampe an der Treppe liegt, damit Fatma dich ins Haus schieben kann.«

Ich sah ihm hinterher. Während er mit seinen weiten Schritten und rudernden Armen durch die Halle lief, musste ich an den Flaschengeist aus »Aladin und die Wunderlampe« denken, dem Lieblingsmärchen meiner Kindheit. Melek zog die Augenbrauen hoch. Sie wusste nicht, warum ich grinste. Sie brachte mich auf mein Zimmer, zog mich zügig aus, wusch mich und legte mich ins Bett. Ich bat sie, das Fenster weit zu öffnen. Eine wohltuende, kühle Brise strömte von der Bucht in mein Zimmer, und der salzige Geruch des Meeres breitete sich aus.

Melek verabschiedete sich und kündigte an, dass sie morgen Vormittag um acht Uhr käme, um mir beim Aufstehen zu helfen. Ich nickte und fühlte mich auf einmal unglaublich müde. Kaum hatte sie die Zimmertür geschlossen, fielen mir die Augen zu.

6 Ich bin rein und gut. Wie innen so auch außen. Wie eine Blume im Sonnenschein öffne ich heute mein Herz der Liebe. Sie heilt meinen Geist und meinen Körper.

Als mich Fatma am nächsten Morgen über die Schwelle zu Arslans Praxis schob, schlug mir fröhliches Stimmengewirr entgegen. Die Türen zu allen Räumen waren geöffnet. In den Zimmern sah ich Frauen jeden Alters sitzen, die rege miteinander schwatzten. Hier fand das Gegenteil von dem statt, was sich in deutschen Wartezimmern abspielt, in dem die Patienten schweigend und in sich gekehrt auf ihren Aufruf warten, jeden Blickkontakt und jedes Gespräch bemüht vermeidend. In dieser Praxis herrschte die ausgelassene Stimmung einer Hausverkaufsparty von Dessous. Es wurde laut gelacht und gescherzt. Fatma rollte mich an der Küche vorbei, in der drei Frauen um den Tisch saßen und einen Salat zubereiteten.

»Bring die Neue zu uns, Fatma. Sie kann gerne mit uns essen«, rief eine von ihnen, eine untersetzte Türkin in einem bunt gemusterten Sommerkleid.

»Später. Arslan wartet bereits auf sie«, erwiderte Fatma und schob mich in sein Behandlungszimmer.

Arslan saß hinter seinem kleinen antiken Schreibtisch, der seinen mächtigen Körper noch gewaltiger erscheinen ließ. Er stand auf, kam übers ganze Gesicht strahlend auf mich zu, beugte sich zu mir herunter und umarmte mich erstaunlich sanft mit seinen kräftigen Armen.

»Guten Morgen, meine Schöne«, begrüßte er mich. »Du siehst ausgeruht und entspannt aus. Wie geht es dir heute?«

»Wie du sagst, ausgeruht und entspannt. Ich habe tief und traumlos geschlafen. Nachdem Melek mich aus dem Bett geholt und meine Morgentoilette gemacht hat, habe ich auf der Terrasse des Hotels wunderbar gefrühstückt. Dann habe ich mit meinem Bruder telefoniert und ihm gesagt, dass ich ihm sehr dankbar bin, dass er mich hierhergeschickt hat.«

»Das freut mich.« Arslan grinste wie ein Schuljunge, der eine gute Note erhalten hatte.

»Sag mal, sind das da draußen alles Patientinnen von dir? Das sind ja mindestens zwanzig Frauen? So viele behandelst du an einem Tag?«

»Nein, nein. Meine Patientinnen kommen gerne mit ihren Schwestern, Cousinen oder Freundinnen zu mir. Nur acht von den Wartenden werde ich heute behandeln. Meine Praxis ist ein sehr beliebter Treffpunkt geworden. Vermutlich liegt es daran, dass wir so eine gute Schwingung haben, wie du sicher schon bemerkt hast.«

Arslan grinste.

»Ja, habe ich. Ich bekomme auch gute Laune, wenn Fatma mich über die Türschwelle schiebt. Aber wieso ist überhaupt kein Mann dabei?«

»Die türkischen Männer sind in der Regel strenge Muslime und lehnen alles ab, was außerhalb des Korans und ihres Glaubens liegt. Sie halten mich für einen Scharlatan. Doch weil es ihren Frauen besser geht, nachdem sie bei mir in Behandlung waren, und sie merken, wie sich ihre festgefahrenen Ehen verbessern, lassen sie es zu, dass sie zu mir kommen. Das ist das erste Steinchen, das sich in der Mauer, die sie um sich gebaut haben, gelöst hat. Aber es wird noch dauern, bis sie selbst zu mir kommen. Allerdings sind diejenigen, die bei mir waren und denen ich geholfen habe, jetzt meine Schüler. Vom Saulus zum Paulus, wie es im Christentum heißt.«

Er setzte sich auf die Liege und strahlte mich an.

»Bevor wir heute mit der Behandlung beginnen, habe ich noch eine Frage: Hast du letzte Nacht wirklich nichts geträumt? Versuch dich zu erinnern, vielleicht fällt dir ja etwas ein.«

Ich schloss die Augen, atmete tief durch und beobachtete meine Gedanken. Zu meiner Überraschung tauchte für Sekundenbruchteile das Bild eines auf zwei Beinen aufrecht laufenden Krokodils auf und verschwand sofort wieder. Ich riss die Augen auf.

»Ich glaube, ich habe von Krokodilen geträumt.« Ich war völlig durcheinander.

Arslans übliches Strahlen verschwand schlagartig.

»Krokodile, also. Na ja. Die Zeit ist aber noch nicht reif, dir jetzt schon ausführlich zu erklären, was das Erscheinen dieser Reptilien in deinem Traum zu bedeuten hat. Lass uns jetzt einfach meditieren. Konzentriere dich auf deinen Atem und beobachte deine Gedanken.«

Er legte mich auf die Liege und platzierte seine Hände auf die gleichen Stellen wie gestern. Ich atmete tief ein, schloss die Augen und konzentrierte mich auf die wohltuende Wärme, die von Arslans Händen ausging und meinen Körper durchströmte. Allmählich entspannte ich mich und verfiel in einen tranceähnlichen Zustand. Meine Gedanken kamen zur Ruhe. Ich verlor jedes Zeit- und Raumgefühl. Losgelöst dämmerte ich vor mich hin und glitt in einen leichten Schlummer hinüber. Bis ich wie aus weiter Ferne Arslans Stimme hörte.

»Das war's für heute. Öffne deine Augen, fühle dich erfrischt und komm wieder zurück ins Hier und Jetzt!«

Ich folgte seinem Befehl. Aber ich war nicht wirklich erfrischt, sondern fühlte mich am ganzen Körper wie gerädert. Wie durch Watte nahm ich wahr, dass er sich einen der Besucherstühle holte und sich ganz dicht neben meiner Liege hinsetzte.

»Ich habe gerade deinen Körper mithilfe meiner spirituellen Helfer gründlich gereinigt und einige Schäden repariert. Jeder von ihnen ist ein genialer Arzt. Sie kennen sich sowohl mit den physischen als auch mit den feinstofflichen Strukturen deines Körpers bestens aus und erkennen deshalb jede Funktionsstörung, die sie blitzschnell reparieren können. Sie scheuen sich aber auch nicht, wie eine Putzkolonne jeden Winkel deines Körpers vom übelsten Unrat zu befreien. Meine Helfer arbeiten eng mit deinem körpereigenen Team zusammen. Von der Existenz solcher Teams habe ich bei einer meiner Reisen durch meinen Körper erfahren. Ich nenne seine Mitglieder den Professor, den Organmann, den Mechaniker, den Nervenmann, den Blutkreislaufmann, den Muskelmann und den Atmungsmann. Jeder dieser Typen ist für die Aufrechterhaltung seines ihm anvertrauten Systems verantwortlich. Der Professor hat sich um die Funktionsfähigkeit deines Gehirns zu kümmern, und der Mechaniker ist für die Belastbarkeit der Sehnen zuständig. Die anderen sorgen dafür, dass alle anderen Bestandteile deines Körpers gehegt und gepflegt werden und tadellos funktionieren. Diese Jungs sind allerdings wie Söldner. Wenn eine Seele in einen Körper inkarnieren soll, geht sie mit ihrem Geistführer an einen bestimmten Platz des Universums, an dem diese Teams herumlungern und auf ihren nächsten Einsatz warten. Je nach Aufgabe der Seele wird ein Team zusammengestellt, das einen physischen Körper erschaffen und am Leben erhalten kann, der den Anforderungen der nächsten Inkarnation der jeweiligen Seele gewachsen ist. Dazu brauchen sie neun Monate. Während der Schwangerschaft gehen sie mit Feuereifer ans Werk, und bei deiner Geburt ist dein physischer Körper perfekt. Wobei auch alle Handicaps deines Verstandes und deines physischen Körpers mit eingeplant werden, wenn sie zum Lebensplan der Seele und ihrer karmischen Verwicklungen gehören.

Jetzt kommt aber das Problem: Wie ich dir schon erklärte, sind diese Jungs Söldner. Wenn sie keinen Lohn erhalten, stellen sie nach und nach ihre Tätigkeit ein. Oder sie werden nachlässig und übersehen Schäden in ihren Systemen. Ihr Lohn ist nämlich deine Zuwendung. Wenn du nie mit ihnen kommunizierst und dich für ihre Leistungen bedankst, werden sie irgendwann sehr arbeitsunwillig. Weil du keine Ahnung hast, dass es sie gibt, sprichst du nie direkt mit ihnen. Aber das musst du auch nicht. Es reicht, wenn du betest. Jedes Gebet, egal zu welchem Gott, zeigt deine Dankbarkeit, dass du leben darfst. Es stärkt dadurch sofort den Arbeitswillen und die Leistungsbereitschaft deines Teams.«

Wieder sah ich ihn mit den großen Augen einer Dreijährigen an, der man gerade die Geschichte vom Weihnachtsmann erzählt hatte.

Arslan schmunzelte leicht, fuhr aber unbeeindruckt von meiner Verblüffung fort.

»Damit du besser verstehst, um was es mir geht, möchte ich dir jetzt noch einiges über deine Geistkörper erklären. Du besitzt insgesamt sieben Körper, von denen nur der erste materiell, also physisch ist. Die anderen sechs sind mehr oder minder reiner Geist. Du musst dir vorstellen, dass dein zweiter Körper, dein astraler, noch wie ein dichter Rauch ist, den du aber problemlos durchdringen kannst. Er ist nicht transparent. Du kannst ihn also nur von außen betrachten. Der zweite Körper hat genau dieselbe Form wie der erste. Während deines Lebens ist der zweite Körper dein ständiger Begleiter. Wenn du deinen zweiten Körper kennengelernt hast, kannst du diesen Vorgang ganz bewusst verfolgen.

Das Besondere ist, dass der zweite Körper deinen ersten Körper verlassen kann. Wenn du träumst oder meditierst, löst er sich manchmal ab und steigt in die Höhe. Wenn du meditierst und in seinem Innern bist, merkst du, dass er sich ständig auf und ab bewegt. Du fühlst dich schwerelos und meinst, dass die Gravitation keine Macht mehr über dich hat. Du denkst, du hast die Erde verlassen. Aber wenn du die Augen öffnest, sitzt du auf dem Boden und weißt, dass du die ganze Zeit dort warst. Das Gefühl, dass du auf und ab geschwebt bist, entstand im zweiten und nicht im ersten Körper. Deshalb fühlst du, wenn du den zweiten Körper kennst, eine gewisse Freiheit, die es im Ersten nicht gibt. Auch du könntest jederzeit mit deinem zweiten Körper aus deinem ersten Körper aussteigen und wieder in ihn zurückgehen.« Ich dachte daran, dass mir dieses Gefühl aus meinen Träumen durchaus vertraut war.

»Wenn du den zweiten Körper kennenlernen willst, musst du an deinem ersten, dem physischen arbeiten. Nur dann gewinnst du Einblick in deinen astralen. Nimm deinen ersten Körper von Moment zu Moment bewusst war. Nicht nur von außen, du musst ihn auch von innen kennenlernen. Mach es Schritt für Schritt, indem du mit einzelnen Körperteilen anfängst. Du kannst dir zum Beispiel deiner Hand bewusst werden. Wenn du deine Augen schließt, siehst du deine Hand nicht, aber es gibt ein inneres Gefühl, dass da etwas an deinem Handgelenk ist. Wenn du deine Hand verlierst, ist dieses Gefühl die Ursache für den sogenannten Phantomschmerz. Sobald du deine Hand von innen fühlst, wird dir zum ersten Mal bewusst, was es heißt, in deinem Körper zu sein.«

Arslan hielt kurz inne, um einen kräftigen Schluck aus einem Krug mit Eiswasser zu trinken, der auf seinem Schreibtisch stand. Sichtlich erfrischt dozierte er weiter.

»Wenn du deinen physischen Körper nur von außen betrachtest, kannst du seine Geheimnisse nicht erforschen. Du lernst nur seine Oberfläche kennen und siehst, wie er von anderen wahrgenommen wird. Dann weißt du zwar, wie andere ihn sehen, aber du weißt nicht, wie er für dich ist, was er für dich bedeutet. Du kannst deine Hand von außen anschauen, aber dann ist sie nur ein Objekt. Ich weiß genauso viel über deine Hand wie du. Sie ist ein öffentliches Teil.

Nur wenn du sie von innen anschaust, gehört sie auf untrennbare Weise zu dir. Ich kann nicht wissen, wie sich deine Hand von innen anfühlt. Das kannst nur du wissen. Wenn du deine Hand fragst, wer sie ist, wird sie vermutlich antworten, dass sie eine Spezialistin sei. Eine Mechanikerin, die deinem ganzen Organismus diene.«

Nachdenklich betrachtete ich meine linke Hand. Absurderweise hatte ich das Gefühl, dass sie zu mir sprach, indem sie seltsame Gedanken in meinem Kopf erzeugte:

›Ich gehöre nicht zum Arm, sondern ich stehe dem Ganzen zur Verfügung. Denn ohne mich wäre es deinem Körper nicht so leicht, Nahrung zu sich zu nehmen. Es wäre schwierig für ihn, aufzustehen und sich wieder zu setzen oder Dinge anzufassen und zu erfühlen. Ich bin ein Teil des Ganzen und weiß, dass es mir gut geht, wenn es ihm gut geht.

Ich habe übrigens keinen Boss. Es gibt keine Hierarchie in deinem Organismus. Deswegen gibt es auch keine Rebellion. Innerhalb der Struktur deines Körpers herrschen nur Liebe, Balance und angemessene Polarität zwischen seinen einzelnen Teilen. Auf der reinen Zell- und Atomebene meiner Struktur bestehe ich aus Energie. Ich war nicht immer eine Hand. Und eines Tages werde ich nicht länger eine Hand sein. Meine Energie ist unzerstörbar, daher war und werde ich immer diese Energie sein. Das Universum verändert sich nicht, und die Anzahl seiner Teile bleibt immer gleich. Du merkst schon an diesem Beispiel, dass der Körper, den du nur von außen kennst, nicht dein wirklicher Körper sein kann. Es ist der Körper, den alle – auch du – nur als Objekt kennen. Der physische Leib, den ein Arzt in seinem Labor und mit seinen Geräten analysieren kann.‹

Unwillkürlich erinnerte ich mich an all die Torturen, die ich auf mich genommen hatte und die alle letztendlich nichts gebracht hatten. Die Bilder, die vor meinem geistigen Auge aufgetaucht waren, verblassten, und Arslans Stimme drang wieder an mein Ohr.

»Das ist nicht dein Körper, wie er wirklich ist. Nur deine eigene persönliche Erfahrung kann dich nach innen führen, kein allgemeines Wissen. Deswegen haben Physiologie und Psychologie nicht zu einem Wissen über den inneren Körper geführt. Sie beobachten ihn nur von außen, ihnen fehlt die Innenansicht, wie fast allen Menschen. Dieses Defizit führt zu vielen Komplikationen.

Du magst dich von innen heraus schön fühlen, aber du kannst jederzeit manipuliert werden, weil du dein Inneres nicht wirklich kennst. Wenn jemand zum Beispiel so lange auf dich einredet, bis du selbst glaubst, dass du hässlich bist. Wenn wir uns als Kollektiv darauf geeinigt haben, kannst du deine Zustimmung nicht verweigern. Deshalb sollte dir klar sein, dass so eine oberflächliche Beurteilung jeder Grundlage entbehrt. Es ist nur eine modische Erscheinung, ein willkürlicher Maßstab. Wer in der einen Gesellschaft als schön gilt, kann in einer anderen als hässlich angesehen werden. Wir haben alle eine festgefahrene subjektive Vorstellung von Schönheit. Würden wir alle blind sein, wäre niemand mehr hässlich. Dann wären alle schön.

In verschiedenen Situationen fühlt sich der Körper von innen anders an. Wenn du verliebt bist, hast du eine andere innere Körpererfahrung, als wenn du wütend bist. Liebe ist Schönheit. Hass, Wut und Eifersucht rufen im Inneren deines Körpers das Gefühl von Hässlichkeit hervor. Verschiedene Gemütsverfassungen und Momente führen zu verschiedenen Wahrnehmungen deines Körpers. Wenn du träge bist, fühlst du dich anders, als wenn du aktiv bist. Diese Unterschiede musst du genau kennenlernen, nur dann kannst du mit deinem inneren Körper vertraut werden. Dann erkennst du eines Tages deine innere Historie, das heißt die innere Geschichte deiner Kindheit, deiner Jugend und deines Alters. Versuche jetzt einmal, tief in deinen Körper hineinzuspüren. Konzentriere dich auf den Schlag deines Herzens. Fühle, wie du mit jedem Herzschlag zusammenschrumpfst. Du wirst immer kleiner und kleiner. Bis du ein winziges Atom bist, das durch deinen Körper reist!«

Arslans Stimme ging in einen melodischen Gesang über, der mich im Rhythmus meines Herzschlages in eine andere Dimension davondriften ließ. Mit jeder Kontraktion schien ich wie der Däumling im Märchen zusammenzuschrumpfen. Bis ich schließlich zu einem winzigen Energieteil geworden war, das gemeinsam mit anderen Teilchen durch meinen Körper reiste. Jedenfalls nahm ich an, dass der riesige, farbenprächtige Raum um mich herum mein Körper sein müsste. Fasziniert beobachtete ich ein emsiges Treiben. Wie auf einem Jahrmarkt bewegte sich hier alles in verschiedenen Geschwindigkeiten und schien sich ziel- und planlos fortzubewegen. Weiße Lichtteilchen schossen mit einer irren Geschwindigkeit kreuz und quer in alle Richtungen, während die blauen, roten und grünen zwar auch scheinbar wirr durcheinanderflogen, aber im Verhältnis zu den weißen eher langsam und bedächtig unterwegs waren. Es schien ein völliges Chaos zu herrschen. Es war mir unmöglich, ein Bewegungsmuster oder gar ein System zu erkennen. Aber etwas anderes nahm ich wahr: In dem Raum, in dem ich mich befand, herrschte tiefer Frieden. Trotz des emsigen Treibens, das mich an ein Feuerwerk erinnerte, bei dem die Leuchtraketen nicht nur nach oben, sondern auch nach links, rechts und nach unten abgefeuert wurden. Nicht der Hauch einer Aggression oder Gefahr war zu spüren. Ganz im Gegenteil. Ich war umgeben von reiner Liebe. Zwischen den umherschwirrenden Teilchen schien es Liebesbeziehungen zu geben, die ich immer deutlicher wahrnahm. Es gab keine Negativität, keine Rebellion und keine Unangemessenheit. Nur Zärtlichkeit, Wärme und achtsames Mitgefühl. Nie kam es zu einer Kollision, weil jedes Teilchen alle Flugbahnen der anderen genau zu kennen schien. Alles war ausgeglichen und im Lot. Und still war es. So still, dass ich meinte, die Stille körperlich fühlen zu können. Sie umhüllte mich und drang in mich ein. Ich wurde vollkommen ruhig. Aber mit meiner Gelassenheit und Gelöstheit wuchs auch meine Feinfühligkeit. Unvermittelt überkam mich eine Spur von Traurigkeit.

»Komm sofort ins Hier und Jetzt zurück!«, herrschte Arslan mich an. Seine Aufforderung schien aus der Mitte meines Körpers zu kommen. Ohne dass ich eine Ahnung hatte, wie mir geschah, löste sich das bunte Spektakel um mich herum auf. Sekundenbruchteile später spürte ich wieder die Liege unter mir. Verwundert schaute ich in Arslans Gesicht, das sich dicht über meinem befand. Er stand neben der Liege und hatte sich zu mir herabgebeugt.

»Hat es dir gefallen?«, fragte er leise.

Ich war noch zu berauscht und verwirrt, um ihm antworten zu können. Also nickte ich nur.

»Ich weiß, wie du dich jetzt fühlst. Du musst es mir nicht erklären, denn ich begleite dich auf all deinen inneren Reisen. Zu deinem Schutz und damit ich erkenne, was für deine Heilung bedeutsam ist und was diesen Prozess verzögern könnte. Gerade geschah so etwas. Dein listiges verändertes Ich gaukelte dir vor, dass in deinem Körperinnern vollkommene Harmonie herrsche. Doch so weit sind wir noch nicht! Deshalb musste ich dich aus dieser Illusion und Täuschung herausholen. Schließe jetzt wieder deine Augen und lass dich einfach treiben. Aber versuch, mir dabei zuzuhören. Ich möchte dir noch etwas Wichtiges über die Entstehung von Krankheit erklären.«

Ich folgte seiner Aufforderung und schloss meine Augen. Arslan legte seine Hände auf die gewohnten Stellen. Während ich langsam wieder in einen tranceähnlichen Zustand verfiel, versuchte ich, mich auf seine Worte zu konzentrieren.

»Du musst wissen, dass Krankheit immer aus dem zweiten Körper kommt. In ihm entsteht sie. Und von dort greift sie auf den ersten über. Zum Beispiel können Geburten durch Hypnose, die auf den zweiten Körper einwirkt, absolut schmerzfrei ablaufen. In Hypnose gibt es keinen Schmerz. Selbst komplizierte Operationen können schmerzfrei durchgeführt werden, wenn es dem zweiten Körper entsprechend suggeriert wird. Da aus meiner Sicht jede Art des Schmerzes vom zweiten Körper ausgeht, kann man etwas Schmerzvolles durch Suggestion oder Autosuggestion in etwas Angenehmes verwandeln – umgekehrt natürlich auch. Ändere die Suggestion, und der astrale Körper wird dafür sorgen, dass sich alles ändert. Wünsche dir etwas aus ganzem Herzen, und es geschieht. Deshalb habe ich dich gestern gefragt, ob du wirklich gesund werden willst.

In diesem Moment spüre ich, dass du mit jeder Faser deines Körpers tatsächlich diesen Wunsch hast. Ich fühle, wie du immer entspannter wirst. Gleite jetzt einfach in einen leichten Schlaf hinüber und lass alles los.«

7 Ich bin ein göttlicher Ausdruck des Universums, einzigartig in meinem Sein. Es macht Freude, mich zu betrachten. Meine Intuition lässt mich den Schlüssel finden zum geheimen Ort des Allerhöchsten.

Ein lauter Furz ließ mich in die Höhe fahren. Ich riss meine Augen auf und konnte es nicht fassen: Ich saß tatsächlich aufrecht auf der Liege. Das war eine ungeheure Leistung, die meine Vorstellungskraft überstieg.

»Was ist das denn? Wieso konnte ich mich plötzlich alleine aufsetzen?«

Entgeistert sah ich zu Arslan. Er stand wie ein Buddha neben mir und kicherte in sich hinein. In diesem Moment roch ich die mir entwichenen Gase und genierte mich. Trotzdem machten sich Stolz und Freude in mir breit. Sie verdrängten meine Konfusion. Mir wurde schwindlig, mein Herz klopfte heftig.

»So ist's recht. Blas ruhig alles raus, was dich belastet!« Arslan tätschelte meine Hand. Seine Augen blitzten erheitert.

»Tut mir leid. Entschuldige bitte«, murmelte ich. Doch das war nur der konditionierte Reflex meiner Erziehung. Tatsächlich hatte ich alles andere als ein schlechtes Gewissen wegen meiner Furzerei. Eine unbändige Freude durchströmte mich! Gerade hatte ich mich zum ersten Mal seit Jahren wieder alleine aufgerichtet. Im nächsten Moment begann ich, am ganzen Körper wie Espenlaub zu zittern. Schüttelfrost erfasste mich. Mein Herz raste. Ein Gefühl der Leere breitete sich in mir aus. Arslan hatte mich nicht aus den Augen gelassen und meinen instabilen Zustand erkannt. Er fasste meine Schultern und ließ mich sanft auf die Liege zurücksinken.

»Bleib einfach liegen und entspann dich. Du hast eben eine Riesenleistung vollbracht. Sie hat dich viel Kraft gekostet. Kein Wunder, dass dein Körper so heftig reagiert. Das ist ein großer Schritt vorwärts auf dem Weg zu deiner Heilung. Auch wenn du gerade ein Schwächegefühl hast und am ganzen Körper bebst. Das ist völlig normal. Der schnelle Wechsel von der liegenden zur sitzenden Position hat einen Blutdruckabfall bewirkt, der diese Symptome auslöste. Das ist gleich wieder vorbei. Übrigens, bei mir musst du dich niemals entschuldigen, meine liebe Nazan. Mir ist nichts Menschliches fremd. Außerdem ist es vollkommen in Ordnung. Das muss sogar so sein. Es ist ein sehr guter Indikator, wenn deine Winde entweichen. Es zeigt mir, dass wir in deinem Innern, in deinen feinstofflichen Bereichen gute Auswirkungen erzielen. Alles, was in dir gärt und fault, verzischt sich jetzt. Ein wirklich sehr gutes Zeichen. Ich lass dich jetzt ein paar Minuten alleine, damit du dich von der Strapaze erholen kannst.«

Arslan verließ das Zimmer.

Ich schloss die Augen. Die ungewohnte Kraftanstrengung hatte mich wirklich restlos erschöpft. Eine tiefe Müdigkeit überkam mich, und ich schlief ein.

Ein leises Räuspern weckte mich. Arslan stand wieder neben mir und sah auf mich herab.

»Es tut mir leid, dich zu wecken, aber es ist bereits kurz nach zwölf, und ich habe noch Patientinnen. Morgen früh um zehn geht es weiter mit deiner Behandlung. Ich habe heute bis etwa 18 Uhr zu tun. Danach komme ich in dein Hotel, und wir essen eine Kleinigkeit zusammen. Ist das in Ordnung für dich?«

»Klar! Ich freue mich, wenn du kommst.«

»Gut, dann bis später.«

Arslan drückte auf den Knopf seiner Gegensprechanlage. Fatma erschien. Er setzte mich in meinen Rollstuhl, sie schob mich aus dem Zimmer Richtung Aufzug. Als wir an der Küche vorbeikamen, winkte die stämmige Türkin, die mich schon bei meiner Ankunft so freundlich eingeladen hatte. »Da bist du ja wieder. Komm zu uns, dein Essen wartet.«

Ich hatte den Rest des Tages nichts mehr vor, also nahm ich ihre Einladung an und bat Fatma, mich an den Tisch zu schieben, an dem die drei Frauen saßen.

Arslan erschien in der Tür.

»Komm, meine Schöne, du bist die Nächste«, forderte er ein blasses junges Mädchen mit einem verkrüppelten Körper auf, das meiner Gastgeberin gegenübersaß. Es blickte ihn mürrisch an. Trotzdem erhob es sich folgsam und hakte sich bei Arslan ein. Hinkend und schwankend lief es neben ihm her. Die beiden verschwanden in seinem Behandlungszimmer. Einen Augenblick verspürte ich so etwas wie Eifersucht, doch das Gefühl löste sich schnell wieder auf. Mein verändertes Ich lag offensichtlich immer auf der Lauer und wartete auf seine Chance.

»Das war meine Tochter Merve. Arslan behandelt sie seit einer Woche«, erklärte mir die Frau, die die Einladung ausgesprochen hatte, und reichte mir ihre Hand. »Und mein Name ist Buket. Das hier ist meine Freundin Sukran. Sie hat uns Meister Arslan empfohlen. Er hat ihr sehr geholfen.«

Sukran nickte und reichte mir einen Teller, ein Messer und eine Gabel. Sie stand auf und häufte mir eine große Portion des köstlich aussehenden Salats auf meinen Teller, der aus vielen frischen Gemüsen und einigen undefinierbaren, aber sehr appetitlich duftenden Zutaten bestand. Ich hatte Hunger und fing sofort an zu essen. Der Salat schmeckte genauso gut, wie er aussah.

»Wobei hat Arslan dir geholfen?«, fragte ich Sukran zwischen zwei Bissen, ohne daran zu denken, ihren leckeren Salat zu würdigen.

»Er hat meinen Brustkrebs verjagt und meine Ehe gerettet.« Ihre Augen leuchteten.

Buket mischte sich ein.

»Ja, das ist fast wie ein Wunder. Auch bei uns hat er Erstaunliches bewirkt. Schon am dritten Tag der Behandlung konnte meine Merve wieder laufen. Am Anfang noch sehr wackelig, aber alleine und aufrecht. Sie saß bis dahin genau wie du im Rollstuhl. Und sie verwendet auch nicht mehr diese fürchterlichen Wörter, die sie früher den ganzen Tag herumgeschrien hat. Du kannst dir nicht vorstellen, was mein Mann und ich durchgemacht haben. Die Ärzte waren ratlos und haben mir starke Medikamente gegeben, die Merve ruhigstellen sollten. Die hätten sie in einen Zombie verwandelt. Ich habe ihr nur einmal welche verabreicht und nach dem Anblick nie wieder. Ich hab sie dann doch lieber toben lassen. Als Sukran mir von Meister Arslan erzählte, bin ich sofort mit ihr hergekommen. Seitdem geht es Merve von Tag zu Tag besser, sie ist viel liebevoller geworden. Aber warum bist du hier? Woher kommst du und woran leidest du?«

»Ich habe multiple Sklerose. Auch bei mir wissen die Ärzte nicht mehr weiter. Mein Bruder, der wie ich in München lebt, hat durch einen Freund von Arslan gehört. Dann hat er mich hierhergeschickt. Ich war erst sehr, sehr skeptisch. Aber seit ich hier bin, fange ich an zu glauben, dass er mir wirklich helfen kann. Arslan erklärt mir sehr vieles, von dem ich vorher noch nie gehört habe. Und wie Merve fühle ich mich schon bedeutend besser. Heute konnte ich mich sogar alleine auf seiner Liege aufsetzen. Das ist eine echte Sensation, das habe ich nämlich seit Jahren nicht mehr geschafft.«

Die beiden Frauen sahen sich bedeutsam an. Sukran wandte sich mir zu.

»Ja, es ist wirklich kaum fassbar, was er bewirkt. Wenn man es nicht selbst erlebt hat, kann man es kaum glauben. Man begreift nicht, wie so eine schnelle Verbesserung des Gesundheitszustandes möglich ist, obwohl die Ärzte längst aufgegeben haben. Es hat mir sehr geholfen zu verstehen, was er macht, als er mich über meine Geistkörper und Energiezentren aufgeklärt und mir die sieben kosmischen Gesetze aufgezeigt hat. Ich bin zwar nur eine einfache Hausfrau, aber ich konnte seinen Worten doch folgen. Buket hat ihn auch verstanden. Wir reden gerne und oft darüber. Ehrlich gesagt, habe ich mit meinem Verstand nicht alles begriffen, aber mein Herz weiß, dass er die Wahrheit sagt.«

Buket nickte beifällig.

»Mir hat er erzählt, dass mein Körper und das Universum ein einziges Energie-, Informations- und Bewusstseinsfeld sind. Alles ist miteinander verbunden. Der Körper ist meine Verbindung, die Schnittstelle, hat er gesagt, zu dem kosmischen Computer, der unendlich viele Vorgänge und Geschehnisse gleichzeitig organisiert. Wenn ich auf meinen Körper höre und achtsam auf ihn eingehe, gewinne ich Zugang zu dem Feld der unendlich großen Möglichkeiten. In diesem Feld erfahre ich dann Frieden, Harmonie und Freude. Und da ist mir eingefallen, wenn ich statt Feld und kosmischer Computer Paradies einsetze, entsprechen seine Worte den Aussagen des Korans.«

Fatma betrat die Küche und fragte mich, wann ich zum Mittagessen zurück im Hotel sein wolle. Mir fiel ein, dass ich Melek für zwei Uhr bestellt hatte, um eine Siesta einlegen zu können. Ich sah auf meine Uhr und stellte fest, dass es schon halb eins war.

»Am besten gleich. Meine Pflegerin kommt um zwei, und ich würde gerne vorher noch etwas essen. Der Salat war ein wunderbarer Appetizer, aber Arslans Behandlungen machen anscheinend Hunger.«

»Das stimmt«, sagte Sukran. »Ich habe acht Kilo zugenommen, während er mich behandelt hat.«

»Du warst ja auch sehr abgemagert«, wandte Buket ein. »Jetzt siehst du wieder richtig gesund aus.«

»Das war keine Beschwerde, meine Liebe, sondern nur eine Feststellung, was seine Behandlungsmethoden für Auswirkungen haben.«

Buket lachte.

»Nazan, wenn du möchtest, bringe ich dich zu deinem Hotel. Vorher zeige ich dir gerne noch etwas, was du mögen wirst. Merves Behandlung dauert eine Weile, und Sukran möchte auch noch zu Arslan. Also habe ich Zeit und könnte Fatma entlasten. Außerdem würde ich gerne etwas schwimmen und mich abkühlen.«

»Eine gute Idee«, stimmte ich erfreut zu.

Wenig später befand ich mich zum ersten Mal seit vielen Jahren wieder direkt am Meer. Zwar nicht an einem Naturstrand, sondern auf einer hölzernen Plattform mit einer kleinen Bar, zu der uns der gläserne Aufzug eines Hotels bequem hinunterbefördert hatte, das unweit von Arslans Praxis lag. Buket hatte sich in einer Kabine umgezogen und war ins

Wasser gesprungen. Ich schaute ihr zu, wie sie elegant durch das im Sonnenlicht glitzernde Wasser schwamm. Ich schloss die Augen. Das Plätschern der Brandung entspannte mich. Ich döste vor mich hin. Vielleicht waren es auch die Auswirkungen von Arslans Behandlung, denn ich hatte nach ganz kurzer Zeit das Gefühl, dass ich ein Teil der Wellen war und schwerelos mit ihnen reiste.

›Wenn Arslan recht hat und es keinen Zufall gibt, dann müssten ja sogar die Zahl und die Form der Wogen genau festgelegt und vorherbestimmt sein. Aber das kann er doch wohl nicht ernsthaft glauben‹, ging es mir durch den Kopf. Ich beschloss, ihn heute Abend danach zu fragen.

»Nazan!«

Bukets lauter Ruf riss mich aus meinen Überlegungen. Ich öffnete die Augen. Sie war inzwischen in die Bucht hinausgeschwommen und winkte mir zu. Ich winkte zurück. Dabei stellte ich erfreut fest, dass ich meine Hand mühelos über meinen Kopf heben konnte. Auch das war seit Jahren nicht mehr möglich gewesen. An guten Tagen hatte ich es bestenfalls bis zu den Ohren geschafft. Mein Blick fiel auf meine Finger. Meine Sorgenkinder, die sonst immer stark gekrümmten Kleinen, standen an beiden Händen gerade wie Paradesoldaten.

Einige Minuten später stieg Buket aus dem Meer und kam tropfnass auf mich zu.

»Und jetzt habe ich Lust auf einen Eistee, komm, ich lade dich ein.«

Ein attraktiver Kellner servierte uns die eiskalten Drinks. Er warf mir einen tiefen Blick zu, als er das Glas vor mir absetzte. Ich senkte den Kopf und schaute schnell in eine andere Richtung.

»Das ist der Besitzer. Hast du bemerkt, wie er dich angesehen hat?«, flüsterte Buket mir zu, nachdem er sich ein paar Schritte entfernt hatte.

»Nein, habe ich nicht.« Ich errötete. ›Verdammt, ich bin wirklich sehr verschüchtert und verklemmt‹, dachte ich ärgerlich.

Buket hatte mein Erröten nicht bemerkt. Sie schaute gedankenverloren aufs Meer.

»Mich haben die Männer mein Leben lang übersehen«, sagte sie wehmütig. »Immer war ich nur der Kumpel, nie die begehrte Frau. Ich bin einfach nicht attraktiv genug. Meine Ehe wurde von meinem Vater arrangiert. Da war ich gerade vierzehn Jahre alt und voller romantischer Gefühle. Das interessierte aber niemanden. Mein Mann war elf Jahre älter als ich. Erst am Tag der Hochzeit lernte ich ihn kennen. Ein hagerer Typ mit Hakennase und schütterem Haar. Überhaupt nicht mein Fall. Unsere Hochzeitsnacht war eine Katastrophe. Ein echter Albtraum. Mein Jungfernhäutchen war wohl sehr widerstandsfähig. Jedenfalls schaffte er es nicht mit seinem Penis. Da nahm er eine Kerze und ...« Sie schüttelte sich. »Nach dieser Aktion drang er brutal in mich ein. Obwohl ich heftig blutete, die ganze Nacht lang, machte er es immer wieder. Ich fühlte nur Schmerz und Ekel. Und dann wurde ich auch noch schwanger.«

Sie nahm einen kräftigen Schluck Tee. Ich wusste nicht, was ich sagen sollte, war aber sehr berührt von dieser intimen Beichte, weil ich es nicht gewohnt war, dass sich Menschen mir anvertrauten.

»Ich hasste das Ungeborene von der ersten Sekunde an, in der ich es in mir fühlte. Heimlich versuchte ich alle möglichen Methoden, um es loszuwerden. Ich trank alle denkbaren widerlichen Gebräue und kotzte mir die Seele aus dem Leib. Aber nicht das Kind. Dann hatte ich einen Fahrradunfall. Selbst verschuldet. Vielleicht hatte ich ihn unbewusst herbeigeführt. Na ja, jedenfalls landete ich mit einem Beinbruch und schweren Prellungen im Krankenhaus. Aber der Embryo blieb in mir. Da gab ich auf und brachte das Baby zur Welt.

Die Geburt war für mich wie die Hölle, die Schmerzen raubten mir den Verstand. Aber das war gar nichts im Verhältnis zu dem Schock, der mich traf, als ich Merve das erste Mal im Arm hielt und ihren schiefen Körperbau bemerkte. Nichts schien an der richtigen Stelle zu sein. Mich überfiel das Grauen, und ich bekam ein entsetzlich schlechtes Gewissen. Natürlich gab ich mir die Schuld. Was hatte ich da zur Welt gebracht? Ich heulte los und konnte nicht mehr aufhören. Durch den dichten Tränenschleier sah ich in ihr kleines Gesicht, ihr einziger normaler Köperteil. Es strahlte Schönheit und Würde aus.

Plötzlich öffnete sie ihre indigoblauen Augen und sah mich an. Ihr Blick hatte eine Intensität, die mich umhaute. Sie schien genau zu wissen, was ich gedacht und ihr angetan hatte. Es erschreckte mich zu Tode.

Um meine Missetaten zu sühnen, wurde ich zu ihrer Sklavin. Bis zu meiner Begegnung mit Meister Arslan habe ich ihr zweiundzwanzig Jahre jeden Wunsch von den Augen abgelesen und ihr jede ihrer Launen verziehen. Ich habe sie nie geschlagen, obwohl sie mich bis aufs Blut gereizt hat. Mein Mann hat sich von mir abgewandt, weil er mich für eine Versagerin hielt. Er hat mich nicht mehr angefasst, so zuwider war ich ihm. Nach der ersten Sitzung mit Merve holte mich Arslan in sein Behandlungszimmer.

›Sie wird niemals laufen, wenn du nicht die Nabelschnur durchtrennst, die euch immer noch verbindet‹, erklärte er mir. ›Solange du alles machst, was sie will, kommt sie nicht auf die Idee, es selbst zu machen. Deshalb wirst du dir heute Nachmittag einen Wecker stellen. Und zwar auf genau siebzehn Uhr. Wenn der Wecker dann läutet und Merve dich fragt, was das soll, dann sagst du ihr, dass du nun nichts mehr für sie tun wirst. Du sagst ihr, dass sie sich ihr Essen selbst kochen und sich ihre Sachen waschen und bügeln wird. Du bist nicht mehr ihr Dienstmädchen.‹

Was glaubst du, welche Mühe es mich gekostet hat, dieser einfach klingenden Anweisung zu folgen. Doch ich habe es irgendwie geschafft. Merve machte ein paar Tage lang ein Höllentheater, aber ich blieb tapfer und standhaft. Mein Mann beobachtete die neue Situation verwundert. Dann nahm er mich eines Abends in den Arm und zog mich ins Bett.

›Ich bin sehr stolz auf dich‹, sagte er.

Seitdem redet er mit mir sogar über seine geschäftlichen Probleme, hört sich meine Meinung dazu an, und – das Erstaunlichste – wir schlafen wieder miteinander, und es ist schön. Zum ersten Mal in meinem Leben macht es mir Spaß.«

›Er hat ihr geholfen, ihre verschüttete Persönlichkeit zu entfalten‹, dachte ich. ›Wie erstaunlich, dass sie sogar dem Mann nahegekommen ist, den sie vorher so verabscheut hat.‹

»Ja, das Gefühl habe ich auch«, antwortete ich laut, hob mein Glas und prostete ihr zu. Es überraschte mich nicht mehr, dass ich das Glas mühelos an meinen Mund führen, trinken und zielgenau wieder auf dem Tisch absetzen konnte.

»Ja, das ist in der Tat so«, bestätigte Arslan. Wir saßen auf der Dachterrasse des Hotels und warteten auf unser Abendessen. Nachdem Buket mich ins Hotel und Melek mich ins Bett gebracht hatte, war ich sofort eingeschlafen. Melek musste mich aufwecken, als sie vereinbarungsgemäß um 18 Uhr erschien, um mich auf die Dachterrasse zu bringen, wo Arslan bereits auf mich wartete. Ich war bester Laune und konnte meine Frage nach der Vorherbestimmung der Wellenpartikel nicht mehr zurückhalten.

»Nicht nur die Partikel einer Welle, auch die Haare auf deinem Kopf sind gezählt«, erklärte er. »Es gibt keinen Zufall im Universum. Alles unterliegt dem Gesetz von Ursache und Wirkung. Wirklich alles, ohne Ausnahme. Wenn es einen Computer gäbe, der alle Ereignisse im Kosmos speichern und dann deren Auswirkungen berechnen könnte, würde er die genaue Form, Geschwindigkeit und sogar die Konsistenz von allen Wellen errechnen, die in diesem Augenblick irgendwo auf der Welt ein Ufer erreichen.«

Er machte eine kleine Pause, um zu trinken.

»Auch deine Erkrankung ist natürlich kein Zufall. Sie wurde unmittelbar durch dich selbst verursacht. Sie ist deine Wahl. Du hast eingewilligt, bevor du sie erschaffen hast. Deine Erlaubnis beruhte auf einer rein logischen Beurteilung deiner damals aktuellen Lebenssituation und deines Karmas. Daher bist du in jeder Beziehung für sie verantwortlich. Du hast um sie gebeten, und darum ist sie jetzt in dir. Natürlich erscheint es dir merkwürdig und kaum glaublich, dass du um etwas so Negatives, Erschreckendes und Angsteinflößendes wie deine Krankheit gebeten hast. Aber das geschieht in völliger Übereinstimmung mit deinen karmischen Verknüpfungen, die ebenso erschreckend und beängstigend erscheinen und die du mithilfe der Krankheit auflösen sollst. Auch dazu dient deine Erkrankung. Alle Schwächen in deiner Biologie beruhen auf deinem Karma. Eine Krankheit ist die Körpersprache deiner Menschlichkeit in Schulung …«

»Moment«, unterbrach ich ihn. »Wenn mein Karma verantwortlich ist für meine Krankheit, dann kann ich doch nichts dafür.«

»Diese Denkweise ist typisch für dein Ego. Dein verschlagenes verändertes Ich sucht die Schuld immer bei anderen und übernimmt nie selbst Verantwortung. Nazan, du allein bist für dein Karma verantwortlich! Es gibt ungelöste karmische Knoten, die du in zahllosen vergangenen und in diesem Leben durch deine von dir zu verantwortenden Handlungen angesammelt hast. Um es dir zu verdeutlichen, stell dir folgendes Bild vor: Bei jeder deiner Geburten erhältst du einen Zug, der auf einem festgelegten Schienenstrang fährt. An der Route der Gleise kannst du nichts ändern. Aber du entscheidest, wie schnell du fährst, wen du mitnimmst und ob du den Zug sauber hältst oder ihn im Schmutz verkommen lässt. Du hast die Freiheit der Wahl, allerdings in einem vorgegebenen Rahmen. Du alleine legst fest, wo du den Zug anhältst, um auszusteigen und neue Erfahrungen zu sammeln. Solange dein verändertes Ich der Herr in deinem Haus ist und diese Entscheidungen für dich trifft, wirst du dabei unvermeidlich immer neue karmische Verwicklungen erzeugen. Wenn dein verändertes Ich sich entschließt, eine Krankheit als Passagier an Bord deines Zuges zu lassen, dann gehört sie zu deinem Körper wie die Arme und Beine.

Aber es ist für deinen Körper durchaus möglich, frei zwischen den Krankheiten und Mikroben auf Erden umherzuwandern, ohne infiziert zu werden. Er kann vollkommen unbeeinträchtigt von den Bakterien bleiben, die permanent in ihn eindringen. Dein verändertes Ich ist es, das der Krankheit erlaubt, deinen Körper anzugreifen, ihn zu besetzen und sich in ihm auszubreiten. Doch auch wenn das passiert, besitzt du ein geeignetes Mittel, um dich selbst wieder zu heilen: Du musst deinen Körper nur ins Lot bringen. Ein ausgeglichener und ausbalancierter Körper besitzt eine angemessene Verteidigung, um die Krankheit zu neutralisieren. Sie zu assimilieren, das Negative ins Positive zu verwandeln und sich selbst wieder auszugleichen. In diesem Fall bedarf es noch nicht einmal eines Kampfes, sondern lediglich der Transmutation.

Dabei gibt es ausnahmsweise keine wilde Schlacht, sondern das kann vollkommen friedlich ablaufen. Deswegen bist du natürlich auch für die Heilung deiner Krankheit verantwortlich. Aber dein Selbst, dein wahres Ich, muss es erlauben, dass deine Krankheit verschwindet. Dazu muss dein verändertes Ich mit deinem wahren Ich verschmelzen. Wenn das geschieht, kann deine Heilung augenblicklich und vollkommen geschehen.

Das kannst du theoretisch ganz alleine bewerkstelligen. Selbstheilung bedeutet nichts anderes, als dass dein wahres Ich sich kristallisiert und die Herrschaft über deine Gedanken, Wünsche und Begierden übernimmt. Wenn dir das gelungen ist, wirst du eine Situation schaffen, in der der Schlüssel der Krankheit nicht mehr ins Schloss passt. Sie kann nicht mehr in deinen Zug einsteigen und damit in dich eindringen. Das wird das Ziel unserer Reise sein.«

»Ein besseres Ziel kann ich mir gar nicht wünschen«, sagte ich versonnen.

»Das stimmt, aber wir können nicht sofort mit der Kristallisation deines Ichs anfangen. Jede Reise beginnt mit dem ersten Schritt. Wenn deine Heilung von dauerhaftem Erfolg sein soll, müssen wir uns als Erstes um die Sanierung der Probleme deines physischen Körpers kümmern. Dazu müssen wir ganz pragmatisch die Polarität und magnetische Balance deiner Organe wieder in Einklang bringen, die entscheidend für deine Gesundheit sind. Du bist in ein magnetisches Feld eingebettet, das für deine ganz spezielle Biologie entworfen und erschaffen wurde. Ohne dieses Feld würdest du sofort sterben. Dieses Magnetfeld und die Polarität deines Körpers stehen in direkter Verbindung mit dem Magnetfeld und der Polarität der Erde. Wenn du vollständig ausbalanciert und im Einklang mit der Erde bist, wirst du nicht krank werden.

Zu jedem Organ gehört eine eigene Polarität, die mit der

Polarität seiner Nachbarorgane interagiert. Das ist ein sehr komplexer Vorgang, denn es gibt zwei Arten von Polarität: die Absolute und die Relative. Bei der absoluten Polarität bleibt die positive und negative Anordnung immer unverändert. Egal, in welcher Position sich ein Mensch in Bezug zur Erdoberfläche und deren Polarität befindet. Die relative Polarität verändert sich je nach Situation eines Menschen. Zwei der Hauptorgane des menschlichen Körpers haben so eine relative Polarität: die Haut und das Gehirn. Alle Organe reagieren auf die Polarität der Erde, wobei die Organe mit einer relativen Polarität entsprechend auf die jeweilige Situation des Menschen reagieren. Du kannst dir ausmalen, was das bedeutet.«

›Himmel, ist das kompliziert‹, dachte ich, während ich versuchte, es mir auszumalen. Arslan schien meinen Gedanken zu lesen.

»Ja, Nazan«, fuhr er fort. »Wenn ich heile, stelle ich mir dich deshalb immer als ein polarisiertes Wesen vor. Deshalb lege ich meine Hände auf Kopf und Fuß, Vorder- und Rückseite deines Körpers. Ich sehe mich selbst als polarisierten Heiler, der so eine verstärkte Energie durch seine Patienten fließen lassen kann. Dadurch gibt es eine enorme Steigerung der Wirkungen meiner Behandlung.«

Er sah mich nachdenklich an.

»Hast du eigentlich Erfahrung mit Meditation?«

Ich nickte. »Bei meinem Aufenthalt in einer MS-Klinik habe ich an Kursen für autogenes Training und geführte Meditation teilgenommen. Damit kenne ich mich seitdem ziemlich gut aus und reagiere auch sehr gut, wenn mich jemand führt. Nur alleine habe ich Probleme, in eine tiefe Versenkung zu fallen.«

»Das ist sehr gut, dass du dich damit auskennst. Die Führung übernehme ich gerne. Bist du bereit für eine kleine Reise in das Innere deines physischen Körpers, um zu sehen, wie es derzeit um ihn bestellt ist?«

Ich sah ihn erstaunt an.

»Du meinst hier auf der Terrasse des Restaurants?«

»Ja, warum denn nicht? Über uns ist der klare Himmel, und wir sind eingebettet in die Energie des Meeres und der Berge. Besser geht es nicht. Also, bist du bereit?«

Ich blickte mich rasch um. Wir waren die einzigen Gäste, und Kellner waren auch keine zu sehen. Die Gelegenheit war also wirklich günstig.

»Ja, ich bin bereit«, sagte ich.

»Gut, fangen wir an. Setz dich aufrecht in deinen Stuhl. Wir wenden autogenes Training an, um dich in den Alphazustand zu versetzen. Schließe deine Augen und konzentriere dich auf deine Atmung. Beobachte das gleichmäßige Kommen und Gehen der Ein- und Ausatmung, ohne dabei deine Atmung aktiv zu beeinflussen. Und während du das Kommen und Gehen deines Atems beobachtest, sagst du dir sechsmal: Meine Atmung ist ruhig und gleichmäßig.«

Arslan schwieg, und ich befolgte seine Anweisung.

»Genieße die einsetzende Entspannung, die sich mit jedem Atemzug ganz von selbst immer mehr vertieft. Jetzt sage dir sechsmal: Ich bin ganz ruhig.«

Tatsächlich war ich nach der Autosuggestion völlig ruhig und entspannt.

»Du rufst dein Tier herbei, das für dein Geheiltsein zuständig ist. Es soll erscheinen und dir helfen, deine Verletzungen zu heilen.«

Ich rief mit meiner Gedankenstimme:

›Tier meines Geheiltseins, komm bitte zu mir und hilf mir.‹ Wie aus dem Nichts stand ein Wesen vor mir, das wie ein großer bräunlicher Teddybär aussah. Es streckte seine dicken Arme nach mir aus, umarmte mich und drückte mich an seine weiche, pelzige Brust. Sein Fell duftete angenehm nach Wald. Ich atmete den Wohlgeruch tief ein. Im nächsten Moment saß ich in der Küche meiner Großmutter auf der alten Fußbank, die ich immer holen musste, wenn sie mir im flackernden Feuerschein des Herdes Gruselgeschichten erzählen wollte. Die zierliche, seit dem Tod meines Großvaters stets in Schwarz gekleidete alte Frau mit ihrem straff nach hinten gekämmten Haar, das mit Nadeln in einem Dutt an ihrem Hinterkopf befestigt war, und den von harter Arbeit auf den Feldern gezeichneten Zügen, war gerade dabei, die beiden Eisenringe der Kochflächen zu entfernen, damit der Schein des Herdfeuers an der Decke reflektierte und den Raum in flackerndes Rot tauchte. Fasziniert starrte ich in die züngelnden Flammen. Bilder aus meiner Kindheit tauchten in ihnen auf. Ich erinnerte mich daran, dass ich in meinen ersten Lebensjahren überall um mich herum Tiergestalten gesehen hatte. Wenn ich in der Nacht in meinem dunklen Zimmer die nicht verputzte Wand am Fußende meines Bettes ansah, erkannte ich in den rauen Oberflächen der Ziegelsteine neben Menschengesichtern verschiedenste Tierköpfe. Sie jagten mir aber keinerlei Furcht ein, sondern sprachen zu mir und trösteten mich, wenn ich wieder einmal sehr traurig und verzweifelt war.

Ich spürte, dass der Bär hinter mir stand.

»Was siehst du gerade?«, erkundigte er sich. Seltsamerweise sprach er mit Arslans Stimme, was mich aber nicht im Geringsten irritierte.

»Ich sehe Bilder in den Flammen«, antwortete ich. »Ich nehme an, dass ich diese Bilder in mir trage und in die Flammen projiziere.«

»Gut erkannt«, sagte der Bär. »Und was siehst du jetzt?«

Ich stand hinter mir und sah die Rückseite meines Kopfes. Ganz deutlich erkannte ich meine Haare und meine Haut.

Plötzlich löste sich die Haut auf, der Schädel wurde durchsichtig, und ich konnte in meinen Kopf hineinschauen. Ich sah die Blutgefäße, die Nervenstränge und das Gehirn. Aber nicht nur mein Kopf war transparent geworden. An meinem ganzen Körper war die Haut verschwunden, und seine Muskeln, Organe, Blutgefäße und auch einige Knochen des Skeletts waren deutlich zu erkennen. Fasziniert betrachtete ich den Aufbau dieses Wunderwerks, ohne das Zusammenspiel und die Abhängigkeiten seiner Einzelteile zu begreifen. Alles lag ruhig da und war doch in Bewegung. Am häufigsten das faustgroße Herz, das sich immer wieder zusammenzog und ausdehnte. Mit jeder Kontraktion wurde dabei das Blut eingesogen, um gleich darauf wieder ausgestoßen und in seine Umlaufbahn durch den Körper gepumpt zu werden. Zu meiner grenzenlosen Verblüffung lösten sich auf einmal auch die Organe auf. Wie im Zeitraffer eines Films verblassten sie und wurden unsichtbar. Auch das Skelett war verschwunden. Staunend sah ich, dass an der Stelle meines physischen Körpers nur noch eine weiße Silhouette zu erkennen war. Sie wurde von einem leuchtenden Farbenmeer umgeben, das die Umrisse meines Körpers abbildete. Es schien hauptsächlich aus den Farben Rot, Orange, Gelb, Gold, Grün, Blau, Violett, Braun und sogar Schwarz zu bestehen, die teilweise nur trüb, teilweise aber sehr klar zu erkennen waren.

»Gut, das reicht für den Augenblick«, vernahm ich aus weiter Ferne Arslans Stimme. »Ich zähle jetzt bis drei, dann kommst du erfrischt und entspannt zurück ins Hier und Jetzt. Eins, zwei, drei.«

Ich öffnete die Augen. Wie Arslan gesagt hatte, fühlte ich mich erfrischt und entspannt.

»Hast du die Farben gesehen, die deinen physischen Körper umgeben?«, wollte er wissen.

»Ja, was ist das?«

»Das sind deine Aurafarben. Aus ihnen kann man den Zustand deiner Geistkörper ablesen. Sind sie klar und hell, gibt es keine Probleme. Bei dir sind aber einige Eintrübungen vorhanden, die auf Konflikte in den jeweiligen Geistkörpern schließen lassen, die wir beheben müssen. Die Aura ist übrigens dieses ominöse Energiefeld, das deinen physischen Körper umgibt. Aber dazu kommen wir noch. Jetzt möchte ich dir etwas anderes erklären. Bei deiner Heilung haben wir noch ein weiteres Problem: dein Geschlecht. Du unterliegst selbstverständlich auch dem hermetischen Gesetz, das da sagt: In allem ist Geschlecht. Alles hat seine männlichen und weiblichen Prinzipien. Geschlecht manifestiert sich auf allen Ebenen.

Bei dir dominiert das weibliche über das männliche Prinzip, wenn auch nur mit einem Prozent. Aber das reicht aus, um deinen Willen und deine Aktivitäten entscheidend zu beeinflussen. Das männliche Prinzip ist immer dynamisch und will Veränderungen. Wenn sich irgendetwas ändert, ist es sofort dabei. Ob zum Guten oder zum Schlechten, ist egal – die Hauptsache ist, es ändert sich etwas. Die Frau ist immer für das Alte. Ob gut oder schlecht, spielt keine Rolle. Hauptsache, das ihr Vertraute bleibt bestehen. Es war schon immer so, und deshalb muss es so bleiben. Deine Heilung, für die du auch das Wort Ganzwerdung einsetzen kannst, erfordert aber, dass dein statisches weibliches Prinzip in dir zum Schmelzen kommt. Wenn das weibliche Element in dir gefroren ist, muss es schmelzen, damit du zu einem Fluss werden kannst. Deshalb jage ich so viel Energie in dich hinein und rede mit dir so ausführlich. Ich schmelze das Eis in dir über deinen Verstand und deinen Körper gleichzeitig. Ich bin einerseits das Mitglied eines diplomatisches Corps und andererseits wie Rambo.«

Die Vorstellung schien ihm zu gefallen. Er brach in dröhnendes Gelächter aus, schlug sich auf seine Schenkel und bebte schließlich am ganzen Leib. Sein Anblick war so komisch, dass auch ich losprustete. Mein ganzer Körper vibrierte, Lachtränen liefen mir über die Wangen, und mein Stuhl wackelte bedenklich hin und her.

»Aaaah, das hat gut getan.« Arslan wischte sich mit seiner linken Hand über seine feuchten Augen. »Siehst du, deine Erstarrungen lösen sich bereits. Dein eingefrorener Fluss taut auf und setzt sich langsam in Bewegung. Frauen dürfen doch gemäß ihrer Erziehung nicht hemmungslos lachen, wie du weißt. Du darfst lächeln, aber doch nicht laut lachen. Man hat dir beigebracht, dass das der weiblichen Anmut widerspricht. So ein Quatsch! Wenn du nicht ausgiebig lachst, entgeht dir so viel. Wie eben muss das Lachen aus dem Bauch kommen. Dein Lachen muss so unbändig sein, dass es den ganzen Körper schüttelt. Natürlich ist das nicht damenhaft im Sinne deiner Erziehung. Aber du sollst auch keine Dame werden. Du sollst wieder ganz werden. Heil und gesund.«

Er schnaufte genüsslich. Dann wurde er wieder ernst und fuhr fort.

»Aber ein Fluss braucht auch die Unterstützung seiner beiden Ufer. Und die sind statisch, vergiss das nicht. Ohne die Ufer, die seine Energie lenken, kann er das Meer nie erreichen. Er muss auftauen und ins Schmelzen kommen, aber dennoch bedarf er der Unterstützung durch die beiden statischen Ufer. Aber keine Sorge, deren Funktion habe ich längst übernommen.«

Die Sonne ging hinter den schneebedeckten Gipfeln der Berge unter. Die Reflektion ihrer Strahlen am Himmel und auf der Wasseroberfläche tauchte die Bucht in ein Purpur, das mein

Herz erwärmte. Arslans Worte und seine Nähe trugen auch dazu bei, dass ich mich wohlfühlte. Es tat mir einfach gut, mit ihm zusammen zu sein. Und das, obwohl er mich als Mann nicht interessierte. Oder etwa doch? Ich sah ihn mit halb geschlossenen Lidern unter diesem Aspekt an. Arslan hatte sich zur Seite gedreht und war gerade in den Anblick des feurigen Himmelspektakels vertieft, dessen changierendes Licht sich auf seinem Gesicht widerspiegelte und es leuchten ließ. Er war ein magischer Anblick – ich fühlte mich stark von ihm angezogen. Allerdings war es nichts Sexuelles, sondern in diesem Moment etwas Überirdisches, das von ihm ausging und mich tief berührte.
Arslan löste sich aus seiner meditativen Erstarrung und sah auf seine Uhr.
»Oh, es ist schon halb neun. Das war heute ein langer, intensiver und anstrengender Tag für dich. Ich bring dich jetzt in die Lobby. Melek wartet bestimmt schon. Wir sehen uns morgen um zehn wieder.«

Zwanzig Minuten später lag ich in meinem Bett und sah zu, wie der Mond und zahllose Sterne an dem sich langsam verdunkelnden Himmel auftauchten. Ich dachte darüber nach, dass heute früh etwas sehr Einschneidendes passiert war: Ich hatte mich seit Jahren zum ersten Mal allein aufgerichtet! Was nach Ansicht der Ärzte in meinem fortgeschrittenen Zustand der MS vollkommen unmöglich war. Arslan hatte also ein erstes kleines Wunder bewirkt.

Doch als ich es vorhin allein probierte und mich in meinem Bett aufrichten wollte, hatte ich es nicht geschafft. Ich dachte an die Eintrübung meiner Aurafarben und hoffte, dass es nicht ein einmaliges Phänomen bleiben würde. Ich beendete meine sinnlosen Gedankenspiele. Stattdessen erinnerte ich mich lächelnd daran, wie ich Arslan heute Abend zum ersten Mal als Mann und nicht als meinen

Geistheiler wahrgenommen hatte. Genau im richtigen Augenblick hatte er auf die Uhr gesehen und mich zum Aufbruch gedrängt.

8 Ich will sein, wie Gott mich will. Ich weiß, ich bin in meinem Innersten wie Er, aus Ihm habe ich mein Sein. Mein innerer Reichtum bringt mir allzeit Wohlergehen.

Pünktlich um zehn Uhr morgens lag ich mit geschlossenen Augen auf Arslans Liege und lauschte seiner mir inzwischen vertrauten Stimme, mit der er mir gerade etwas vorlas: »Jede Ursache hat ihre Wirkung, jede Wirkung ihre Ursache. Alles geschieht nach diesem hermetischen Gesetz. Zufall ist nur der Name für eine noch nicht erkannte Gesetzmäßigkeit. Nach der Chaostheorie kann der Flügelschlag eines Schmetterlings in China einen Wirbelsturm in der Südsee auslösen. Doch wir sind unfähig, die Kausalkette zu erkennen. Es gibt viele Ebenen der Ursächlichkeit, aber keine, die nicht dem Gesetz unterliegt. Es besagt, dass das Universum ohne jede Ausnahme diesem Gesetz unterliegt und nichts zufällig geschieht. Im Talmud heißt es:

Achte auf deine Gedanken, denn sie werden zu Worten. Achte auf deine Worte, denn sie werden zu Handlungen. Achte auf deine Handlungen, denn sie werden zu Gewohnheiten.

Achte auf deine Gewohnheiten, denn sie werden dein

Charakter. Achte auf deinen Charakter, denn er wird dein Schicksal, dein Karma.«

Arslan legte das Buch zur Seite.

»Nazan, das ist ein wunderbares Beispiel für eine zutreffende Kausalkette. Für mich als Schamanen gibt es zwei Ursachen einer Erkrankung: Energieverlust und das Eindringen unerwünschter Kräfte. Daher ist eine meiner Aufgaben als dein Heiler, deinen Energiehaushalt wieder aufzufüllen und auszugleichen. Die andere ist es, in dich eingedrungene Kräfte zu entfernen. An beidem arbeite ich bereits. Aber es geht nur mit deiner Unterstützung, wie ich dir schon mehrfach gesagt habe. Deshalb werde ich dir jetzt beibringen, dich auf dein drittes Auge zu konzentrieren. Diese Übung ist eine der einfachsten Methoden, um aufmerksam zu werden und Gewahrsein zu erlangen. Das Zentrum in deiner Stirn nimmt Bewusstheit in sich auf wie sonst nichts anderes in deinem physischen Körper. Es ist wie ein Magnet. Alle Methodenlehren der Welt haben davon Gebrauch gemacht. Es ist das einfachste Mittel, deine Aufmerksamkeit zu schulen. Aber du musst mit deinen Augen den richtigen Punkt finden. Erst wenn du sie nicht mehr bewegen kannst, weißt du, dass du ihn getroffen hast. Du wirst dann ein seltsames Phänomen erleben: Du siehst deine Gedanken vor dir ablaufen und wirst zum Zuschauer, zum Zeugen. Wenn du auf das dritte Auge konzentriert bist, siehst du plötzlich die Gedanken wie Wolken am Himmel, die erscheinen, an dir vorbeiziehen und sich auflösen. Du schaust ihnen zu und bist nicht mehr mit ihnen identifiziert. Du hast Abstand zu ihnen. Wenn Wut kommt, kannst du sie in Ruhe betrachten. Du hast nicht das Gefühl, dass du Wut bist. Du hast das Gefühl, von Wut umgeben zu sein, eine Wolke aus Wut hat sich um dich gelegt. Aber du bist nicht die Wut. Und wenn du nicht die Wut bist, wird die Wut machtlos. Die Wut kommt und geht, aber du ruhst in deiner Mitte.

Deshalb, egal, was passiert, versuche immer, ein Zeuge zu sein. Du bist krank, dein Körper schmerzt. Du leidest und fühlst dich elend. Sei ein Zeuge. Identifiziere dich nicht damit. Sobald du nicht mehr Betroffener bist, sondern Zeuge wirst, bist du wirklich im dritten Auge zentriert. So, und jetzt probiere aus, was ich gerade beschrieben habe.«

Arslan verstummte.

Ich versuchte, seine Anweisungen zu befolgen. Tatsächlich gelang es mir mühelos, meine Augen in meiner Stirnmitte »einrasten« zu lassen.

Sofort tauchten eine Menge Bilder in mir auf, die wie ein Film im Zeitraffer liefen. Dann verlangsamte sich der Bilderfluss. Ich sah mich in einem dämmrigen Wald durch ein dichtes Unterholz auf eine Lichtung zugehen. Die Lichtung wurde vom Sonnenlicht beschienen, doch je näher ich ihr kam, desto schwächer wurde es. Dunkelheit breitete sich aus. Ich bekam Angst und fing an zu rennen. Gerade als der letzte Lichtstrahl hinter einer Wolke verschwand und es stockfinster wurde, erreichte ich die Lichtung. Ich konnte nicht die Hand vor Augen sehen, und es wurde entsetzlich kalt. Die Eiseskälte drang in jede Faser meines Körpers. Sie ließ mich allmählich erstarren. Ich hatte Angst zu erfrieren und bekam Panik.

›Dreh dich einfach um‹, vernahm ich Arslans Stimme in meinem Kopf. Folgsam wendete ich mich um. Ich starrte in ein helles weißes Licht und schloss geblendet die Augen. Von dem Licht ging eine wohltuende Wärme aus, die sofort den Frost aus meinem Körper vertrieb. Schlagartig fiel meine Angst von mir ab. Meine Erstarrung löste sich. Ich fühlte mich leicht und glücklich. Wie als kleines Mädchen fing ich an, auf einem Bein zu hüpfen. Dann rannte ich los. Plötzlich hob ich vom Boden ab und schoss mit unvorstellbarer Geschwindigkeit auf die Lichtquelle zu, die mich magisch anzog. Ich tauchte in sie hinein und fühlte sofort, wie die Lichtwellen und -korpuskeln in jede Faser meines Körpers hineinschossen. Eine ungeheure Energiewelle erfasste mich und ließ jede meiner Zellen vibrieren. Aber nicht nur das. Ich hatte das Gefühl, zu einem geistigen Atompilz geworden zu sein, der sich immer weiter ausdehnte und dabei alles verbrannte, was an Schlacke, Dreck und Ablagerungen in mir vorhanden war. Meine kleinsten Teile entfernten sich voneinander. Ich konnte dabei zusehen, wie die dunklen Ablagerungen in den entstehenden Zwischenräumen wie winzige Luftballons zerplatzten. Auf einmal stoppte die Ausdehnung. Ganz langsam zogen sich meine Elemente wieder zusammen. Sie nahmen alle ihren angestammten Platz ein. Das ganze System hatte sich erneut justiert.

Im nächsten Augenblick wurde ich von einer Riesenfaust am Genick gepackt und aus der Lichtquelle hinausgeschleudert. Ich landete sanft auf dem weichen Moos der Lichtung, eingehüllt in Wolken, die in allen Farben des Spektrums leuchteten. Ein tiefes Glücksgefühl durchströmte mich. Ich fühlte mich so rein wie ein neugeborenes Kind.

»Jetzt zähle ganz langsam bis drei, und dann öffne die Augen. Nimm dein Gefühl mit ins Hier und Jetzt!«, vernahm ich Arslans Stimme.

Etwas widerwillig folgte ich seiner Aufforderung und hob schließlich meine Lider. Arslan stand ganz ruhig neben der Liege und sah mir in die Augen.

»Es ist alles bestens und wunderbar. Aber noch sind wir nicht so weit, dass ich dich länger in der Quelle des Lichts lassen darf. Wir haben zuerst vier Klassen zu durchlaufen, bevor du wieder geheilt bist und die Schule verlassen darfst. Ein schönes Bild, findest du nicht?«

Er kicherte in sich hinein. Dann zog er die Stirn in Falten. »In der Lichtquelle wurden zwar auch die letzten Reste aller Verschmutzungen und Ablagerungen in deinem physischen

Körper entfernt. Aber leider nicht endgültig. Wir müssen an die Wurzel allen Übels heran: an dein verändertes Ich. Das holt alle Missstände mit seinen Konditionierungen, Ängsten und Wünschen immer wieder zurück. Diese Eigenschaften deines veränderten Ichs müssen wir auflösen, sonst kann deine Heilung nie von Dauer sein. Jetzt ist dein Körper zwar wieder vollkommen funktionsfähig, und er müsste nur noch ›gestartet‹ werden – wie ein Motor, der lange nicht gelaufen ist. Aber das verschieben wir besser, bis dein verändertes Ich mit deinem wahren Ich verschmolzen ist.«

Ich sah ihn irritiert an.

»Soll das heißen, dass ich gerade theoretisch wieder vollkommen gesund bin, du dich aber weigerst, mir die Initialzündung zu geben, damit ich aufstehen und laufen kann? Weil du befürchtest, dass ich dann diesen Heilungsprozess mithilfe meines veränderten Ichs wieder zerstöre?«

Arslan legte eine Hand auf meine Schulter.

»Ich möchte verhindern, dass du dadurch endgültig das Vertrauen in deine mögliche Heilung verlierst. Dein Glaube und deine Zuversicht sind für den Heilungsprozess elementar. Jede Erkrankung bedeutet das Verlassen einer Harmonie beziehungsweise die Zerstörung einer ausbalancierten Ordnung in deinem Körper. Der physische Körper ist nur die Darstellungs- und Verwirklichungsebene des veränderten Ichs und damit auch aller Prozesse und Veränderungen, die im Bewusstsein des veränderten Ichs stattfinden. So, wie die gesamte materielle Welt nur eine Bühne ist, auf der das Spiel der Urbilder Gestalt annimmt und so zum Gleichnis wird, so ist auch der physische Körper die Bühne, auf der deine Gedanken und Bilder deines veränderten Ichs zum Ausdruck gebracht werden. Gerät ein Mensch in dem Bewusstsein seines veränderten Ichs ins Ungleichgewicht, so wird dies in seinem Körper als Symptom sichtbar. Daher ist es irreführend, zu behaupten, der physische Körper sei krank. Krank sein kann immer nur das veränderte Ich, das die Spannungen in deinen ersten vier Geistkörpern verursacht. Insgesamt …«

»Was, *vier* Geistkörper habe ich?«, unterbrach ich ihn aufgeregt. »Bisher hast du immer nur von dem Astralkörper gesprochen. Wer sind denn die anderen drei? Wie sollen die überhaupt aussehen?«

Arslan lächelte.

»Insgesamt gibt es sogar sechs Geistkörper. Aber bist du wirklich schon bereit, die Funktionen und Eigenheiten aller deiner Geistkörper kennenzulernen?«

Er sah mich prüfend an.

»Wenn schon, denn schon«, antwortete ich und nickte heftig. Ich wollte wirklich alles über die Hürden erfahren, die noch vor mir lagen.

»Also gut. Aber ich finde, du solltest es von einem der Spezialisten hören, die sich täglich mit den Auswirkungen der Spannungen der Geistkörper in deinem physischen Körper beschäftigen müssen. Deshalb wirst du jetzt ein Mitglied deines Teams kennenlernen, von dem ich dir bereits erzählt habe. Schließe die Augen und atme tief und ruhig. Jetzt stell dir deinen Lieblingsplatz im Universum vor! Den Platz, an dem du absolut geschützt und geborgen bist.«

Ich lag in einer mit weichem Moos bedeckten Mulde am oberen Rand einer steil abfallenden Bergwiese, die ringsum von einem dichten Wald umgeben war. Die Mulde war wie geschaffen für meinen Körper, der sich perfekt in sie hineinschmiegte. Trotz meiner liegenden Position hatte ich einen freien Blick über die Baumwipfel hinweg auf ein tief unter mir befindliches Tal, das von schneebedeckten, bizarr geformten Bergen begrenzt wurde. Ich dachte zufrieden, dass dies der mir vom Universum zugewiesene Platz wäre, mein ganz persönliches Kraftzentrum auf diesem Planeten – mein Zuhause.

Plötzlich hatte ich das Gefühl, beobachtet zu werden. Ich drehte mich um und erstarrte. Wenige Meter von mir entfernt erblickte ich den aufgerichteten Oberkörper einer silbrigen Schlange, die mich mit kaltem Blick anstarrte. Ich wollte aufspringen und davonlaufen. Entsetzt bemerkte ich, dass ich am Boden festklebte und mich nicht bewegen konnte. Mein Schrecken vergrößerte sich, als ein mächtiger brauner Bär aus dem Wald heraustrat und sich in gebührendem Abstand neben die Schlange stellte, die er keines Blickes würdigte. Dafür sah er mich unverwandt mit seinen braunen Augen an. Mir war verdammt unbehaglich zumute, wie eine lahme Ente als willkommene Beute vor diesen beiden gefährlichen Tieren liegen zu müssen. Mein Puls beschleunigte sich, und ich atmete heftig. In diesem Moment raschelte es in einem Gebüsch. Ein Zebra trat aus dem Wald. Ihm folgten dichtauf ein Gorilla, eine Giraffe und ein Elefant. Langsam kam die merkwürdige Herde auf mich zu und lief um mich herum, bis sie wie auf ein geheimes Kommando in respektvollem Abstand von mir stehen blieb. Verblüfft stellte ich fest, dass die exotischen Tiere gemeinsam mit der Schlange und dem Bären einen perfekten Kreis um mich gebildet hatten. Obwohl sie miteinander zu kommunizieren schienen, vermieden sie es, sich anzusehen. Sie standen ruhig nebeneinander. Mir wurde immer unheimlicher zumute. Ich hatte nicht die geringste Ahnung, was dieser seltsame Aufmarsch zu bedeuten hatte.

»Hast du wirklich keine Idee, wer die Tiere sein könnten?«

Der Klang einer sonoren Männerstimme, deren Besitzer direkt hinter mir stehen musste, ließ mich zusammenfahren.

Vorsichtig drehte ich mich um und starrte auf eine seltsame Erscheinung: Vor mir stand Gandalf, der Zauberer aus dem Film »Der Herr der Ringe«. Jedenfalls sah ihm der vor mir stehende Mann sehr ähnlich. Er hatte schlohweiße Haare und einen ebensolchen Bart, der ihm bis auf die Brust reichte. Er war in eine weiße Kutte gekleidet und stützte sich auf einen knorrigen Stab. Mit strahlend blauen Augen sah er mich an.

»Wer bist du?«, fragte ich verwirrt. Sein Gesicht kam mir seltsam vertraut vor, doch ich konnte es nicht zuordnen. »Ich bin der, den Arslan den Professor nennt. Du erinnerst dich, ich bin für das Funktionieren deines Gehirns zuständig. Damit du nicht vor mir erschrickst, habe ich die Gestalt einer Person angenommen, der du vertraust. Da es meine Aufgabe ist, mich intensiv mit den komplexen Funktionen deines Gehirns zu beschäftigen, kann ich deine Gedanken lesen, und auch deine Gefühle bleiben mir nicht verborgen. Sieh mich genau an. Erkennst du mich nicht wieder?«

Es gefiel mir gar nicht, dass ich hier einer Person gegenüberstand, die mich offensichtlich genauso gut kannte wie ich mich selbst. Wäre es nicht möglich, dass er mich beliebig manipulieren könnte, indem er meine Gedanken, meine Wünsche und mein Wollen beherrschte? Konzentriert studierte ich seine hinter den dichten Barthaaren verborgenen Züge. Plötzlich erkannte ich ihn: Er war mein geliebter Großvater! Der einzige Mann, vor dem mein herrischer und gewalttätiger Vater Respekt gehabt hatte.

»Warum sollte ich mich vor dir fürchten?«, antwortete ich erleichtert. »Ich war doch deine Lieblingsenkelin – jedenfalls hast du das immer behauptet, wenn du mich auf deinen Knien geschaukelt hast.«

Mein Großvater lächelte zufrieden.

»Es freut mich, dass du mich trotz meiner langen Haare erkannt hast. Nein, fürchten musst du dich nicht vor mir.

Auch wenn ich mit der Wesenheit, die dein Großvater war, bis auf die Erinnerungen aus meinem letzten Leben nichts mehr gemein habe, will ich dir nur Gutes. Ich kann mir denken, dass du eine Menge Fragen hast, wie ich zu dem geworden bin, was ich jetzt bin, und was ich hier mache. Aber dafür haben wir keine Zeit, es geht ausschließlich um dich und deine Heilung. Lass dir versichert sein, dass deine Bedenken, ich würde deine Gedanken erzeugen, kontrollieren und steuern, grundlos sind. Wenn es so wäre, würde ich dir die Freiheit der Wahl nehmen, die ein wesentliches Element deines Lebensplanes ist. Ich kann deine Gedanken nicht beherrschen, sondern nur mitlesen. Ich möchte dir jetzt einiges erklären. Aber vorher noch einmal, weißt du, wer die Geschöpfe sind?«

Ich blickte zu den friedlich nebeneinanderstehenden Tieren hinüber, die mich nicht aus den Augen ließen. Ohne dass auch nur der Hauch einer Bedrohung von ihnen ausging. Im Gegenteil. Ihre Nähe ließ mich immer ruhiger, entspannter und gelassener werden. Doch ich hatte immer noch nicht den Hauch einer Vorstellung, wer sie sein könnten.

»Nein, ich habe keine Ahnung. Weißt du es?«

»Natürlich. Aber ich muss dir zunächst den Aufbau deiner sechs Geistkörper und ihre Beschaffenheit erklären, die eng mit deinen Energiezentren verbunden sind. Beginnen wir also mit deinem zweiten, dem astralen Körper. Die Auflösung der Spannungen in deinem zweiten Körper ist eine Grundvoraussetzung für deine dauerhafte Heilung. Deshalb erzähle ich dir noch ein bisschen mehr über ihn: Die tiefe, friedvolle Klarheit, die im astralen Körper herrscht und die du bei deinen inneren Reisen und Meditationen in den letzten Tagen schon kennengelernt hast, ist wesensgleich mit Liebe. In diesem wundervollen Frieden und in dessen Ruhe und Stille ist kein Raum für Hass und Ärger. Wenn wir uns in ihn hineinbegeben und uns in diesen tiefen Zustand versetzen, kann uns kein verletzender Gedanke in Unruhe bringen. Wir müssen uns noch nicht einmal bewusst für eine Enthaltung von Ärger und für ein heilsames Verhalten entscheiden. Das geschieht dann wie von selbst. Eine solche liebevolle Haltung entsteht von allein und ohne Anstrengung aus der Tiefe deines Herzens. Vorausgesetzt, wir haben die Hindernisse aus dem Weg geräumt, die dich und alle anderen von diesem Zustand trennen.

Auf den zweiten Körper hast du den meisten Einfluss. Wenn du die Suggestion deines Verstandes änderst, änderst du automatisch deinen astralen Körper. Wünsche dir etwas aus ganzem Herzen, und es geschieht. Hundertprozentig. Wenn du dir zum Beispiel intensiv wünscht, aus deinem physischen Körper auszusteigen, wird es passieren. Dann kannst du in den zweiten Körper eindringen und ihn von innen her kennenlernen. Jetzt kannst du dir das innere Arbeiten des zweiten Körpers anschauen, seinen inneren Mechanismus, sein inneres Leben. Genauso wie du es zuvor im ersten Körper gemacht hast. Das ist die Grundvoraussetzung. Erst wenn du die innere Seite deines physischen Körpers kennst, kannst du ihn verlassen und dich mit dem zweiten beschäftigen. In dem Moment, in dem du in den zweiten Körper gelangst, bist du außerhalb des dritten, des ätherischen Körpers. Um in den ätherischen Körper zu gelangen, genügt der Wunsch, in ihm zu sein, und schon bist du dort.«

»Das heißt, wenn ich von dem zweiten in den dritten Körper hineingehen will, kann ich es? Sofort und problemlos?«

Obwohl ich zum ersten Mal in meinem Leben von diesen mysteriösen Geistkörpern und ihren Eigenschaften erfuhr, zweifelte ich keine Sekunde, dass mir hier die Wahrheit gesagt wurde. Es war, als würde ein lange in mir verschüttetes Wissen freigesetzt.

»Ja. Der ätherische Körper hat dieselbe Größe wie die ersten beiden. Er ähnelt dem Astralen. Faszinierend an ihm ist, dass du nicht einmal merkst, ob du außerhalb oder innerhalb von ihm bist, weil seine äußeren Grenzen transparent sind.«

»Und wie geschieht dann der Übergang zum vierten Körper?«

»Dein vierter Körper ist frei von jeder Eingrenzung. Vom dritten Körper aus gesehen, gibt es nicht einmal eine durchsichtige Wand. Es gibt keine erkennbare Trennung. Nur eine Grenzlinie, die du mühelos überschreiten kannst. Es ist überhaupt keine Schwierigkeit, in ihn hineinzugelangen. Du brauchst keine bestimmte Methode anzuwenden. Jeder, der in den dritten Körper gelangt ist, kann sehr leicht in den vierten eindringen. Es ist ein Katzensprung und geschieht mühelos. Wünsch es dir, und es geschieht. Aber über den vierten Körper hinauszugehen ist nicht so einfach. Wie beim Aufstieg vom ersten zum zweiten Körper wechselst du erneut die Dimensionen, und deshalb ist es genauso schwierig. Der vierte Körper ist derjenige, der mit einem Teil noch mit dem Materiellen in Verbindung steht, aber mit dem anderen rein geistig ist.«

»Entschuldige, aber das verstehe ich nicht. Kannst du mir das genauer erklären?«

»Der fünfte ist der erste spirituelle Körper. Die Trennung zwischen dem vierten und fünften Körper bedeutet, dass du in eine andere Dimension aufsteigen musst. Der fünfte Körper befindet sich auf einer höher gelegenen Ebene als der vierte, zu der keine Treppe oder Leiter hinaufführt. Es gibt keine Verbindung zum vierten Körper. Die ersten vier Körper liegen alle auf einer Ebene. Die Trennungen zwischen ihnen verlaufen horizontal. Zwischen dem vierten und dem fünften Körper verläuft die Grenze aber vertikal. Deswegen ist die Barriere zwischen dem vierten und fünften Körper viel größer als die zwischen allen vorherigen Körpern. Und damit für uns viel schwieriger zu überwinden. Wir Menschen sind gewöhnlich horizontal orientiert. Wir schauen nach vorne, nach hinten und von einer Seite zur anderen. Aber viel seltener nach oben oder unten. Die Abgrenzung vom vierten zum fünften Körper verläuft jedoch zwischen einer niedrigeren und einer höheren Ebene. Du kannst nicht auf die höhere Ebene gelangen, wenn du nicht nach oben schaust.«

»Wie mache ich das, dieses Nach-oben-Schauen? Wie soll das genau gehen? Vermutlich reicht es nicht, wie bei der Meditation, meine Augen nach oben auf mein drittes Auge in meiner Stirnmitte zu richten. Oder irre ich mich?«

»Nein, du irrst dich nicht. Selbst wenn du mit deinen Augen aufwärtsschaust, fließt dein Intellekt, dein Geist nach unten. Er fließt immer nach unten, genau wie Wasser. Wasser war deswegen nie das Symbol eines spirituellen Systems. Ganz anders das Feuer, das Gegenteil von Wasser. Feuer geht niemals nach unten, es steigt immer nach oben. Deshalb ist Feuer das Symbol für den Aufstieg vom vierten zum fünften Körper.«

»Ja, aber wie kann mir Feuer dabei helfen, nach oben zu schauen?«

»Folge einfach mit deinen Augen dem aufsteigenden Rauch eines imaginären Feuers, das du in deinem Solarplexus angezündet hast. Und du landest unweigerlich in deinem dritten Auge. Im vierten Körper muss dein Bewusstsein also wie Feuer sein, und es muss nach oben steigen. Deshalb müssen sich die Augen nach oben auf dein drittes Auge richten. Sobald deine Augen zum dritten Auge hinaufschauen, wird die Energie in diesem Chakra aktiviert und ein großes Feuer entfacht. Es fühlt sich im physischen Körper wie ein Brennen an. Es gibt nur diese eine Methode, den vierten Körper zu durchqueren und in den Fünften zu gelangen: nach oben schauen.«

»Und das kann ich jederzeit machen? Aber heißt das nicht, dass ich, wenn ich diese Technik beherrsche und anwende, die gesamte Mühsal und Qual des irdischen Lebens mit einem Schlag beenden kann?«

»Eine kluge Frage. Doch so einfach ist es natürlich nicht. Es ist sogar gefährlich, diese Methode ohne entsprechende Vorbereitung anzuwenden. Zunächst müssen nämlich die ersten vier Körper durchquert worden sein. Nur dann macht es Sinn, vom vierten in den fünften aufzusteigen. Ohne die Kenntnis der ersten vier Körper kann diese Methode zu geistigen Verwirrungen, sogar zur Schizophrenie führen, weil sie das gesamte Gleichgewicht deines Systems erschüttert. Die Energie der ersten vier Körper ist nach unten gerichtet. Aber jetzt schaust du mit deinem Bewusstsein nach oben. Solange du deinen physischen Körper nicht von innen kennst, muss sich deine Energie nach unten richten. Das ist gesund für dich, und du bleibst heil. Du darfst niemals versuchen, deinen Geist nach oben zu richten. Für mich ist Schizophrenie das Resultat einer solchen Situation.

Ein schizophrener Verstand arbeitet nämlich in zwei verschiedene Richtungen: Er schaut nach unten auf das Sexzentrum. Gleichzeitig schaut er nach oben auf das dritte Auge. Damit ist die Harmonie des gesamten Systems zerstört, und die Folge ist eine Spaltung. Deine Ganzheit, das heißt deine Gesundheit, wird zerstört. Wie es bei dir der Fall ist.«

»Willst du mir gerade erzählen, dass ich durch alle meine Körper hindurchmuss und sie wie ein Medizinstudent beziehungsweise wie ein Guru studieren muss, um wieder dauerhaft gesund zu werden? Das schaffe ich doch nie. Es ist völlig unmöglich«, seufzte ich resigniert.

Mein Großvater lächelte.

»Natürlich schaffst du das nicht alleine. Deshalb stehen dir ja Arslan und seine fähigen Helfer zur Seite. Sie alle arbeiten daran, dein verändertes Ich wieder mit deinem wahren Ich zu verschmelzen, dem einzig wirklichen Herrn deines Hauses. Eine vom veränderten Ich kontrollierte Persönlichkeit hat keinen Hausherrn und kein Zentrum. Sie ist vollkommen zerrissen. Der eigentliche Hausherr, das wahre Ich, ist nicht mehr da, oder es schläft. Und so erhebt jeder Bestandteil des Charakters Besitzansprüche auf die Herrschaft über seine Handlungen und Gedanken. Wenn bei jemandem der Sexdrang dominiert, wird er zum Herrscher über alle Aktivitäten. Moral, Vernunft, Familie und Religion, sie alle werden im Stich gelassen oder vernachlässigt. Der Sextrieb wird zum alleinigen Besitzer des Hauses. Ist der Sex dann mit dem Älterwerden vorbei, folgt die Frustration, die die Herrschaft kurzfristig übernimmt. Dann sieht die Vernunft ihre Chance und übernimmt das Kommando. Sie behauptet, ab sofort der Herr im Haus zu sein, und bestimmt alle Aktivitäten des Menschen. Sie ernennt sich zum alleinigen Despoten und verweigert dem Sex den Zutritt, weil er so viel Schaden angerichtet hat. Jeder einzelne Teil beansprucht das ganze Haus, deine gesamte Persönlichkeit, für sich. Das ist der Grund, warum wir andere nicht verstehen können.

Jemand, der eben noch liebevoll war, wird plötzlich wütend, und alle Liebe ist verschwunden. Wir schauen ihn fassungslos an und wissen nicht mehr, ob dieser Mensch liebevoll ist oder nicht. Auch seine Liebe war nur ein Diener, genau wie seine Wut und sein Ärger. Alle sind sie nur Diener. Der Hausherr ist nicht da, und sie alle machen, was sie wollen. Deswegen kann man sich gewöhnlich auf keinen Menschen verlassen. Niemand ist wirklich sein eigener Herr. Jede Sekunde kann irgendeiner seiner Diener das Steuer in die Hand nehmen. Es herrscht totale Willkür, aber keine Zuverlässigkeit, weil die Einheit und die Harmonie des Systems bis zum fünften Körper fehlen.«

Ich lauschte gebannt seinen Worten und dachte unwillkürlich an Sartres These, dass die Hölle immer die anderen sind.

»Erst im fünften Körper kristallisiert sich dein wahres Ich. Dann ist endlich ein Herr im Haus. Vorher war das Haus gefüllt mit vielen Dienern, die alle den Herrn gespielt haben. Erst jetzt ist der wahre Herr da, und du bist von nun an identifizierbar und verlässlich, weil du endlich ein Zentrum hast. Damit löst sich das Chaos auf. Jetzt gibt es keine Diener mehr. Der Meister hat endlich die Herrschaft übernommen. Er ist erwacht und zurück. Die Diener ordnen sich unter und werden still.«

»Und was genau ist der fünfte Körper?«, fragte ich nach.

»Der fünfte Körper ist der Gipfel der Individualität, der Gipfel der Liebe und des Mitgefühls. Er ist der Zenit all dessen, was wesentlich für dich als Mensch ist. Aber du musst dennoch weitergehen, dein Weg ist hier noch nicht zu Ende. Die Dornen der Rose sind schon abgefallen. Jetzt muss auch die Blüte vergehen. Es bleibt nur noch ihr Duft.«

Mein Großvater machte eine Pause, um seine Worte wirken zu lassen.

»Und der Duft, das ist dann der sechste Körper?«

»Ja. Der sechste Körper ist der Bereich des Wohlgeruchs, des kosmischen Duftes. Es gibt keine Blume mehr. Man kann entweder sagen, dass alles zum Zentrum geworden ist oder dass es kein Zentrum mehr gibt. Beides ist wahr.

Es gibt nur noch ein vages Gefühl von einem kristallisierten wahren Ich. Es gibt keine Spaltung, keine Teilung mehr. Das veränderte Ich kann sich also auf zwei Arten auflösen: Die eine ist, schizophren zu werden. Das heißt, sich in viele Unterpersönlichkeiten aufzuspalten. Die andere Möglichkeit ist, kosmisch zu werden. Das bedeutet, sich zunächst als wahres Ich zu kristallisieren und dann im siebten Körper in der Leere, im Höchsten verloren zu gehen. Dorthin, wo es keine Rose, sondern nur noch ihren Duft gibt.

Es gibt keinen Ursprung mehr, deshalb gibt es auch kein Ende, keinen Tod. Es gibt keine Blume mehr, also gibt es keine Ursache für den Duft. Er ist einfach da, und somit gibt es weder Tod noch Grenzen. Eine Blume hat Grenzen, aber ihr Duft ist unbegrenzt. Er breitet sich immer weiter aus – in die Unendlichkeit und …«

»So, das reicht für heute. Wir wollen Nazan doch nicht restlos überfordern.«

Arslans Stimme schallte über die Almwiese und unterbrach meinen Großvater.

»Ich danke dir, Professor, das waren wunderbare, aber sehr anspruchsvolle Ausführungen. Ich bin sicher, Nazan schwirrt bereits der Kopf. Sie muss das gerade Gehörte erst einmal verarbeiten. Bitte verabschiede dich von ihr.« »Ganz wie du meinst, Arslan. Es war mir wie immer ein Vergnügen, mit dir zu kooperieren. Bis bald.«

Mein Großvater verbeugte sich vor mir, zwinkerte mir zu und löste sich in weißen Rauch auf.

»Atme dreimal tief ein, öffne die Augen und komm ins Hier und Jetzt zurück!«, befahl mir Arslans Stimme.

In meinem Kopf summte es wie in einem Bienenstock. Alle möglichen Gedanken und Fragen bestürmten mich, die ich Arslan unbedingt stellen wollte. Doch ich hielt mich zurück und sah ihm zu, wie er den Krug mit Eiswasser ergriff und mit großen Schlucken austrank.

Bei dem Anblick fiel mir unsere erste Stunde ein.

»Arslan, was war das denn nun für eine Verwundung, die ich nach meiner ersten Behandlung an deiner Schulter gesehen habe? Du hast doch geblutet und hattest Schmerzen.« Er sah mich an. Langsam setzte er den Krug ab.

»Na gut, dann erkläre ich es dir jetzt richtig. Stell dir vor, dass jede deiner Sorgen und Befürchtungen deines veränderten Ichs geistige Wesenheiten, die ich Astralgesindel nenne, erzeugt, die versuchen, diese auf der materiellen Ebene zu realisieren. Sie werden auch Elementale oder Larven genannt. Sie sind die Ursachen für die sich selbst erfüllenden Prophezeiungen. Unter ihnen gibt es eine strenge Hierarchie: Zuerst entstehen Spinnen, die noch relativ schwach sind. Deine Ängste, deine Verzweiflung, deine Gier, dein Sextrieb und deine Wut sind der Nährboden, auf dem dieses Astralgesindel zunächst als Phantomspinnen wächst und gedeiht. Aber die Erscheinungsformen der Spinnen verändern sich, je stärker die Larven werden und je mehr Kontrolle sie über ihren Wirt, also dich, bekommen. Nacheinander werden sie zu Ratten, Schlangen und zu Krokodilmännern, wie ich sie nenne. Während ihrer Metamorphosen werden diese Entitäten immer stärker und mächtiger und ihr Einfluss auf deine Handlungen immer größer. Zum Schluss ihrer Entwicklung werden sie zu Drachen, die so beherrschend sind, dass sie die vollständige Kontrolle über deine Gedanken, Wünsche und Begierden sowie die verschiedenen Teile deines Charakters übernehmen und dich wie eine Marionette steuern können. Sie bedienen sich dabei deines veränderten Ichs, das ihnen hilflos ausgeliefert ist. Diese Drachen rufen manchmal zu ihrer Unterstützung eine ganz besondere Spezies herbei, die äußerst gefährlich ist: die Gehörnten. Das sind dann die sogenannten Dämonen.

In deinem Körper wimmelte es von Spinnen und anderem unappetitlichen Getier, die wesentliche Funktionen deines Körpers lahmgelegt hatten. Als sie mich erblickten, ist ein Großteil von ihnen sofort geflüchtet. Inzwischen habe ich nämlich einen gewissen – nennen wir es – Ruf auf der anderen Seite. Sie verfügt über ein sehr gut vernetztes Informationssystem und weiß genau, dass ich ein Krieger im Dienste des Vaters bin. Aber nicht alle verschwanden. Je länger sie sich nämlich in dir aufhalten, desto weniger Lust haben sie zu gehen. Deshalb musste ich sie angreifen und mit ihnen kämpfen …«

»Und dabei wurdest du verwundet, und die Verletzungen haben sich in deinem physischen Körper manifestiert?«, unterbrach ich ihn.

Arslan seufzte und legte mir seine Hand auf die Schulter.

»Gut beobachtet. Also gut, dann erzähle ich dir auch noch, wie es dazu kam. Bevor ich mit der Sanierung der Funktionen deines physischen Körpers beginnen kann, muss ich ihn erst vollständig säubern und das von dir erzeugte Astralgesindel vertreiben. Das Problem ist nämlich, dass es nicht nur wesentliche Energieströme blockiert, sondern auch noch einen verheerenden Einfluss auf dein verändertes Ich hat. Diese Wesenheiten bestärken es in seiner Angst und seinen Konditionierungen. Sie geben ihm recht in seiner Befürchtung, dass es zu seiner Auflösung kommt, wenn es sich mit deinem wahren Ich verbindet. Natürlich wissen sie, dass diese Fusion ihr Ende bedeutet und sie ihre Macht über dich verlieren.

Als sie mich gestern in dir auftauchen sahen, sind einige von ihnen, die sofort abgehauen sind, zu ihrem Herrn und Meister gegangen und haben ihn um Hilfe gebeten. Er ist der erste Genius der Jupitersphäre und eine ungeheuer mächtige Wesenheit im Universum. In den Menschen und in allen sonstigen Lebewesen überwacht er ihren Willen und ihre Aktivität. Von ihm haben die Elementale und Larven die Methoden gelernt, die es ihnen ermöglichten, deine Aktivitäten je nach Belieben zu steigern oder zu verringern.

Ich muss ihn jedes Mal um Erlaubnis bitten, wenn es um

die Heilung eines Lebewesens geht, dessen Aktivität beeinträchtigt wurde oder, wie in deinem Fall, fast ganz zum Erliegen gekommen ist.

Aber diesmal hatte ich es schlicht vergessen, ihn zu kontaktieren. Nachdem er von den Geflohenen über meine Aktionen in deinem Körper informiert worden war, erschien er deswegen sogar persönlich auf dem Schauplatz des Geschehens. Er berührte mich mit seiner Feuerhand ganz leicht an der linken Schulter. Mich traf diese Berührung wie ein Blitzschlag und löste einen höllischen Schmerz aus, der meinen ganzen Körper erfasste. Mühsam drehte ich mich um. Als ich ihn in seiner fürchterlichen feurigen Gestalt dicht vor mir sah, erstarrte ich vor Schreck. Mir war sofort klar, dass ich mich in seine Angelegenheiten gemischt hatte, ohne ihn zu fragen oder ihn zu informieren.

Im nächsten Augenblick erschien der Erzengel Michael, mein oberster Feldherr und Kommandeur, um mich zu verteidigen. Er versicherte ihm, dass ich ihn nicht umgehen oder den gebührenden Respekt verweigern wollte und dass er mir die Erlaubnis erteilt hätte, dich zu heilen. Mein Peiniger verneigte sich und verschwand genauso schnell, wie er gekommen war.

Michael ermahnte mich, in Zukunft die Regeln einzuhalten, um solche Zusammenstöße zu vermeiden. Dann berührte er meine Schulter mit seinem Flammenschwert. Mein Körper entkrampfte sich. Mit der Bitte, meine neue Mission nun zu vollenden, löste er sich auf wie feiner weißer Nebel, der von einer Windböe erfasst wird.

Nachdem die zurückgebliebenen Elementale Michael erblickt und seine klare Ansage sowie die Reaktion ihres Meisters erlebt hatten, verließen sie blitzartig deinen Körper. Zurückgeblieben waren aber der Schmutz und ihre Fäkalien, die sie im Laufe der Jahre überall in deinem Körper hinterlassen haben. Sowie die zahllosen Verletzungen und Zerstörungen deiner Nervenbahnen und Synapsen, an deren Sanierung und Säuberung ich mit deinem Team schon erfolgreich gearbeitet habe, wobei auch die Lichtquelle geholfen hat. Als ich in meinen physischen Körper zurückgekehrt war und unter der Dusche stand, bemerkte ich, dass ich tatsächlich eine blutende Wunde an meiner Schulter davongetragen hatte, die auch du gesehen hast.«

Wieder machte er eine Pause und stand auf.

»Ich brauche dringend noch etwas zu trinken. Soll ich dir auch etwas mitbringen?«

Ich nickte. Er verschwand in der Küche, und ich war froh, alleine zu sein. Arslans Erzählung hatte mich total aufgewühlt. Bei seinen Worten waren tiefe Zweifel in mir hochgestiegen, die ich längst beseitigt geglaubt hatte. Was ging denn hier ab? War ich in den Händen eines geistig Verwirrten, eines größenwahnsinnigen Borderliners gelandet? Der Erzengel Michael sollte sein Herr und Meister sein? Und dann gab es da auch noch dieses andere Wesen, diesen Feuertypen, der ihn angeblich verletzt hatte? Hatte Arslan zu viele Horrorfilme gesehen und führte mir gerade die Auswüchse seiner regen Fantasie vor?

Meine Güte, auf was hatte ich mich denn hier eingelassen? Mein Misstrauen kehrte zurück, und mein ständig auf eine Chance lauerndes verändertes Ich drohte Oberwasser zu gewinnen.

Doch dann dachte ich an die zahllosen Untersuchungen, die ich hatte über mich ergehen lassen. An die wenig vertrauenerweckenden, blinkenden Geräte. Die scheinbar so effektiv arbeitenden Ärzte und Schwestern, die mir zwar jedes Mal ausführlich erklärt hatten, was sie gerade mit mir anstellten. Doch, wie sich schnell herausstellte, ohne genau zu wissen, wie sie mich heilen sollten, nachdem sich der Anfangsverdacht auf MS bestätigt hatte. In Wirklichkeit waren all diese medizinischen Untersuchungen und Behandlungen wie das Hornberger Schießen ausgegangen. Sie hatten mich unendlich viel Zeit und Mühen gekostet, aber herausgekommen war dabei nichts.

»Austherapiert«, war das letzte Wort der Ärzte gewesen, das sie mir gegenüber natürlich vermieden hatten. Meine Krankenkasse hatte mich in »Pflegestufe 2« eingeordnet, also schwer pflegebedürftig.

Ich war zu einem Fleischklumpen auf Rädern geworden, der zwar noch ein vollkommen intaktes Gehirn besaß, aber ansonsten langsam seine Körperfunktionen einstellte. Was für Alternativen hatte ich denn noch? Sollte ich mich etwa als Laborratte für neue Medikamente der amerikanischen Pharmaindustrie mit unglaublich gefährlichen Nebenwirkungen zur Verfügung stellen? Niemals! In Wirklichkeit fühlte ich mich in den Händen dieses Mannes mit dem Erzengel Michael und einem mächtigen Feuergenius an seiner Seite sehr gut aufgehoben. Er hatte sogar ungefragt einen Fehler zugegeben, was ich bei einem Arzt noch nie erlebt hatte. Auf jeden Fall würde er mir keinen Schaden zufügen, das stand fest. Und seine »Behandlung«, zu der anscheinend auch ein wildes Gemetzel innerhalb meines Körpers gehörte, tat mir sehr gut und zeigte zunehmend erfreuliche Auswirkungen. Heute früh war mir das Zähneputzen nämlich so mühelos gelungen, wie seit Jahren nicht mehr. Problemlos hatte ich die Zahnpasta aus der Tube auf meine Bürste drücken und diese in meinem Mund auf und ab bewegen können. Ich hatte Wasser in ein Glas laufen lassen und mir damit den Mund ausgespült. Dann hatte ich mir selbst meine Haare gebürstet.

Der Gedanke daran ließ ein wohliges Gefühl durch mich strömen.

In dem Moment kam Arslan mit zwei Gläsern in den Händen, von denen eines mit einer klaren und eines mit einer pinkfarbenen Flüssigkeit gefüllt war, zurück und mit großen Schritten auf mich zu.

»Ich habe dir einen Grapefruitsaft mitgebracht. Bitte sehr.«

Er drückte mir das Glas in die Hand und blinzelte mir verschwörerisch zu.

»Ganz schön starker Tobak, den ich dir gerade verabreicht habe. Ich verstehe sogar, wenn du etwas an meinem Bericht zweifelst. Aber du hast meine Verletzung gesehen, also weißt du, dass ich die Wahrheit sage. Mein Motto ist: Milch für die Kinder und Fleisch für die Erwachsenen. Deshalb musst du einige unbequeme Wahrheiten ertragen, die deutlich von allem abweichen, was du bisher in deinem Leben gelernt hast.«

Er ließ sich schwer auf seinen Stuhl fallen. Mit einem Zug leerte er sein Glas mit seinem geliebten Eiswasser.

»Arslan, ich danke dir für deine Offenheit. Auch wenn es ziemlich schwer zu ertragen ist, dass mein physischer Körper vollkommen besetzt von zahllosen Monstern war. Und ich diese Biester auch noch selbst erzeugt habe.« Ich atmete tief durch. »Sag mal, hast du auch solche Wesenheiten in dir?«

Er warf mir einen Blick zu, in dem Wohlwollen und Erheiterung standen.

»Nein, schon lange nicht mehr. Ich bin immun geworden, nennen wir es so, weil ich beschützt und behütet bin. Aber in Wirklichkeit wäre es sogar unerheblich, wenn es anders wäre. Ich bin ja nur ein Katalysator, der alle deine Selbstheilungskräfte in Bewegung setzt, um dich zu heilen. Und damit meine ich wirklich alle. Nichts, was du seit deiner Ankunft erlebst, denkst oder was du vor deinem geistigen Auge siehst, geschieht zufällig. Alles folgt einem Plan, der ein letztes großes Ziel hat: Ich will den Herrn deines Hauses aufwecken, um im Bild des Professors zu bleiben. Dein verändertes und dein wahres Ich wiedervereinen und in deinem fünften Körper ein Zentrum kristallisieren. Für den Weg dahin ist es wesentlich, dass du verstehst, wie du deine Geistkörper kennenlernst und ihre Konflikte und Spannungen auflöst. Nun, du siehst noch sehr frisch und aufnahmefähig auf. Du solltest noch einmal den Professor aufsuchen.«

Er stellte sich neben mich und bedeckte mit seinen beiden übereinandergelegten Händen meine Augen. Ein heller Blitz durchfuhr meinen Kopf, und ich lag wieder in meiner Mulde der Bergwiese. Ich schaute mich suchend um, aber die geheimnisvollen Tiere waren ebenso verschwunden wie mein Großvater. Erstaunt sah ich, dass an der Stelle, an der er gestanden und zu mir gesprochen hatte, sich jetzt ein massives Blockhaus befand, das aussah wie die Hütte eines Trappers in einem Wildwest-Film. Vorsichtig testete ich, ob ich immer noch am Boden der Mulde festklebte. Doch diesmal konnte ich mich mühelos erheben. Ich ging die paar Schritte zu der gemütlich wirkenden Hütte.

Als ich mich der schweren, aus dicken Bohlen gezimmerten Eingangstür näherte, vernahm ich prasselnde Geräusche wie bei einem Kaminfeuer. Gedämpfte Männerstimmen waren zu hören. Ich stellte mir vor, dass mein Großvater mit seinen Freunden vor einem offenen Kamin in einem bäuerlich möblierten Zimmer saß und sie sich bei einem Tee entspannt unterhielten. Doch vielleicht erwartete mich auch etwas völlig anderes im Innern der Hütte. Ich zögerte und dachte daran, einfach umzukehren. Dann verwarf ich den Gedanken und klopfte entschlossen an die Tür.

»Komm herein, Nazan. Wir erwarten dich«, antwortete zu meiner freudigen Überraschung die Stimme meines Großvaters. Beschwingt öffnete ich die Tür und trat ein.

Wie versteinert blieb ich auf der Schwelle stehen. Ich starrte in das Innere der Hütte. Statt eines Kaminzimmers mit Fellen an den hölzernen Wänden und behaglichen Sitzmöbeln stand ich in einem Raum, der aussah wie die Kommandozentrale einer Raketenmission der NASA. Er wurde dominiert von einem wandschrankgroßen Computer, der die Hälfte der der Tür gegenüberliegenden Wand bedeckte, und von sieben großen Bildschirmen an den Wänden, auf denen ich in allen Farben leuchtende Grafiken erkannte, die mich an die komplizierten Schnittmuster eines Haute-Couture-Kleides erinnerten. Vor den Bildschirmen standen sieben Tische, an denen in weiße Kittel gekleidete Männer saßen, die aufmerksam die flackernden bunten Linien auf den Monitoren beobachteten. Bei meinem Eintritt drehten sich alle Köpfe in meine Richtung, aber nach einem kurzen, prüfenden Blick wandten sie sich wieder ihren Kontrollschirmen zu, die sie anscheinend keine Sekunde aus den Augen lassen durften.

Nur mein Großvater erhob sich von seinem Counter am anderen Ende des Raumes und kam mit ausgebreiteten Armen auf mich zu.

»Nazan, welche Freude, dich wiederzusehen«, begrüßte er mich herzlich und umarmte mich. Bei seiner Berührung hatte ich das Gefühl, einen Stromstoß zu erhalten. Schnell löste ich mich wieder von ihm. Er schien nichts bemerkt zu haben.

»Hast du eine Vorstellung, was das hier ist?«, fragte er mich, und seine Augen blitzten vergnügt.

»Nicht die geringste«, gab ich zurück.

»Das hier ist die Schalt- und Kommandozentrale deines physischen Körpers, und wir sieben sind dein ganz persönliches Team, das dafür sorgt, dass seine lebenswichtigen Funktionen erhalten bleiben. Arslan hat dir ja schon von uns erzählt.«

»Das stimmt. Er nannte euch den Professor, den Organmann, den Mechaniker, den Nervenmann, den Blutkreislaufmann, den Muskelmann und den Atmungsmann.«

Mein Großvater lachte laut.

»Ja, das sieht ihm ähnlich. Er ist ein genialer Vereinfacher. Aber im Prinzip hat er recht. Jeder von uns überwacht auf seinem Monitor einen ihm zugewiesenen Teil der Anatomie deines Körpers. Der Blutkreislaufmann, wie du ihn nennst, sitzt hier an dem ersten Tisch. Er überwacht aber nicht nur das Blut, sondern auch die Gefäße und dein Nervensystem. Neben ihm sitzt der von dir Atmungsmann Genannte, der das Skelett, die Lunge und die Haut kontrolliert. Dein sogenannter Muskelmann sitzt an dem dritten Tisch. Er ist zuständig für deinen Bewegungsapparat und deine Muskulatur. Der von dir als Mechaniker bezeichnete ist sein Nachbar zur Rechten. Er sorgt für den Zellen- und Gewebeaufbau deines Körpers. Er arbeitet eng mit dem Organmann zusammen, der sich um deine Organe kümmert. Neben mir am Ende des Raumes sitzt der, den du Nervenmann genannt hast. Er ist verantwortlich für das tadellose Funktionieren deiner Nervenbahnen. Und dann bleibe noch ich, den Arslan den Professor nennt. Bei unserer letzten Begegnung habe ich dir gesagt, dass ich für deinen Verstand zuständig bin. Aber ich kümmere mich auch um die ordnungsgemäße Funktion deines gesamten Kopfes und deiner Sinnesorgane.«

Auf einmal verfinsterte sich sein Gesichtsausdruck. Er sah mich durchdringend an.

»Ich gebe zu, dass wir in den letzten Jahren bei dir nur das Allernötigste gemacht haben, weil du uns seit deiner Geburt völlig vernachlässigt hast. Du schienst auch keinen besonderen Wert mehr auf das einwandfreie Funktionieren deines Körpers zu legen. Es reichte dir, bequem im Rollstuhl zu sitzen und auf Nahrungsaufnahme, Verdauung und Ausscheidung reduziert zu sein. An einer Heilung warst du nicht richtig interessiert.«

Er schaute mich mit einem Blick an, der einerseits ein schlechtes Gewissen, andererseits aber auch verletzten Stolz verriet. Doch dann erhellten sich seine Züge wieder.

»Nun, als du zu Arslan gereist bist, um seine Hilfe in Anspruch zu nehmen, hast du uns ein Signal gegeben, dass du das ändern willst. Arslan hat uns das bestätigt. Und wir haben sofort begonnen, mit ihm daran zu arbeiten, die in den letzten Jahren entstandenen Schäden zu beseitigen. Zunächst haben wir gemeinsam das von dir erzeugte Gesindel vertrieben. Danach haben wir in den letzten beiden Tagen deinen Körper gründlich von den Fäkalien dieses Geschmeißes gesäubert und sämtliche von ihm verursachten Funktionsstörungen deines Körpers repariert. Wir sind nämlich verdammt gut, wenn man uns richtig motiviert, und Arslan ist ein guter Motivator. Besonders, wenn du auch voll hinter ihm stehst. Und dass du inzwischen von ihm überzeugt bist, spüren wir deutlich.«

Er strahlte mich an.

»Dein Aufenthalt in der Lichtquelle hat auch noch die letzten Reste der Verunreinigungen entfernt, die die Elementale und Larven hinterlassen haben, sodass dein physischer Körper theoretisch wieder voll funktionsfähig ist. Aber eben nur theoretisch. Um die praktische und dauerhafte Funktionsfähigkeit deines Körpers wiederherzustellen, brauchen wir deine Hilfe. Wir können nur in deinem physischen Körper arbeiten. Du musst die Säuberungen in deinen anderen Geistkörpern selbst übernehmen und deren Konflikte auflösen.«

»Aber ich habe doch nicht die geringste Ahnung, wie das gehen soll. Du hast mir etwas von Helfern erzählt, die mir dabei zur Seite stehen würden. Wer sind die? Und um was für Konflikte geht es eigentlich, die ich da auflösen muss?«

»So viele Fragen auf einmal. Der Reihe nach. Wie Arslan schon sagt, ist unser Ziel, die Kristallisation deines wahren Ichs im fünften Körper zu erreichen. Doch es bleibt dabei: Zuerst musst du alle vier Körper nacheinander durchqueren, sie von innen und außen kennenlernen und ihre Spannungen auflösen.

Du hast mit dem Innern deines physischen Körpers angefangen, damit du zum zweiten, dem Astralen vordringen kannst. Du musst dir keine Sorgen machen, das ist alles gar nicht so kompliziert. Das Können dazu steckt als Anlage, als Samenkorn schon in dir, und du wirst Helfer an die Seite gestellt bekommen. Mein Team und ich sind nur für den physischen Körper zuständig. Wir haben die Aufgabe, in diesem das Unkraut zu entfernen. Dabei hat uns Arslan geholfen. Arslan ist ein sehr tüchtiger Gärtner. Den Beruf hat er an einem ganz besonderen Platz gelernt. Einem außergewöhnlichen Sanatorium. Seinem Ort der Erweckung, wie er ihn nennt. Sicher wird er dir noch davon berichten.«

Mein Großvater sah mich verschmitzt an. Ich verstand nicht wirklich, was er meinte. Aber mir schwirrte sowieso gerade der Kopf, klares Denken war nicht mehr meine Stärke.

»Fangen wir jetzt mit der Auflösung der Spannungen deines zweiten Körpers an. Dazu gibt es eine einfache Übung, die du bitte heute vor dem Schlafengehen versuchen wirst. Sie geht folgendermaßen: Du legst dich ohne Kopfkissen flach auf deinen Rücken. Strecke deine Arme an deinen Seiten aus, Handflächen nach oben. Hole langsam tief Luft und lasse deinen Atem mit einem vernehmbaren Seufzer – so ungehindert und natürlich, wie dein Körper es will – durch den Mund entweichen. Manch ein Seufzer wird ganz kurz sein. Wie ein Schnappen nach Luft. Ein anderer kommt tief aus deinem

Innern. Er erinnert an ein Schluchzen. Du wirst danach einige starke Emotionen wahrnehmen. Erleichterung, Trauer, Freude, alles ist möglich. Nimm diese Emotionen ganz bewusst wahr. Dann kann es passieren, dass du nicht nur die Spannungen deines physischen Körpers auflöst, sondern dass aus deinem Astralkörper in ihm gespeicherte Erinnerungen auftauchen. Versuche, sie vollkommen loszulassen und aufzulösen. Egal, ob es sich um Erinnerungen der Freude oder des Schmerzes handelt, halte sie nicht fest, sondern lass sie weiterziehen. Wie Wolken am Himmel. Noch etwas: Mach diese Übung nicht länger als zehn Minuten. Sie könnte am Anfang noch etwas zu intensiv für dich sein. Bevor du beginnst, stell dir einen Wecker.

Diese Übung hilft dir, die Konditionierungen loszuwerden, die auf unheilvolle Weise Einfluss auf dein Leben nehmen. Die stärksten Prägungen geschehen in den ersten Lebensjahren. Ich erinnere mich gerade daran, wie du als dreijähriges Mädchen mit deiner Mutter und mir im Basar unterwegs warst. Plötzlich entdecktest du an einem Stand einen Riesenlutscher, den du unbedingt haben wolltest.

Zunächst warst du brav und hast nur in einem bettelnden Tonfall gefragt, ob ich dir den Lutscher kaufe. Doch ich lehnte ab und wollte dich von dem Süßigkeitenstand wegziehen. Da probiertest du das Gegenteil aus und wurdest garstig. Du hast geheult, geschrien und machtest uns eine üble Szene. Ich blieb standhaft, weil ich mal wieder deine Mutter unterstützen wollte, die es nicht mochte, wenn ihre Kinder zu viel Süßigkeiten aßen. Da wurdest du trotzig und teilnahmslos. Du schenktest mir keinerlei Beachtung mehr und liefst mit abgewandtem Gesicht neben mir her. Ein weitaus subtileres Mittel, als brav oder garstig zu sein. Doch auch das blieb erfolglos, ich blieb eisern. Nun spieltest du als letztes Mittel das bemitleidenswerte Opfer. Du kamst schluchzend zu deiner

Mutter gelaufen und flüstertest ihr ins Ohr, dass ich dich noch nicht einmal genug lieb habe, um dir einen Lutscher zu kaufen. Aber sie hätte dich doch sicher lieb genug, um dir diese große Freude zu bereiten. Tatsächlich gab sie nach, ging mit dir zu dem Stand zurück und kaufte dir den Lutscher. Ich sah deine Mutter verärgert an. Als du abends im Bett lagst, erklärte ich ihr, was für einen Fehler sie gemacht hätte. Durch ihr inkonsequentes Verhalten hatte sie dir gezeigt, wie du deine Mitmenschen manipulieren könntest. Tatsächlich aber bekommt man durch Manipulation anderer niemals das, was man in Wirklichkeit haben will. Nämlich mehr Liebe, mehr Frieden und mehr Freude. Darin liegt das Problem dieser Konditionierung. Da sie dem Gehirn eine missverstandene Form von Erfolg und Glück beibringt, manipulierst du dich im Grunde selbst. Und du wirst zu einem jener Menschen, die sich darin gefallen, wahlweise brav, garstig oder trotzig zu sein. Oder in die Opferrolle zu verfallen.

Für die grundlegende Entgiftung des astralen Körpers spielt nichts anderes eine so große Rolle wie die Säuberung des Geistes von den Konditionierungen und Programmen, die du dir im Laufe deines Lebens durch Erziehung, Schule und Beispiele anderer angeeignet hast. Auch dein sogenanntes Wissen muss aufgelöst werden. Wenn man mich nach dem Sinn des Lebens fragt, antworte ich: Verliere deine Unschuld und transzendiere dein Wissen.«

»Soll das etwa heißen, ich soll mein gesamtes Wissen wieder aus meinem Verstand entfernen, das ich mir so mühsam im Laufe meines Lebens angeeignet habe?«

»Das Sammeln von Wissen ist überflüssig und verhindert sogar die Fusion deines veränderten Ichs mit deinem wahren Ich. Wir alle sehnen uns danach, den fünften Körper zu erreichen, um ein Zentrum zu erhalten. Der kürzeste Weg in den fünften Körper führt durch Reichtum, Macht oder Politik.

Damit kannst du ebenso wie durch großes Wissen ein großes verändertes Ich aufbauen. Aber das steht niemals im Einklang mit deiner ganzen Persönlichkeit, weil die Erkenntnisse der anderen vier Körper fehlen. Es ist nur ein Geschwür, ein Auswuchs, eine Krankheit. Schau dir die Menschen an, die diese Abkürzung genommen haben, und du verstehst, was ich meine. Wenn du wissen willst, was Gott von Geld und Macht hält, dann schau dir die Individuen an, denen er sie gegeben hat.«

»So, und das reicht jetzt wirklich für heute«, vernahm ich wieder die Stimme Arslans. »Professor, vielen Dank für deine Erklärungen. Aber ich bin mir nicht sicher, ob du Nazan gerade nicht ein wenig überforderst und ihr Weltbild zu sehr erschütterst.«

»Das glaube ich zwar nicht«, erwiderte mein Großvater. »Aber selbstverständlich folge ich deinem Wunsch, und ich beende meine Ausführungen für heute. Soll Nazan wieder in ihr Tagesbewusstsein zurückkehren?«

»Nein, noch nicht sofort. Bitte koche ihr eine Tasse von deinem Spezialtee. Den soll sie langsam trinken.«

»Ich wusste, dass du mich darum bitten würdest. Deshalb habe ich bereits eine Portion zubereitet.«

Tatsächlich stand auf seinem Counter eine zierliche silberne Teekanne auf einem Stövchen, aus deren Ausgussöffnung feiner Rauch aufstieg. Mein Großvater nahm eine mit Schmetterlingen bemalte Porzellantasse aus einem Regal und goss eine braungrüne, dampfende Flüssigkeit in die Tasse. Dann reichte er sie mir und forderte mich auf, sie auszutrinken. Der Tee schmeckte wie eine Mischung aus Ingwer, Sahne und Honig. Ich genoss jeden Schluck. Ich setzte die leere Tasse auf dem Schreibtisch ab und wollte mich bei meinem Großvater mit einer Umarmung bedanken. Plötzlich fühlten sich meine Beine weich wie Gummi an und knickten ein. Mir wurde schwarz vor Augen. Ich sank meinem Großvater in die Arme. Er fing mich auf und ließ mich sanft zu Boden gleiten.

»Gute Reise, Nazan und …«

Dann wurde es Nacht um mich.

Als ich meine Augen öffnete, lag ich auf meiner Liege in Arslans Behandlungszimmer. Ganz langsam kehrte die Erinnerung an meinen Besuch in der Blockhütte und die Begegnung mit meinem Großvater zurück. Ein leises Klopfen an der Tür war zu hören.

»Ja bitte«, hörte ich die Stimme Arslans.

Die Tür öffnete sich einen Spaltbreit, Fatma steckte ihren Kopf durch die Öffnung.

»Entschuldige Arslan, aber es sind über zwei Stunden vergangen. Ich möchte dich nur daran erinnern, dass draußen Charlotte wartet, die nach der Behandlung gleich ins Büro zurückmuss. Sie hat wichtige Termine.«

»Danke für den Hinweis. Nazan ist gerade wieder aufgewacht. Wir sind fertig für heute früh und wollten sowieso gerade unterbrechen. Bring Nazan ins Hotel zurück, damit sie eine Kleinigkeit essen kann. Um 18 Uhr holst du sie mir noch einmal her. Ich will heute Abend noch etwas mit ihr ausprobieren.«

Arslan setzte mich in meinen Rollstuhl, und Fatma fuhr mich hinaus.

»Dein Bruder hat angerufen. Er hat mich gebeten, ihn zurückzurufen, wenn du fertig bist. Soll ich dich hier mit ihm verbinden oder willst du vom Hotel aus mit ihm sprechen?«

»Lieber vom Hotel aus. Mein Kopf ist gerade ziemlich durcheinander von dem, was Arslan mir alles erzählt hat. Da brauche ich etwas frische Luft. Und ein bisschen Zeit, um das alles einzusortieren und wieder klar zu werden, bevor ich mit Ersun rede.«

Fatma kicherte.

»Ja, es ist nicht ungefährlich, sich auf Arslan einzulassen. Er öffnet einem Türen zu Räumen, von denen man nicht die geringste Ahnung hatte, das sie existieren. Und dadurch bringt er mühsam zusammengezimmerte Weltbilder zum Einsturz.«

»Das merke ich auch gerade.« Doch ich fühlte mich keineswegs unsicher dabei. Ganz im Gegenteil, unglaublich leicht und beschwingt. Nur eine Frage beschäftigte mich pausenlos: Wer sollten die Helfer sein, die mir zur Seite gestellt würden? Und wer und was waren die geheimnisvollen exotischen Tiere?

9 Ich bin ein Meisterwerk, edel und unbegrenzt in meinen Fähigkeiten. In Gestalt und Bewegung bedeutend und wundervoll. Im Handeln ähnlich einem Engel, im Begreifen ähnlich einem Gott.

Nach einem schmackhaften Mittagessen auf der Dachterrasse meines Hotels, das mir erneut die Qualität der türkischen Küche bewies, hatte mich Melek ins Bett gebracht. Entweder waren es die Begegnungen mit meinem Großvater oder sein aromatischer Tee, auf jeden Fall fühlte ich mich rundum wohl und glücklich. Bevor ich einschlief, rief ich an der Rezeption an und bat den Portier, mich mit Ersun zu verbinden. Ich gab ihm seine Nummer. Kaum hatte ich den Hörer aufgelegt, schrillte auch schon das Telefon.

»Wie geht es dir? Geht es dir gut?«, vernahm ich die aufgeregte Stimme meines Bruders.

»Ja, es ist alles wunderbar. Es war wirklich eine großartige Idee von dir, mich hierherzuschicken. Danke, Brüderchen.«

»Was heißt das? Meinst du wirklich, er kann dir helfen? Merkst du schon was?«

»Das weiß ich noch nicht. Aber auf jeden Fall hat Arslan mir in den zwei Tagen Dinge gesagt, die mich sehr zum Nachdenken gebracht haben. In seiner Nähe fühle ich mich immer sehr leicht und unbeschwert. Nach seinen Behandlungen, die im Wesentlichen aus Handauflegen bestehen, merke ich, wie sich meine Haptik jedes Mal verbessert. Ich kann mir inzwischen wieder mühelos eine Zigarette anzünden.«

Ich wusste genau, dass ihn das aufregen würde. Ersun ist ein strikter Nichtraucher und hasst es, wenn ich paffe. »Wenn *das* das Ergebnis ist, hole ich dich sofort zurück. Aber vielleicht bringt dich Arslan ja auch noch vom Rauchen ab. Ich werde ihn sofort anrufen«, erwiderte er streng, aber ich merkte, dass er dabei grinste.

»Kommt gar nicht infrage. Jetzt will ich wissen, wie die Reise weitergeht.«

Dann bat ich ihn, sich bis zu meiner Rückkehr zu gedulden und mich nicht mehr anzurufen.

»Wenn ich dich brauche, melde ich mich schon.«

Obwohl Ersun nicht davon begeistert war, verabschiedete ich mich bis zu unserem Wiedersehen in München und legte auf. Zufrieden über meine klare Ansage, schloss ich die Augen und dachte an die Übung, die mein Großvater mir empfohlen hatte. Ich entschied, sie gleich auszuprobieren.

Nach ein paar tiefen Seufzern saß ich plötzlich an meinem Lieblingsplatz am Ufer des Ammersees und schaute auf die Wellen, die unaufhörlich auf mich zurollten. Auf einer von ihnen bildete sich eine weiße Schaumkrone. Zu meiner Verblüffung erschien in ihr das Gesicht einer schönen Frau, das von dichtem schwarzem Haar umgeben war. Langsam erhob sie sich aus dem Wasser, und ihr makelloser nackter Körper wurde nach und nach sichtbar.

»Komm zu mir«, rief sie mir mit einer samtigen Stimme zu, die jede Faser meines Körpers streichelte. Ohne zu zögern, stand ich auf und lief zu ihr ins Wasser.

»Fürchte dich nicht und vertraue mir«, raunte sie, als ich vor ihr verharrte. Dann fasste sie mich an meinen Handgelenken und ließ sich fallen. Mit eisernem Griff hielt sie mich fest und zog mich unbarmherzig unter Wasser. Ich geriet in Panik, presste die Lider zusammen und hielt die Luft an.

»Hab keine Angst. Du kannst ganz normal atmen. Ich sagte doch, vertraue mir.«

Zögernd atmete ich ein. Sauerstoff strömte in meine Lungen. Obwohl wir schon tief unter der Oberfläche des Sees sein mussten, denn das Licht um uns herum war immer schummriger geworden.

Unvermittelt löste sich ihr Griff von meinen Handgelenken. Ich öffnete die Augen und blickte mich suchend nach ihr um. Meine Begleiterin war verschwunden. Statt ihrer sah ich einen großen Karpfen mit offenem Maul auf mich zu schwimmen. Mit seinem wulstigen Maul berührte er sanft meinen Körper. Danach forderte er mich mit einer Schwanzbewegung auf, ihm zu folgen. Ich beobachtete fasziniert, wie beweglich der Karpfen war, mit welch unbeschwerter Leichtigkeit und Eleganz er vor mir her schwamm. Im Gegensatz zu ihm bewegte ich mich plump und ungeschickt. Ich fühlte mich wie ein Bulldozer, der einen Sandberg vor sich herschiebt. Der Karpfen bemerkte meine Schwierigkeiten. Er zeigte mir Strömungen im Wasser, die Wege des geringsten Widerstandes boten und mich vorwärtstrugen. Auf einmal reichten mir ein paar kleine Schwimmbewegungen, um dicht hinter dem Karpfen zu bleiben.

Während ich schwamm, wurde mir bewusst, wie ich Menschen gegenüber auftrat: entweder wie eine scheinbar begriffsstutzige Närrin oder konfrontierend und schroff. Ich verhielt mich also meist ungeschickt, wenn ich Fremden begegnete, weil ich mich nie wie jetzt den Strömungen anvertraute, die sich zwischen Menschen im Verlauf eines Gesprächs entwickeln.

Ganz anders verhielt sich der Karpfen. Er zeigte mir, wie

er elegant mit mir im Wasser tanzte und mich mit unverkrampfter Leichtigkeit wahrnahm. Mich gütig und offen geleitete und mich einfach so akzeptierte, wie ich war. Mir dämmerte, dass ich oft, wenn ich einem Mann oder einer Frau begegnete, davon ausging, sofort abgewiesen zu werden. Ich ging mit dieser vorgefassten Meinung auf meine Mitmenschen zu und nahm überhaupt nicht wahr, in was für einer Situation sich mein Gegenüber befand, was in ihm vorging und was er oder sie fühlte. In diesem Augenblick wurde mir klar, dass dieses Verhalten seine Ursachen in den Verletzungen hatte, die aus meiner Kindheit herrührten. Abrupt stoppte ich meine Schwimmbewegungen. Fast wäre ich gegen den Karpfen geprallt, der direkt vor mir still im Wasser stand und mich mit seinen Glupschaugen fixierte.

»Geh zurück in deine Kindheit«, befahl er mir. »Erinnere dich an ein einschneidendes Ereignis, das deine Jugend prägte.«

Es tauchten Bilder aus meinem Leben vor meinem geistigen Auge auf und zogen wie im Zeitraffer an mir vorbei. Dann verlangsamte sich der Film, und ich sah ein kleines Mädchen vor mir auftauchen, das ungefähr sechs Jahre alt sein musste. Es spielte in Bodrum, dem Ort meiner Jugend, vor dem Hotel meines Vaters Fangen mit einem etwa vierjährigen Jungen, in dem ich meinen Bruder Ersun erkannte. Das Hotel lag an einer der Ausfallstraßen. Ich erinnerte mich daran, dass sich in meiner Kindheit der Verkehr in Grenzen hielt. Nur sehr selten fuhren ein paar Autos bei uns vorbei. Die meisten Bewohner Bodrums besaßen nämlich keines und benutzten nach wie vor Eselskarren und Pferdefuhrwerke. Es dämmerte bereits, als am Horizont die Scheinwerfer eines sich rasch nähernden Autos auftauchten. Ersun lief gerade jauchzend vor mir davon, als er die beiden Lichter erblickte. Blitzschnell rannte er auf die Straße und direkt auf das heranrasende Auto zu. Ich hatte ihm etwa dreißig Meter Vorsprung gegeben, weil er mir mit seinen kurzen Beinen deutlich unterlegen war. Das wurde mir nun zum Verhängnis. Ich hatte keine Chance, ihn zu erreichen, bevor er vom Auto erwischt würde, das war mir völlig klar. Vor Entsetzen wie gelähmt gab ich meine zwecklose Verfolgung auf. Ich blieb stehen und starrte mit quälender Hilflosigkeit meinen kleinen Bruder an, der weiterhin auf das Auto zu rannte, das sich mit unverminderter Geschwindigkeit näherte. Plötzlich blieb er mitten auf der Fahrbahn stehen und breitete seine Arme aus, wie es Verkehrspolizisten an einer Straßenkreuzung machen. Die Scheinwerfer des Autos erfassten ihn. Sie strahlten seinen kleinen Körper an, der wie eine große schwarze Motte in gleißendem Licht erschien. Offensichtlich hatte der Fahrer ihn nicht bemerkt. Der Wagen raste mit unverminderter Geschwindigkeit weiter auf ihn zu. Vor meinem geistigen Auge sah ich Ersun bereits nach dem Aufprall durch die Luft fliegen und mit verrenkten Gliedmaßen auf dem Asphalt liegen.

Nur wenige Meter vor der Kollision riss der Fahrer sein Lenkrad nach links. Ungebremst rauschte der Wagen an der rechten Hand meines Bruders vorbei. Er verfehlte Ersuns Finger nur um ein paar Zentimeter. Mit quietschenden Reifen kam das Auto etwa vierzig Meter hinter meinem Bruder zum Stillstand. Der stand immer noch reglos mit ausgestreckten Armen da. Ich rannte, so schnell ich konnte. Zitternd kam ich bei Ersun an. Ein kreidebleicher Mann stürzte auf uns zu.

»Seid ihr völlig verrückt geworden«, brüllte er. »Wer sind eure Eltern? Wie können sie euch so unbeaufsichtigt auf der Straße spielen lassen? Du bist alt genug und solltest wissen, wie gefährlich das ist«, wandte er sich an mich und packte mich hart an den Schultern. »Dir sollte man den Hintern versohlen!«

»Keine Sorge, das übernehme ich!«, vernahm ich die keuchende Stimme meines Vaters.

Anscheinend hatte er die Szene von seinem Büro aus beobachtet und war jetzt zu uns gerannt. Bevor ich mich versah, packte er mich am Arm und schob meinen Rock hoch. Er löste seinen Gürtel von der Hose. Und dann peitschten die fürchterlichsten Hiebe, die ich je erhalten hatte, auf meinen nur durch ein dünnes Höschen geschützten Po. Ich schrie vor Schmerz und Demütigung. Das schien ihn noch mehr anzuspornen. Außer sich vor Wut, schlug er auf mich ein. Vermutlich hätte er mich totgeprügelt, wenn ihm der Fahrer nicht irgendwann den Arm festgehalten hätte.

»Genug jetzt. Ich meine, das reicht. Oder wollen Sie sie etwa totschlagen?«

Mein Vater sah mich mit fiebrigen Augen an.

»Das war's für dich mit der Freiheit, mein Fräulein. Ab sofort ist mein Wort für dich Gesetz. Wage es nicht, auch nur eine Frage zu stellen, wenn ich dir etwas sage. Du folgst von jetzt an! Ist das klar?«

Die Bilder dieses Ereignisses verblassten, aber die Erinnerungen an die folgenden Jahre meines Lebens brachen über mich herein. Seit diesem Tag bestand meine Kindheit aus unterdrückter Wut, geringer oder gar keiner Kommunikation, unerträglicher Einsamkeit und einem Gefühl der absoluten Wehrlosigkeit. Wie meine Mutter, die eine liebevolle, aber sehr schwache Person war, wurde ich vollkommen von meinem Vater beherrscht, einem hünenhaften Mann mit gewaltiger Körperkraft. Ich war seine willenlose Sklavin. Manchmal überkam mich ein Gefühl, als ob ich gar nicht richtig am Leben wäre.

Jeden Moment rechnete ich damit, dass einer der schrillen Pfiffe meines Vaters ertönt, ich auf der Stelle alles stehen und liegen lassen und zu ihm rennen musste. Blieben sie mal ein paar Tage aus, weil er auf einer Geschäftsreise war, fühlte ich mich wie neugeboren. Aber nach seiner Rückkehr litt ich wieder unter der ständigen Angst vor ihm. Ich sehnte mich nach Freundschaften, aber ich hatte keine. Allein der Gedanke, dass sich eine Freundin oder ein Freund für mich und meine Probleme interessieren könnte, beglückte mich. Versetzte mich aber auch in Panik, weil ich mir ausmalte, wie mein Vater reagieren würde, wenn jemand anderes in meinem Leben auftauchte.

Im Umgang mit anderen war ich daher vollkommen unbeholfen. Die Schule war ein Ort, vor dem mir graute. Aber noch mehr Angst hatte ich in der Gegenwart meines Vaters. Obwohl ich mich bemühte, seine Wünsche und Befehle bestmöglich zu erfüllen, ließ er nie ein gutes Haar an mir und nutzte jede Gelegenheit, mich vor meiner Mutter, meinem Bruder und seinen Angestellten niederzumachen. Er ließ sie in Reih und Glied antreten, und ich musste mich vor sie hinstellen. Dann baute er sich vor mir auf und warf mir vor der versammelten Belegschaft alles an den Kopf, was ihm an Beleidigungen und Demütigungen einfiel. Nie wusste ich, wie ich darauf reagieren sollte. Ich unterdrückte meine Tränen und schwieg. Meinen Trost fand ich allein unter den hohen Pappeln, die hinter unserem Hotel an einem dort verlaufenden Bewässerungskanal standen. In ihrem Schatten fühlte ich mich geborgen und wohl.

Der ständig auf mir lastende Druck erzeugte aber auch Kreativität. Als Teenager entdeckte ich das Arbeiten mit Stoff. Es machte mir Freude, verschiedene Kleidungsstücke wie Röcke, Blusen, Hosen und Jacken herzustellen, die ich mich sogar traute, in der Schule vorzuzeigen. Meine Sachen gefielen einigen Mitschülerinnen. Bald hatte ich ein paar Kundinnen, die regelmäßig etwas bei mir bestellten. Ich konnte auch ziemlich gut zeichnen und Karikaturen anfertigen. Manchmal gestaltete ich Bildgeschichten von unseren Lehrern und verkaufte sie an meine Klassenkameraden. Allerdings fühlte ich mich schuldig, wenn ich Geld dafür nahm. Für meinen Vater waren Comics und Cartoons kindisch. Er zeigte mir deutlich seine Verachtung für mein Werk, als er eine Karikatur in meinem Schulranzen fand, dessen Inhalt er regelmäßig kontrollierte.

Oft lag ich nachts mit tränengefüllten Augen in meinem Bett und starrte auf die Ziegelwand gegenüber. In deren rauer Oberfläche konnte ich im schummrigen Licht des Mondes und der Sterne, das durch ein kleines Fenster in mein Zimmer fiel, eine Vielzahl von Gesichtern erkennen. Darunter waren auch einige Tierköpfe, die erstaunlicherweise leise zu mir sprachen und mich trösteten. Ich fertigte Zeichnungen von ihnen an, die ich meiner Mutter zeigte. Sie gefielen ihr. Doch auch meine Mutter meinte, dass Künstler kein Geld verdienen würden und ich mich auf die Schule konzentrieren sollte, damit ich gute Noten bekäme und einen anständigen Beruf erlernen könnte. Die Schule wurde allerdings immer mehr zur Qual für mich. Es gab dort keinen Raum, um das zu tun, was ich gerne tat und worin ich gut war. Zwar hatte ich keine Probleme, dem Unterrichtsstoff zu folgen. Doch das, was ich lernte, hatte nichts mit meinem Leben zu tun und mit dem, was darin geschah. Ich bekam Fakten eingetrichtert, die in keiner Verbindung zueinanderstanden. Es gab kein grundlegendes Muster, das alles zusammenhielt. Alles erschien mir willkürlich und sinnlos.

Ich rebellierte. Meine Lehrer bekamen Schwierigkeiten mit mir, weil ich sie nicht mehr ernst nahm. Einmal musste ich eine Stunde lang mit dem Gesicht zur Wand im Gang stehen. Ein andermal musste ich mich vor die Klasse stellen und wurde vom Lehrer herabgesetzt. Beides machte mir nichts aus, weil ich das von Zuhause gewöhnt war. Obwohl ich schon vierzehn Jahre alt war, musste ich mich immer noch wegen jeder Kleinigkeit vor die dafür angetretenen Angestellten des Hotels, vor Ersun und meine Mutter stellen und mir anhören, wie mein Vater mich ausschimpfte und anschrie, wie sehr er sich schämte, mich als Tochter zu haben. Wie wertlos ich sei, zu nichts zu gebrauchen. Immer noch war mir nicht erlaubt, darauf zu antworten, zu reagieren oder etwas zu entgegnen. Ich musste schweigend dastehen und seine Suada über mich ergehen lassen. Aber innerlich kochte ich vor Wut, die auch das verschwörerische Zublinzeln Ersuns, der die Situation genauso unerträglich fand wie ich, nicht mildern konnte. Ich fraß die Wut in mich hinein. Erst wenn ich nachts lautlos in mein Kissen weinte, löste sich meine Verzweiflung über meine aussichtslose Situation etwas.

Eines Abends trieb es mein Vater auf die Spitze. Wegen irgendeiner Nichtigkeit nahm er mich in der Küche vor. Er schlug mich so heftig mit seinem Gürtel, dass ich laut um Hilfe schrie. Daraufhin ließ er von mir ab und sah mich geringschätzig an.

»Komm her zu mir und sag mir, dass du deinen Vater liebst!«, befahl er. Nie habe ich sein höhnisches Grinsen vergessen, das er dabei aufsetzte.

Ich tat es zähneknirschend, aber ich spürte, dass in diesem Moment etwas in mir abstarb.

Ich überlebte die Schule und meinen Vater nur, indem ich empfindungslos wurde, mich anpasste, gehorchte und jegliches Gespür für meinen eigenen Weg aufgab. Mir fiel ein, dass ich mich immer so benommen hatte, als ob mir etwas fehlte. Dabei fehlte mir nichts, im Gegenteil. Es war sogar etwas Überflüssiges da: Nämlich diese Gefühllosigkeit, die ich mir zugelegt hatte, um mich vor weiteren Verletzungen zu schützen. Als ich später freie Journalistin wurde und für diverse türkische Zeitungen schrieb, hatte ich bald ziemlichen Erfolg. Ein Grund dafür war, dass ich kein Privatleben hatte und mich deshalb voll auf meine Arbeit konzentrieren konnte. Ich hatte sofort zugestimmt, als man mir eine Stelle als Auslandskorrespondentin in München anbot. Auch ohne das gute Gehalt wäre ich sofort dorthin gezogen. Hauptsache, ich entkam der Reichweite meines Vaters.

Genau diese Gefühllosigkeit und die lebenslange Verdrängung meines Bedürfnisses nach Nähe, Liebe und Verständnis spürte ich jetzt sehr, sehr deutlich. Tiefe Traurigkeit kroch in mir hoch. Ich weinte. Meine Tränen vermischten sich mit dem Wasser des Sees. Die Schluchzer ließen meinen Körper erbeben.

Der Karpfen, der immer noch dicht vor mir im Wasser schwebte, beobachtete meinen Gefühlsausbruch scheinbar teilnahmslos mit seinen kalten Fischaugen. Doch dann vernahm ich plötzlich seine Stimme:

»Dein physischer Körper steht unter unheilvollen Einflüssen deines veränderten Ichs. Ich werde dir jetzt erklären, wie du dich dieser Einflüsse in sieben Schritten entledigen kannst: Als Erstes übernimmst du ab sofort die Verantwortung dafür, wie du reagierst. Das bedeutet, dass du damit aufhörst, anderen Menschen Vorwürfe zu machen und sie wegen ihrer Handlungen und deren Wirkungen auf dich zu beschuldigen. Wenn du jemandem Vorwürfe machst, wartest du darauf, dass der Betreffende sich ändert, damit du dich besser fühlst. Was glaubst du, wie lange das anhält? Sich selbst zu ändern ist wahrhaft schon schwierig genug. Befreie dich daher von dem Bedürfnis, andere Menschen ändern zu wollen. Dem Zustand des Unglücklichseins kannst du nur entrinnen, wenn du eine Methode findest, um deine Reaktionen zu verändern. Und die sind tief in deiner Vergangenheit verwurzelt.

Als Zweites beobachtest du ab jetzt, was du empfindest. Deine Prägung zwingt dich, in ähnlich gelagerten Situationen jedes Mal aufs Neue wieder dasselbe zu empfinden. Wie frustrierend! Sobald das alte Muster ausgelöst wird, bist du auch schon wieder darin verstrickt. Du brauchst dringend einen Ort, an dem du den Überblick behältst. Dafür bietet sich der Zeugenstand an. Als Zeuge, als bewusster Beobachter, dabei zu sein, bedeutet, dass du mitsamt deinen Emotionen anwesend bist, ohne jedoch von ihnen überwältigt zu werden. Die größten Chancen, das Geschehen als Zeuge zu beobachten, hast du, wenn du herausfindest, wo genau im Körper die Empfindung ausgelöst wird. Giftige Emotionen haben ganz konkrete Auswirkungen in deinem physischen Körper. Wut wird im Darmbereich spürbar, Nervosität im Magen, Angst im Herzen. Die meisten Menschen nennen Wut und Angst, wenn sie nach ihren unheilvollsten und unangenehmsten Empfindungen gefragt werden. Versuche gar nicht zu ergründen, was dir diese Empfindungen über dich erzählen wollen. Erspüre einfach, wo sie dir das im Körper mitteilen. Du musst die Gefühle im Körper lokalisieren und das geistige Geplapper umgehen, das diese Gefühle in dir am Leben erhält. Dann werden sie sich auflösen. Der Weg dazu ist ganz einfach: Lerne deinen physischen Körper von innen kennen.

Als Drittes benennst du deine Empfindungen. Jeder schädlichen Empfindung, die du in deinem Körper antriffst, gibst du einen Namen: Angst, Wut, Feindseligkeit, Scham, Schuldgefühl, Eifersucht. Vermeide Wertungen wie betrogen, enttäuscht oder verletzt. Benutze keine Wörter, die einen Vorwurf gegen jemand anderen enthalten. Die Bezeichnungen deiner Empfindungen lassen dich erkennen, womit du es zu tun hast. Wenn du bei dieser Aufgabe ehrlich mit dir selbst bist, verfällst du gar nicht erst auf eine jener verwickelten Geschichten, die wir so gerne wiederkäuen, sobald wir aufgeregt und wütend sind. Bei solchen Geschichten geht es immer um die Vergangenheit. Im Unterschied dazu existieren deine Emotionen und Empfindungen in der Gegenwart, im Hier und Jetzt. Wenn du dich mit deinen Empfindungen nicht identifizierst, löst du sie auf.

Als Viertes bringst du deine Empfindungen zum Ausdruck. Falls du eine Emotion zurückhältst, also unterdrückst, entwickelt sie umso giftigere Wirkungen. Wenn du sie zum Ausdruck bringst, löst du dich von ihr. Das reinigt deinen physischen und deinen astralen Körper, der auch betroffen ist. Bei diesem Schritt geht es nicht darum, dass du äußerst, wie sehr du jemanden hasst oder was du ihm oder ihr alles vorwirfst. Aber da du natürlich die eigene Sicht der Dinge darstellen möchtest, bringst du als Erstes zu Papier, wie du dich fühlst. Schreibe aus deiner Perspektive auf, was in dir vorgeht. Anschließend betrachtest du es aus dem Blickwinkel der betroffenen Person. Danach beschreibst du deine Position aus der Perspektive einer unbeteiligten dritten Partei. So, als würdest du eine Reportage machen. Der Hass, die Wut oder die Angst, die du spürst, verlieren beim Anschauen aller drei Perspektiven an Kraft. Nun hast du deine Sicht erweitert. Diese Erweiterung ermöglicht es der stockenden Energie, wieder in Fluss zu kommen. Jede Verengung hält die Energie zurück, als wäre sie in einer Flasche verschlossen und würde dort weiter vor sich hin gären. Das verhinderst du durch diese einfache Methode.

Als Fünftes teilst du deine Empfindungen mit. Schildere jemandem, dem du vertraust, wie dir zumute ist. Lass ihn an dem gesamten Prozess teilhaben, den du durchlaufen hast, einschließlich der drei verschiedenen Betrachtungsweisen. Schimpfe nicht einfach nur rum und führe nicht nur deine eigene Position ins Feld. Berichte das Geschehen möglichst wahrheitsgetreu. Dann wird dir der Zuhörer helfen, eine objektive Sichtweise zu erreichen.

Als Sechstes kannst du jede unheilvolle Empfindung mithilfe eines Rituals auflösen. Gestalte dir dein eigenes Zeremoniell, das symbolisch dein Leben von unheilvollem Gift reinigt. Am besten ein Ritual, das dir nachhaltig in Erinnerung bleibt. Und das für dich persönlich von Bedeutung ist. Du kannst zum Beispiel einen Zettel mit einer Notiz in einen Fluss werfen. Oder deinen Groll auf einen Stein übertragen und ihn ins Meer werfen. Du kannst auch deine Hand in fließendes Wasser halten und dir dabei vorstellen, wie die negativen Gefühle weggeschwemmt werden. Such dir ein Ritual, das dich so befreit, dass du anschließend ausrufen kannst: Ich bin erlöst und unbeschwert von dieser unheilvollen Last. Als Siebtes und Letztes feierst du den Akt der Befreiung von deinen giftigen Gefühlen. Nun ist es an der Zeit, deine Erlösung zu würdigen. Du zelebrierst gleichzeitig einen Abschluss und einen Neubeginn. Das heißt nicht, dass du eine Riesenparty feiern musst. Du musst das Ereignis auch nicht groß aufziehen. Es reicht aus, wenn du dir selbst ein Geschenk machst. Dem kommt symbolische Bedeutung zu. Wenn du dich belohnst und mit dir feierst, unterstreichst du noch einmal, dass du es verdienst, frei und glücklich zu sein. Und noch etwas: Tanze mit den Menschen!«, rief er mir zu, während er mit schnellen Bewegungen seiner Schwanzflosse davonschwamm.

Ich war völlig überwältigt. Die Konfrontation mit meinem Vater hatte mich tief bewegt, aber die Worte des Karpfens hatten mich nicht nur getröstet, sondern begeistert. Ich hatte gerade sieben Schlüssel zur Auflösung der Konflikte in meinem physischen Körper erhalten, die ich sofort benutzen konnte. Und ich verstand, was der Karpfen mit seinem letzten Satz gemeint hatte. Es war, als wäre ein Tor aufgestoßen worden, und ich hätte eine andere Dimension im Umgang mit meinen Mitmenschen betreten. Meine Begegnungen mit ihnen sollten in Zukunft unbeschwert und nicht mehr so feindselig belastet sein. Bisher hatte ich die Erfahrungen meiner Verletzungen aus meiner Jugend und Kindheit wiederholt und war Fremden misstrauisch und unsicher begegnet. Doch jetzt wollte ich dem Rat des Karpfens folgen – jede Begegnung freudig aufnehmen und neuen Menschen offen und vorurteilsfrei gegenübertreten, um mit ihnen zu tanzen, zu lachen und zu spielen. Und vielleicht würde sich dabei dann das erfüllen, was ich mein Leben lang unterdrückt hatte: mein Bedürfnis nach Liebe. Mit diesem hoffnungsvollen Gedanken fiel ich in einen tiefen Schlaf.

10 Ich bin in Frieden mit mir selbst, und es geschehen Wunder über Wunder. Ich erkenne, dass mein Glück in der Wahl meiner Gedanken liegt.

Am nächsten Morgen stand Arslan neben der Liege, auf der er mich kurz zuvor abgelegt hatte, und strich sich nachdenklich über sein Kinn. Ich hatte ihm gerade detailliert von meiner Begegnung mit dem Karpfen und meinen Erinnerungen an meine Kindheit und Jugend berichtet. Aber die schienen ihn weit weniger zu interessieren als der Karpfen.

»Hast du eine Ahnung, wer er sein könnte und wo er herkommt?«

»Ich vermute, dass er ein Bote meines wahren Ichs ist«, antwortete ich. Aber ich hatte nicht wirklich eine Ahnung, warum ich das sagte.

»Das ist gar nicht mal so falsch.« Arslan sah wohlwollend auf mich herunter. »Er kommt nämlich aus deinem Wurzel-Chakra. Das ist eines deiner Energiezentren und befindet sich an der Basis deiner Wirbelsäule in der Mitte des Perineums.«

»Perineum?«

»Das ist der Damm. Wenn du gesund bist, bekommst du

durch dieses Zentrum ein Gefühl für Sicherheit und eine ganzheitliche Beziehung zur Erde und zur Natur. In diesem Zentrum lebt bei dir der Karpfen. Er ist nicht nur ein Bote deines wahren Selbst, sondern er kümmert sich auch um den Zustand seines Chakras. Wie auch seine sechs Kollegen, die in deinen anderen Energiezentren leben, die ich dir jetzt aufzeigen möchte.

Das zweite Chakra befindet sich direkt unterhalb deines Nabels. Es ist an der Stelle deines Körpers, die wir Bauch nennen. Dieses Zentrum steuert deine Leidenschaften und Emotionen. Wenn es gesund ist, dann erlebst du die ganze Tiefe deiner Gefühle.

Dein drittes Chakra ist der Solarplexus. Hier geht es um Macht. Aber nicht im Sinne der bei uns üblichen Betrachtungsweise, in der Macht bedeutet, dass Kontrolle, Gewalt und Zwang bei anderen Menschen angewandt werden. Sondern im Sinne von bewusster Kraft, die es uns ermöglicht, präzise, überlegt und effektiv zu handeln.

Dein viertes Zentrum liegt im Herzen. Bei ihm geht es natürlich um Liebe und Mitgefühl.

Das fünfte Chakra befindet sich in der Kehle. In ihm ist die Energie, die dem wahren Ich Ausdruck verleiht.

Das sechste Zentrum sitzt in der Mitte deiner Stirn, die auch das dritte Auge genannt wird. Es beeinflusst und lenkt deinen Intellekt und deine Intuition. Aber man muss etwas tun, damit es sich öffnet und aktiv wird. Wie wir es bereits gemacht haben und jetzt, meine Schöne, wieder machen werden.«

Er stand auf, nahm seinen Stuhl, stellte ihn neben meiner Liege ab und setzte sich. Mit gedämpfter Stimme sagte er:

»Schließe die Augen und lenke deine Aufmerksamkeit wieder auf die Mitte zwischen deinen Augenbrauen. Blicke mit geschlossenen Augen genau auf die Mitte, so als würdest du mit offenen Augen dorthin sehen, und dann wandere mit deinem Blick nach oben Richtung Stirnmitte. Bis du spürst, dass die Augen einrasten und völlig unbeweglich werden.«

Ich folgte seinen Anweisungen und merkte, wie meine Augen vollkommen starr wurden, nachdem ich meinen inneren Blick langsam nach oben wandern ließ und einen bestimmten Punkt in der Mitte meiner Stirn erreicht hatte. Plötzlich sah ich meine Gedanken wieder wie weiße Wolken an mir vorüberziehen. Ich konzentrierte mich auf die Lücken zwischen ihnen. Ein Adler erschien, der auf dem Ast einer alten Weide saß und mich beobachtete. Er pickte eifrig silbrige Schuppen aus seinem Gefieder heraus und schleuderte sie mit einer heftigen Bewegung seines Kopfes hoch in die Luft. Ein Windhauch erfasste die Schuppen, und sie schwebten in einem flirrenden Schwaden auf mich zu. Über mir zog er sich zusammen und explodierte mit einem gedämpften Knall. Kleine silberne Partikel rieselten auf mich herunter und an meinem Körper entlang. Schauer des Wohlbehagens durchströmten mich. Es fühlte sich an, als ob Tausende Ameisen in mich eindrangen und Energieteilchen in mich hineintransportierten, die sich in meinem Körper verteilten.

Ich dachte daran, wie ich eines Morgens in Tirol auf dem Gipfel eines Berges gesessen hatte und die Sonne am Horizont emporstieg. Ich setzte mich in den Lotossitz und spürte, wie ihre Strahlen mein drittes Auge trafen und in meinen Kopf eindrangen. Gewaltige Energieschauer durchströmten mich. Ich fühlte mich wie neugeboren.

Verzückt öffnete ich die Augen und stellte fest, dass ich wieder aufrecht auf der Liege saß. Ohne es zu bemerken und ohne die geringsten Probleme, musste ich mich erneut ganz alleine aufgerichtet haben, als ich auf meiner inneren Reise den Lotossitz einnahm.

Arslan fasste mich mit beiden Händen an meinen Schultern und drückte mich sanft auf die Liege zurück.

»Und jetzt dasselbe noch einmal. Diesmal ganz bewusst. Richte dich langsam wieder auf!«

Ohne Schwierigkeiten brachte ich meinen Oberkörper erneut in die Vertikale. Tränen der Freude liefen mir übers Gesicht. Arslan ließ mich diese Übung mit vor der Brust verschränkten Händen noch zehnmal wiederholen. Zum erstenmal seit vielen, vielen Jahren spürte ich wieder meine Bauchmuskeln.

Nach dem letzten Sit-up lief mir der Schweiß in Strömen am Körper hinunter. Es tat mir unendlich gut. Viele meiner verloren geglaubten Körperfunktionen waren tatsächlich zurückgekehrt, aber meine Beine waren noch taub und gefühllos. Noch. Zum ersten Mal seit einer Ewigkeit spürte ich, dass ein lange verschüttetes Gefühl wieder da war: die Hoffnung, mehr noch, die Zuversicht auf eine mögliche Heilung.

Arslan erhob wieder seine hypnotische Meditationsstimme.

»Bleib jetzt entspannt liegen und achte darauf, dass sich dein Atem wieder beruhigt. Achte auf deinen Atem und seine unsichtbare Essenz, das Prana. Fühle, wie das Prana, also die Lebensenergie, dein Herz erreicht. Bleib bei dem Gefühl und spüre, wie sie sich vom Herzen aus über den ganzen Körper ausbreitet. Fühle immer weiter, wie das Prana in dein Herz strömt und sich von dort im ganzen Körper verteilt. Bleib in diesem Gefühl, bis der Schlaf kommt und du in ihm ertrinkst.«

Er verstummte. Während ich mich auf das Ein- und Ausströmen meines Atems konzentrierte, nahm ich tatsächlich einen silbernen Schatten wahr, der mit dem Atem erst in meine Lunge und dann in mein Herz strömte, um sich von dort in meinem Körper auszubreiten. Er wurde leichter und leichter, aber ich wurde sehr müde und schlief ein. Doch es war kein Schlaf, sondern wieder ein Dämmerzustand. Ich sah mich auf der Liege, eingehüllt in Schichten von leuchtenden Farben. Ich erkannte viele violette Töne, zwischen denen deutlich orangene Flecken zu erkennen waren, die sich in ein sattes Gelb verwandelten. Überall waren grüne Einfärbungen zu erkennen, die sich immer weiter ausbreiteten und schließlich die anderen Farben überlagerten.

Ich sah Arslan neben der Liege stehen, der seine übereinandergelegten Hände langsam über meinen Körper gleiten ließ. Oberhalb meines Genitalbereichs hielt er inne, und ich bemerkte zu meinem Erstaunen, dass von dort aus ein helles rotes Licht strahlte. Arslan hielt seine Hände genau über die Lichtquelle. Ich beobachtete, wie ein blaues Licht aus seinen Handflächen strömte, das mit dem hellen Rot verschmolz. Das Rot färbte sich dunkel und sah jetzt viel satter und kräftiger aus. Arslans Hände wanderten weiter zu meinem Bauch, der schwach orange leuchtete. Wieder strömte blaues Licht aus Arslans Händen und vermischte sich mit dem Orange, das sofort viel stärker leuchtete. Die Hände glitten weiter zu einem Punkt etwas oberhalb meines Nabels, der ganz in dunkles Gelb gehüllt war. Diesmal schoss ein hellgrüner Lichtstrahl aus Arslans Handflächen, und das Gelb wurde hell und strahlte wie die Frühlingssonne. Die nächste Lichtquelle meines Körpers befand sich in meinem Brustkorb oberhalb meines Herzes. Sie leuchtete ganz schwach grün und rosa.

Aus Arslans Händen floss ein blaugelber Lichtstrom, und sofort erstrahlten auch diese Farben wieder in neuem Glanz. Arslan fuhr mit seinen Händen zu meiner Kehle, wo ein schmutziges graues Licht nur noch schwach flackerte. Ein gelb und orange eingefärbter Strahl schoss aus Arslans Handflächen, und das flackernde Grau verwandelte sich in ein konstant leuchtendes Hellblau. Als Nächstes wanderten seine Hände zu meiner Stirn, wo ich eine violette Stelle oberhalb meines dritten Auges erkannte. Diesmal strömte ein orange und gelb gefärbter Energiestrahl aus seinen Händen, und das Violett in meiner Stirn wurde noch kräftiger und satter. In diesem Moment erfasste mich ein starker Sog. Ich fiel in ein dunkles Loch. Es wurde schwarz um mich.

Ein sanftes Rütteln an meiner Schulter riss mich aus einem tiefen Schlaf. Ich öffnete die Augen und sah verwirrt in Arslans Gesicht. Es dauerte ein paar Sekunden, bis ich begriff, wo ich war, doch dann kehrte die Erinnerung schlagartig zurück.

»Habe ich lange geschlafen? Wie spät ist es?«

»Es ist bereits halb eins, aber der Schlaf war Teil der Therapie«, erwiderte Arslan zufrieden. »Kannst du dich daran erinnern, was du vor dem Einschlafen wahrgenommen hast?«

Mir fielen die merkwürdigen Farbphänomene ein. Ich erzählte Arslan von meinen Beobachtungen.

Er zog anerkennend die Augenbrauen hoch.

»Das hast du völlig richtig gesehen. Ich habe in der Tat deine Aura gereinigt. Das ist das bereits erwähnte merkwürdige Energiefeld, das deinen physischen Körper umgibt. Seine Farben zeigen an, wie du dich gerade befindest. Bei dir gab es sehr viel Grün, helles Gelb und Violett, daneben auch helles Rot und Orange. Das ist eine sehr aufschlussreiche Kombination. Helles Rot zeigt große Aktivität an. Orange deutet an, dass du kreativ sein willst. Es weist auf unterdrückte Gefühle hin, die sich nicht voll entfalten. Bei der Entfaltung wird es dann ein sattes Gelb, das bei dir auch noch zu sehen ist. Wenn der Übergang zu hellem Gelb erfolgt, ist das innerlich eine Veränderung zu vermehrtem Denken. Du hast auch viele violette Töne in deiner Aura, besonders an deinen Armen. Sie zeigen immer einen Bezug zu den jenseitigen Welten. Sie deuten an, dass jemand die normale Wahrnehmung verlässt. Wenn bei dir an den Armen violette Töne vorhanden sind, dann deshalb, weil du gerade mental arbeitest und in Kontakt mit deinen Geistkörpern bist. Das Wesentliche aber sind die Grüntöne, die alle anderen Farben bei dir überlagern. Grüntöne zeigen Heilungsprozesse und Harmoniefindung. Das heißt, wir sind auf einem sehr guten Weg.«

Ich erinnerte mich an noch etwas. »Ich habe zugesehen, wie deine Hände über meinen Körper gewandert sind und an sieben Stellen Energie in ihn hineingeleitet haben, die aus verschiedenen Farben bestand. Was war das denn?«

»Nun, ich arbeite immer an mehreren Schritten gleichzeitig. Während wir bei deinen inneren Reisen allmählich die Ursachen für deine Disharmonien herausarbeiten und sie auflösen, gebe ich immer wieder Heilenergie in deine Chakren, um sie zu harmonisieren. Diese Heilenergie hat bei jedem deiner Energiezentren eine andere Farbe, wie du gesehen hast, als du offensichtlich dein drittes Auge voll aktiviert hattest. Übrigens eine tolle Leistung. Wir machen erfreuliche Fortschritte auf allen deinen geistigen Ebenen. Und deshalb möchte ich gleich mal sehen, welche Auswirkungen es auf der physischen gibt.«

Er streckte mir seine Hand entgegen.

»Greif meine Hand und zieh dich hoch«, forderte er. Es gelang mir mühelos.

Arslan lächelte, als ich aufrecht und ohne zu schwanken auf der Liege saß.

»Und jetzt zieh mal dein rechtes Bein an und streck es wieder aus!«

Ich blickte ihn zweifelnd an, aber dann versuchte ich es. Perplex sah ich zu, wie ich auch diese Übung schaffte.

»Wunderbar«, lobte mich Arslan. »Nun dasselbe mit dem linken Bein.«

Aber so sehr ich mich auch mühte, es ließ sich nicht einen Millimeter bewegen und zu mir heranziehen. Schließlich gab ich es auf und sah Arslan traurig an.

»Das macht gar nichts. Das muss sogar so sein. Noch gibt es Konflikte in deinen Geistkörpern, die wir aufzulösen haben, damit wir deine dauerhafte und komplette Genesung erreichen.«

Er legte mir sanft seine Hand auf die Schulter. Dann fuhr er fort.

»Du bist vorhin während der Prana-Meditation eingeschlafen. Wenn es geschieht, dass du den unsichtbaren Atem im Herzen spürst, während der Schlaf dich übermannt, dann wirst du in deinen Träumen bewusst bleiben. Du wirst wissen, dass du träumst. Sobald du beim Träumen bewusst bist, kannst du deine Träume selbst steuern. Normalerweise geschieht der Traum einfach, und wir sind vollkommen machtlos. Aber wenn du dich beim Einschlafen erinnerst, wie das Prana dein Herz berührt, wirst du zum Meister deiner Träume. Du kannst träumen, was immer du willst. Du nimmst dir beim Einschlafen vor, was du träumen möchtest, und genau der Traum kommt.«

»Ist es nicht vollkommen nutzlos, Meister seiner Träume zu sein?«, fragte ich. Ich war immer noch überwältigt von meiner gerade erlebten neuen Beweglichkeit, und mein Geist schwebte durchs Universum. Doch ich hörte Arslans Worte klar und deutlich.

»Nein, es ist absolut nicht nutzlos. Wenn du nämlich Herr deiner Träume bist, wirst du gar nicht mehr träumen. Dann ist es absurd und überflüssig. Und wenn es keine Träume mehr gibt, bekommt dein Schlaf eine völlig andere Qualität. Stell dir vor, es gäbe eine Apparatur, die man am Abend vor dem Schlafengehen aufsetzt und die alles in deinem Verstand löscht. Wie ein Tonband eine Tonspur. Alles Aufgezeichnete wird entfernt. Wenn du dann am Morgen aufwachst, bist du nicht mehr derselbe Mensch, weil du dich nicht mehr erinnern kannst, wer gestern schlafen ging. Es klafft eine Lücke in deiner Erinnerung. Deshalb ist dieser traumlose Schlaf eine gute Methode, um die Spannungen in deinem Mentalkörper, deinem dritten Geistkörper, aufzulösen. Diese hängen nämlich mit deinen vorherigen Leben zusammen und sind die Summe von allem, was du bisher warst, und von allem, nach dem du dich je gesehnt hast. Deine gesamten Wünsche, Begierden und Ambitionen aus Tausenden von Leben stecken im dritten Körper. Er ist die Vorratskammer all deiner Sehnsüchte. Deshalb ist er der verspannteste Teil deines Wesens. Es gibt sogar Menschen, die nach Wunschlosigkeit streben. Das ist völlig absurd.«

»Warum soll das denn absurd sein?«

»Natürlich kannst du dich im dritten Körper nach Wunschlosigkeit sehnen. Das ist einer der stärksten Wünsche überhaupt. Dieser Wunsch ist jedoch sehr gefährlich. Er kann eine riesige Kluft zwischen dem, was ist, und dem, was du sein willst, erzeugen. Akzeptiere deshalb deine Wünsche so, wie sie sind. Sei dir darüber klar, dass du in unzähligen Leben unglaublich viele Wünsche gehabt hast. All diese Wünsche haben sich in deinem dritten Körper aufgestaut. Finde dich also damit ab, dass es sie gibt, und akzeptiere sie so, wie sie sind. Kämpfe bloß nicht mit deinen alten Begierden, indem du ein Verlangen nach Wunschlosigkeit anstrebst. Akzeptiere deine Wünsche als Teil deines veränderten Ichs. Sei dir bewusst, dass es voller Sehnsucht und Ambitionen ist. Aber identifiziere dich nicht mit deinen Wünschen, dann kannst du sie kommen und gehen lassen wie Wolken am Himmel. Das ist eine wunderbare Methode. Wenn du unendliche Mengen von Wünschen in dir akzeptieren kannst, wenn du in dem Meer von Wünschen schwimmen kannst, ohne dich gegen sie abzuplagen, wenn diese Bejahung und Akzeptanz lückenlos und authentisch sind, dann verschwindet der Wust in einem Augenblick. Es gibt ihn nicht länger, weil er nur durch die Spannung existiert. Die Spannung kann aber nur wegen des Begehrens nach Wunschlosigkeit erhalten bleiben. Also eines ständigen Begehrens dessen, was nicht ist. Selbst wenn du Wunschlosigkeit willst, erzeugst du das notwendige mentale Klima, in dem die Spannung existieren kann. Die Meute deiner ehemaligen und aktuellen Wünsche und Begierden tritt wie vom Rattenfänger von Hameln gerufen auf den Plan, wenn du dich im dritten Körper nach Wunschlosigkeit sehnst.

In dem Moment, in dem du deine Wünsche akzeptierst, entsteht augenblicklich Wunschlosigkeit. Du findest dich mit dem Gegebenen ab und wirst ruhig. Es gibt nichts mehr zu begehren, es gibt keinen Wunsch mehr. Du akzeptierst alles, wie es ist, selbst deine Begierden. Die Wünsche verdunsten, obwohl du nichts gegen sie unternommen hast. Im Gegenteil. Du hast sie akzeptiert. Wenn du das schaffst, entspannt sich dein dritter Körper und wird gesund.«

Arslan sah auf seine Uhr.

»O je, wie die Zeit vergeht. Es ist bereits kurz vor eins. Ich bringe dich jetzt ins Hotel. Fatma holt dich morgen früh um zehn wieder ab, und dann geht es weiter. Ich glaube, es reicht für heute. Ganz schön schwieriger Stoff, nicht wahr?«

Ich schüttelte den Kopf.

»Nein, nicht wirklich. Ich habe das Gefühl, dass du nur lange verschüttetes Wissen aus mir hochholst. Als würdest du Türen zu Räumen meines Verstandes öffnen und mir uralte Erkenntnisse zeigen, die ich dort gelagert und schlicht vergessen habe. Es macht mir sogar Spaß, dir zuzuhören, und ich bin dir sehr dankbar, dass du dir so viel Zeit nimmst, mir das alles so ausführlich zu erläutern.«

»Das mache ich doch gerne. Schließlich bin ich ein Freund der Mitteilung. Du sollst genau verstehen, woran wir arbeiten. Und es gehört zu deiner Therapie. Aber jetzt gibt's eine schöpferische Pause. Und morgen früh geht's weiter.« »Klar Meister, ganz wie du wünschst.«

Als wir im Aufzug hinunterfuhren, zuckten plötzlich meine Zehen des linken Fußes, und er hüpfte von seinem Pedal.

»Sieh mal an. Sie bewegen sich doch! Da werden wir uns morgen gleich ausführlich den Spannungen in deinen anderen Geistkörpern widmen. Mit unseren spezialisierten Helfern, die sie auflösen können. Wenn das gelingt, werden die Auswirkungen phänomenal sein.«

Arslan bückte sich, nickte meinem Fuß zu und stellte ihn zurück aufs Pedal.

In der Halle erwartete uns Melek, die wie immer mit dem Concierge schwatzte. Arslan begrüßte sie freundschaftlich. Dann verabschiedete er sich von uns allen und verließ das Hotel.

Melek hatte mich gewaschen, ins Bett gebracht und auf meinen Wunsch die Vorhänge zurückgeschoben. Bevor sie das Zimmer verließ, hatte ich ihr mitgeteilt, dass ich sie heute nicht mehr benötigen würde. Sie sollte erst morgen früh um acht wieder erscheinen. Ich hatte beschlossen, es mir in meiner Suite gemütlich zu machen, mich kulinarisch verwöhnen zu lassen, fernzusehen und zu schlafen.

Nun saß ich aufrecht in meinem Bett und genoss den Ausblick über die unter mir liegende Bucht. Links von mir stand ein Tablett mit zwei großen Tellern, auf denen sich Fladenbrot mit Schafskäse und Tomaten, Bulgursalat sowie Cacik mit Minze befanden. Rechts von mir standen ein gefülltes Weinglas und ein silberner Eiskühler, aus dem eine Flasche Wein aus Narince-Trauben herausschaute. Diesen köstlichen Snack hatte ich mir vom Roomservice zur Feier des Tages aufs Zimmer bringen lassen. Das Aufrichten auf der Liege, das Heranziehen und Ausstrecken meines rechten Beines und das deutlich gefühlte Zucken der Zehen meines linken Fußes waren Anlass genug. Ich war sehr gespannt, was die für morgen geplante Auflösung der Spannungen in meinen Geistkörpern in meinem physischen Körper bewirken würde. Mit Heißhunger verschlang ich die türkischen Speisen und trank dazu genüsslich den gekühlten Wein. Ich fühlte mich göttlich. Offenbar war ich meiner inneren Ekstase und damit meiner Selbsterkenntnis ein gutes Stück nähergekommen.

Mein Geist schwebte davon und war bereit, eine Reise ins Universum zu unternehmen. Aber nicht allein. Ich dachte an den Karpfen, der auch prompt erschien.

»Halte dich an meiner Rückenflosse fest, dann geht es los«, rief er mir zu. Er schien zu wissen, was ich von ihm wollte. Genauso elegant, wie er durchs Wasser geschwommen war, bewegte er sich jetzt durch den Äther. Nur dass er sich diesmal mit einer unglaublichen Geschwindigkeit bewegte. Bestimmt war er schneller als eine Rakete unterwegs. Wir schossen an Galaxien und Planeten vorbei, die wie strahlende Punkte aussahen.

»Ich weiß, du willst das sehen, was Menschen als Hölle bezeichnen«, sagte der Karpfen zu meinem Erstaunen. Das heißt, eigentlich war es kein Erstaunen. Längst hatte ich begriffen, dass mein Reiseführer ein Teil von mir war und genau wusste, was ich dachte und fühlte.

Wir rasten auf einen blauen Himmelskörper zu, der ähnlich aussah wie unsere Erde. Unvermittelt stand ich vor einem schneeweißen Palast, der mit seinen vielen Kuppeln, Türmchen und kunstvoll verzierten Fenstern aus den Erzählungen von »Tausendundeine Nacht« hätte stammen können. Neugierig ging ich auf das Eingangstor aus rötlichem Edelholz zu. Es war nur angelehnt. Ich öffnete die Pforte einen Spaltbreit und warf einen Blick in das Innere. Ich schaute in eine riesige Halle, die in ein samtiges rotes Licht getaucht war. Fassungslos riss ich die Augen auf. In ihr fand gerade eine Massenorgie statt.

Auf Betten und Diwanen wälzten sich ineinander verschlungene Pärchen. An den Wänden hingen alle möglichen Gerätschaften zur Steigerung ihrer Lust. Die zahllosen Spiegel des Saals reflektierten alle Varianten des Sexes, die hier ausgetobt wurden. Nachdem sich meine Augen an das schummrige Licht gewöhnt hatten, konnte ich Einzelheiten erkennen. Verblüfft stellte ich fest, dass sich hier extrem hässliche, geradezu abstoßende Menschen beiderlei Geschlechts mit wunderschönen Gespielen und Gespielinnen vergnügten. Die Frauen sahen aus wie Schönheitsköniginnen und die Männer wie Dream Boys. Verwirrt drehte ich mich zu dem Karpfen um, der hinter mir in der Luft schwebte.

»Wie jetzt? Das soll eine Hölle sein?«

Er forderte mich auf, wieder aufzusteigen. Kaum saß ich auf seinem Rücken, ertönte ein ohrenbetäubender Knall. Wir stiegen langsam, aber stetig höher. Die Teilnehmer der Orgie stürzten nackt, wie sie waren, aus dem Palast, um zu sehen, was passiert war.

Dann geschah es: Plötzlich sah ich nicht mehr die anmutigen Körper und schönen Gesichter der Lustknaben und Gespielinnen. Sie hatten sich in schleimige Lurche und Kröten verwandelt, die mit ihren geschlitzten grünen und gelben Glubschaugen unsere Flugbahn verfolgten. Zwischen ihnen standen die ahnungslosen Menschen, die von all dem offensichtlich nichts mitbekamen. Einige von ihnen hielten die glitschigen und warzigen Körper der Amphibien eng umschlungen. Andere hatten deren Gliedmaßen ergriffen, während sie teilnahmslos zu uns heraufblickten.

»Wieso haben die sich verwandelt?«, fragte ich den Karpfen entsetzt und angeekelt. »Das ist ja scheußlich.«

»Das sind die Produkte ihrer Begierden. Wenn du eine Inkarnation beendest, werden dir nicht automatisch alle Freiheiten genommen, du hast immer noch die Wahl, in welchem Misthaufen du landen möchtest. Kraft der Fähigkeiten, die jedem nach Verlassen seines physischen Körpers sofort zur Verfügung stehen, kann sich jeder seine eigene Hölle bauen, indem er weiterhin an seinen Begierden festhält. Die Habgierigen können sich eine Welt schaffen, in der sie nur auf ihresgleichen treffen. Dort können sie den ganzen Tag Geschäfte machen und sich gegenseitig betrügen. So wie es auch in ihrer letzten Inkarnation ihr Lebenszweck war. Die Machthungrigen können sich eine Welt schaffen, in der sie tagaus, tagein Herrscher spielen und ihre Umgebung tyrannisieren können. Und die Erotomanen und Nymphomaninnen schaffen sich eben eine Umgebung, in der sie den ganzen Tag ihrer Lust und ihren perversen Leidenschaften frönen können. Sie alle bleiben so lange in diesen von ihnen selbst erschaffenen Höllen, bis sie erkennen, dass sie sich eine Welt des Scheins erzeugt haben, in der eine Entwicklung zum Göttlichen unmöglich ist. Erst wenn sie das erkannt haben, bekommen sie die Chance einer neuen Inkarnation zur Auflösung ihrer Begierden und ihrer karmischen Verknüpfungen …«

Seine Stimme wurde schwächer und verstummte. Die Bilder vor meinem inneren Auge verschwammen. Ich fiel in einen tiefen Schlaf.

11 Ich weiß, dass meine Krankheit immer nur ein Ruf nach Liebe war. Ich bin erhört worden, und mir wird gegeben, was ich mir bisher vorenthalten habe.

Ausgeruht und erfrischt erwachte ich am nächsten Morgen um acht, als Melek erschien und mich aus dem Bett holte. Ich hatte sage und schreibe achtzehn Stunden geschlafen. Als ich Arslan zu Beginn unserer Sitzung davon berichtete, erklärte er mir, dass in meinem Körper gerade gewaltige Veränderungen stattfänden. Damit diese ungestört ablaufen könnten, sei ich ruhiggestellt worden. Es gefiel mir zwar nicht besonders, dass über mich verfügt wurde, ohne mich zu fragen oder zu informieren. Aber ich beschloss, nicht weiter nachzuhaken. Stattdessen erzählte ich Arslan von meiner Reise mit dem Karpfen. Ich schilderte ihm alles, was er mir gezeigt hatte, und zitierte, was er über Höllen gesagt hatte.

»Da hat er völlig recht, der Karpfen. Das Prinzip des sogenannten Teufels ist List und Täuschung. Aber genug von dieser Chimäre. Wie versprochen, möchte ich dir nun einiges über die Spannungen in deinen Geistkörpern erzählen. Bist du bereit dafür?«

Ich nickte, und er begann.

»Der physische Körper braucht den Atem so wie Essen und Trinken, um Prana aufnehmen und leben zu können. Die Nahrung des zweiten, des Astralkörpers ist die Liebe. Wenn du in der Gegenwart, in diesem Augenblick lieben kannst, dann entspannt er sich, und es geht ihm gut. Aber du kannst nur dann im Hier und Jetzt liebevoll sein, wenn deine Liebe nicht mit einer Erwartung oder Forderung verknüpft ist. Wenn du nur einen einzigen Menschen liebst und sonst niemanden, erschaffst du dir Bedürftigkeit. Ist deine Liebe nur auf eine Beziehung beschränkt, ist sie tatsächlich beschränkt. Denn wenn du nur einen bestimmten Menschen liebst, heißt das, dass du vor allem Sehnsucht spürst, wenn er nicht anwesend ist. Dann bist du stundenlang voller Sehnsucht und fühlst dich nur geborgen, wenn dein Liebster präsent ist. Diese eingeschränkte Art von Liebe ist eine Illusion, eine Täuschung. Die Konsequenz ist, dass dein Astralkörper hungert und erkrankt.«

›O je, wie oft hatte ich mich einer solchen Illusion hingegeben‹, schoss es mir durch den Kopf.

»Wenn du gesund bist, bist du vierundzwanzig Stunden gesund. Es ist nicht möglich, ein paar Stunden gesund und den Rest der Zeit krank zu sein. Gesundheit ist keine beschränkte Vorstellung, sondern ein Seins-Zustand. Auch die Liebe ist ein Gemütszustand. Bist du wirklich liebevoll, bist du es zu jedermann. Und nicht nur zu Personen, sondern sogar Dingen gegenüber. Deine Liebe strömt auch zu Gegenständen. Selbst wenn du alleine bist, wenn niemand da ist, bist du liebevoll. Es ist genau wie das Atmen. Wenn du nur atmen würdest, wenn der geliebte Mensch da ist, stirbst du.

Liebe ist für den Astralkörper so wesentlich wie Atmen für den physischen Körper. Es ist also sehr gefährlich, nicht zu lieben. Die Art von Liebe, die sich auf dieser Welt bei den

Menschen eingebürgert hat, ist in Wirklichkeit sehr riskant. Selbst Krankheit hat nicht zu so viel Leid und Verderben geführt wie diese sogenannte Liebe. Denk nur einmal an Shakespears ›Romeo und Julia‹, zum Schluss gibt es jede Menge Leichen.

Nur wenn du fähig bist, egal zu wem, liebevoll zu sein, dann wird dein Astralkörper einen Sinn fürs Wohlbefinden entwickeln. Du wirst eine positive Gelöstheit und Gelassenheit fühlen. Dann gibt es keine Albträume mehr, nur noch Poesie.

Wahre Liebe hat nichts mit deinem veränderten Ich zu tun. Es verlangt immer nach Macht und Anerkennung, deshalb kann seine Liebe nur gewalttätig und fordernd sein. Das ist aber keine wahre Liebe. Es ist lediglich ein trügerisches Gefühl, das unweigerlich zu ständigem Kampf und Krieg führen wird.

Erst wenn Liebe zu deiner geistigen Verfassung, zu deinem Gemütszustand wird, kommt dein zweiter Körper zur Ruhe und entspannt sich.«

Arslan streckte seine Arme in die Höhe und ließ sie locker fallen.

»Über die Spannungen des dritten Körpers haben wir bereits gestern ausführlich gesprochen, deshalb können wir uns gleich dem vierten zuwenden. Der vierte Körper ist der mentale Körper. Was im dritten Körper die Begierden und Wünsche sind, die die Spannungen erzeugen, sind im Mentalen die Gedanken. Du bist voller gegensätzlicher Gedanken, die dich pausenlos wie Affen anspringen. Jeder Einzelne führt sich auf, als sei er dein Herr, nach dessen Pfeife du zu tanzen hast. Ohne Gedanken zu sein, aber nicht im Schlaf oder unbewusst, sondern ein gedankenfreies Bewusstsein zu haben, das führt zur Entspannung des vierten Körpers. Das ist seine Gesundheit, sein Wohlbefinden.«

»Aber wie soll das gehen? Wie soll man bewusst und frei von Gedanken sein? Es werden doch ständig neue Gedanken erzeugt.«

»Ja, das stimmt. Jeden Moment versucht ein Teil deiner Vergangenheit auf deine Gegenwart überzugreifen, sie mitzubestimmen. Das führt zu großen Konflikten. Du hast dich geändert und glaubst jetzt an etwas völlig anderes, aber die Vergangenheit ist immer noch da. Du kannst Kommunist werden, aber du hast deine islamische Erziehung nicht abgeschüttelt. Sie ist nach wie vor in dir. Du kannst dich auf etwas Neues konzentrieren, und deine Gedanken ändern sich. Aber die jetzt unliebsamen, ausgeschlossenen, alten Gedanken lauern im Hintergrund. Du nimmst sie nicht mehr wahr, aber sie warten auf ihre Chance. Und die Chance kommt irgendwann. In einer Zeitspanne von vierundzwanzig Stunden wird es immer Momente geben, in denen du wieder eine Muslima bist. Und dann irgendwann wieder zur Kommunistin wirst. Das geht immer so weiter, ein ständiges Hin und Her. Und das Ergebnis ist völlige Verwirrung über deine Identität und eine totale Verspannung in deinem mentalen Körper.

Du wirst dieses Chaos von kreuz und quer schießenden Gedanken nur los, wenn du auch Gedanken, die dir nicht gefallen, akzeptierst und nicht nur dir angenehme Gedanken bevorzugst.

Nur wenn du deine Gedanken nicht bewertest, löst sich deine Verwirrung auf. Du musst neutral bleiben und deine Gedanken, ohne sie zu bewerten, akzeptieren. Nur dann lösen sich die Konflikte im vierten Körper auf.

Um das zu erreichen, musst du damit anfangen, dein ganzes Denken bewusst wahrzunehmen. Wie dir auch der Karpfen erklärt hat, musst du zum Zeugen werden und deine Gedanken beobachten, als gingen sie dich nichts an. Dann bist du nicht mehr mit ihnen und vor allem nicht mehr mit deinem Verstand identifiziert.«

Ich runzelte die Stirn und sah ihn zweifelnd an.

»Ja, ich weiß, das fällt dir nicht leicht. Du kennst deinen Intellekt als etwas, das über den physischen Körper hinausgeht. Deshalb hast du das als Möglichkeit erkannt, nicht mit deinem ersten Körper identifiziert zu sein. Dein Verstand verleiht dir ein Machtgefühl über den physischen Körper, und dein verändertes Ich bläht sich mal wieder auf.

Aber wenn du zum bewussten Beobachter deiner Gedanken wirst, begreifst du allmählich, dass der Verstand nichts als eine Anhäufung von Gedanken ist, mit der du dich nicht identifizieren musst. Dein Intellekt ist nichts als ein Mechanismus, ein Computer und eine Lagerhalle, angefüllt mit deinen vergangenen Erfahrungen und mit deinem alten Wissen.

Alles acqua passata, wie der Italiener sagt. Längst vorbeigeflossenes Wasser. Es gibt keinen Grund mehr, sich daran zu erinnern. Im vierten Körper musst du begreifen, dass du nicht identisch bist mit deinem Verstand. Du brauchst ihn nicht und kommst ohne ihn aus. Du kannst dir die Vorgänge in deinem Verstand bewusst machen, weil du nicht mit ihnen identisch bist. Sie sind nicht dein wahres Ich. Du bist mehr als er. Dein Gehirn, dein Intellekt sind genauso nur ein Teil deines physischen Körpers, wie deine Nieren und seine sonstigen Organe. Theoretisch könnte dein Gehirn sogar transplantiert werden. Der Empfänger könnte mit deinem Gehirn genauso leben wie mit deiner Niere. Er bliebe derselbe Mensch, aber sein Verstand und seine Gedanken hätten sich geändert.«

Das konnte ich kaum glauben. Ich öffnete den Mund, aber Arslan ließ mich nicht zu Wort kommen.

»Der vierte Körper gesundet durch Bewusstsein, durch Klarheit und Gewahrsein. Um ihn zu heilen, müssen wir daran arbeiten, dass du zum Zeugen deiner Gedanken wirst, wie du es bei der Meditation zur Aktivierung deines dritten Auges schon erlebt hast. Aber das soll nicht nur während der Meditation geschehen, sondern in jedem Augenblick deines Lebens. Das erzeugt den Zustand, der zur Entspannung des vierten Körpers führt. Die Aktivierung deines dritten Auges ist ein guter Anfang. Aber du musst es den ganzen Tag eingeschaltet lassen. Dann bist du immer ein bewusster Beobachter, und dein vierter Körper wird wieder ganz gesund. Das ist doch sehr einfach, nicht wahr?«

»Na ja, das klingt theoretisch sehr unkompliziert, aber so simpel ist es wohl doch nicht. Ich merke nämlich gar nicht, dass ich mein drittes Auge wieder ausschalte. Anscheinend muss ich mich den ganzen Tag auf diesen Punkt auf meiner Stirn konzentrieren, damit es aktiviert ist und ich meine Gedanken im Zaum halten kann. Wie soll das gehen?«

»Wenn du regelmäßig deine Übung zur Aktivierung deines dritten Auges machst, wird es immer länger in Betrieb sein. Wie ein Mobile schwingt es immer länger nach, sodass du die Abstände zwischen den Übungen immer mehr vergrößern kannst. Am Anfang solltest du einmal pro Stunde diese Übung machen. Irgendwann wird es ausreichen, wenn du sie einmal am Tag machst. Und am Ende brauchst du sie gar nicht mehr auszuführen, weil dein drittes Auge permanent geöffnet sein wird.«

»Hm, das klingt ja schlüssig und wirklich nicht kompliziert. Heißt das konkret, dass ich jetzt sofort mit der stündlichen Übung beginnen soll?«

»Natürlich. Du fängst heute nach dem Mittagessen an, bevor du deine Siesta hältst. Und dann wirst du sie stündlich wiederholen, fünf Minuten reichen völlig aus.«

»Okay, das mache ich gerne«, sagte ich. »Nach der Übung fühle ich mich nämlich jedes Mal total gelöst und heiter. Und was genau sind die Spannungen des fünften Körpers? Gibt es da auch so ein einfaches Mittel zur Auflösung seiner Spannungen?«

Arslan lächelte.

»Der fünfte Körper ist der erste spirituelle Körper. Er verspannt sich, wenn du dich selbst nicht kennst. Solange du in deinen ersten vier Körpern unterwegs bist, weiß dein wahres Ich ganz genau, dass du dich nicht wirklich kennst. Du gehst durch dein Leben, unternimmst ständig irgendetwas, aber du wirst immer von dem Gefühl begleitet, dass du keine Ahnung hast, wer du bist. Du weißt, dass du nichts weißt. Das ist die Ruhelosigkeit, die Erkrankung des fünften Körpers. Diejenigen, die an den Tempel in Delphi ›Erkenne dich selbst!‹ geschrieben haben, arbeiteten im fünften Körper. Für den fünften Körper ist diese Selbsterkenntnis das, worauf es ankommt. Die Spannung im fünften Körper besteht aus der Kluft zwischen Erkennen und Unwissenheit. Ich spreche von Erkennen und nicht von Wissen. Wissen kannst du dir aus Büchern aneignen. Du hast immer noch keine Ahnung, glaubst aber, dass du etwas weißt. Erkennen kannst du dir nirgendwo borgen, das musst du selbst erfahren.

Und jetzt kommt das Problem.

Hältst du nämlich an diesem Wissen fest, kommt es zu großen Spannungen im fünften Körper. Deshalb ist es besser, unwissend zu sein und sich darüber im Klaren zu sein, dass man nichts weiß und keine Ahnung hat. Das birgt zwar auch eine Spannung, aber diesmal spürst du sie und kannst versuchen, sie aufzulösen. Sobald du anfängst, nach der Wahrheit zu suchen, ist Erkenntnis möglich. Solange du in deinem Wissen verharrst, nicht.«

»Nach der Wahrheit suchen? Das ist doch eine Lebensaufgabe.«

»Weil du existierst, ist eins gewiss: Du bist jemand, der die Wahrheit erkennen kann. Es mag sein, dass du bisher nur

Illusionen hattest und dass du bis jetzt alles falsch erkannt hast. Doch du hast etwas erkannt – und darauf kommt es an. Man kann also zwei Dinge als selbstverständlich annehmen: deine Existenz und deine Fähigkeit zur Erkenntnis. Um die Wahrheit zu erkennen, musst du dein Bewusstsein, dein Gewahrsein erhöhen, indem du jeden Augenblick zu einer Meditation werden lässt. Lebe gelöst und natürlich, sprenge deine Prägungen und wirf deine alten Rituale ab. Folge deinem wahren Selbst und sei authentisch. Werde zu einem bewussten Beobachter, und du erkennst in jedem Moment deines Lebens seine Bedeutung, seine Einmaligkeit, seine Schönheit – und seine ihm innewohnende Wahrheit.

Damit hast du eine weitere Stufe zur Kristallisation deines wahren Ichs erklommen. Aber eine elementare Sache zu seiner Kristallisierung fehlt noch: deine Glückseligkeit. Das essenzielle Wesen des Menschen umfasst nämlich drei Dimensionen: Existenz, Bewusstsein und Glückseligkeit. Die Glückseligkeit, die Ekstase, ist in deinem Innern verborgen. Erst wenn du die Glückseligkeit findest, erkennst du dich selbst.«

Unwillkürlich fuhr ich mit der Hand über meine Brust. Arslan registrierte es, schmunzelte kurz und fuhr fort.

»Das heißt, dein verändertes Ich verschmilzt mit deinem wahren Ich. Du kannst dich nicht wirklich erkennen, bevor du deine Glückseligkeit entdeckt hast. Das wird der schwierigste Teil deiner Heilung werden, meine Schöne. Und dazu brauche ich sehr kompetente Helfer. Kannst du dich an den Professor erinnern und die sieben Tiere, die du auf der Almwiese kennengelernt hast?«

»Na klar.« Wie könnte ich die vergessen!

»Sie sind die Boten, die dir helfen, mit deinem wahren Ich zu kommunizieren. Offen, authentisch und schonungslos. Doch immer voller Liebe. Und noch etwas. Sie sind ein Maßstab für den Zustand deiner Energiezentren. Ihr körperlicher

Zustand, in dem sie sich dir zeigen, zeigt dir nicht nur an, in was für einer Situation sie sich befinden, sondern auch wie du mit ihnen umgegangen bist. Hast du sie vernachlässigt oder bist seit deiner Kindheit überhaupt nicht mehr mit ihnen in Verbindung getreten, sehen sie krank und schwächlich aus. Dein Karpfen zum Beispiel sieht ziemlich schwach und verwundet aus. Wie ich dir schon sagte, lebt er in deinem Wurzel-Chakra, das mit deinem Sex und deiner Fruchtbarkeit in Verbindung steht. Du warst nie schwanger und hattest auch nie den Wunsch, ein Kind zur Welt zu bringen. Weil du ihn nie um Rat gefragt hast, hast du ihm Verletzungen zugefügt.

Stell dir vor, dass in dir Mohammed, Buddha, Jesus, Sokrates und Laotse gleichzeitig wohnen. Die besten Berater, die man sich wünschen kann. Und du bist so dumm, dass du sie nie um Rat fragst, wenn du eine wesentliche Entscheidung für dein Leben fällst. Stattdessen folgst du lieber deinen willkürlichen Launen, die von deinem veränderten Ich gesteuert werden.

Das alles geschieht vor den Augen deiner weisen Ratgeber, die dabei tatenlos zusehen müssen. Irgendwann sind sie sehr gekränkt, dass sie sich um eine derart unbewusste Person kümmern sollen, die sie nicht nur komplett missachtet, sondern sie auch noch durch ihre falschen Entscheidungen und wirre Lebensweise verletzt und schwächt. Sie kommen sich einerseits vollkommen überflüssig und andererseits auch noch bedroht vor und beschließen, ihre Dienste einzustellen und die Leistung der Energiezentren zu reduzieren, um deine gefährlichen Aktivitäten einzuschränken. Deine Lebensenergie wird nicht mehr gleichmäßig im ganzen physischen Körper verteilt, sondern in den Chakren blockiert. Die Konsequenz ist, dass das Prana nicht mehr alle Stellen deines Körpers erreicht. Nach und nach fallen die Funktionen deiner Gliedmaßen aus, und irgendwann landest du im Rollstuhl. Wie du es am eigenen Leib erfahren hast. Es ist also dringend erforderlich, dass du dich mit ihnen in Verbindung setzt. Du wirst sehen, sie sind nicht im Geringsten nachtragend und wütend. Ihre geistige Verfassung ist reine Liebe und Mitgefühl. Sie freuen sich sehr auf dich.«

»Bist du dir da sicher? Wo ich sie doch so schlecht behandelt habe?« Mitleid hatte mich ergriffen.

»Aber ja. Nun schließe wieder die Augen, atme tief und ruhig. Entspanne dich mit jedem Atemzug. Rufe jetzt dein Herz-Tier herbei, das als dein Vermittler zu den anderen Tieren dient.«

Stille trat ein.

Ich machte die Entspannungsübung. Als ich mich in meinem Alphazustand befand, rief ich mit meiner Gedankenstimme:

›Tier meines Herzens, komm bitte zu mir und sprich mit mir.‹

Wie aus dem Nichts stand wieder der Teddybär vor mir. Er tapste aufgerichtet auf mich zu und umarmte mich, wie bei unserer ersten Begegnung. Sein Fell duftete immer noch nach Wald.

»Was siehst du gerade?«, erkundigte er sich.

Ich sah mich vor meinem Elternhaus stehen. Auf einmal bemerkte ich ein starkes Gefühl, das mein Mitleid verdrängte. Es war eindeutig ein Gefühl der Wut und des Zorns.

»Lass das Gefühl zu und gehe tief hinein«, vernahm ich die Stimme des Bären.

Ich akzeptierte meinen Zorn, den ich wie eine rote Welle wahrnahm, die sich in meinem Körper ausbreitete. Plötzlich hörte ich eine Wölfin knurren. Verblüfft sah ich ihre Schnauze aus meinem Gesicht ragen, mit hochgezogenen Lefzen und weiß blitzenden, gewaltigen Zähnen. Mir wurde klar, dass das eine Dimension meines wahren Ichs war, die immer in mir verborgen war, aber unterdrückt. Es waren die wilden Instinkte dieser Wölfin, die mich überkamen, wenn ich mit anderen Kindern und später mit anderen Menschen zusammen war. Starke Gefühle der Bedrohung, aber auch der Stolz auf die Fähigkeit zur Verteidigung des eigenen Bereichs. Und das Bewusstsein meiner eigenen Kraft und Wildheit. Doch in meiner Kindheit war mir nicht gestattet worden, diese wölfische Seite von mir zuzulassen.

Ich verstand mit einem Mal, dass sich meine Eltern diese Gefühle selbst nicht erlaubt hatten. Ständig redeten sie mir deshalb ein, ich wäre schwach und müsste mich nach ihnen und den anderen Kindern richten. Schon damals, als kleines Mädchen, empfand ich es, als würden meine Eltern mich in einen Käfig sperren. Sie unterdrückten den wichtigen Teil von mir, der seine Grenzen kennenlernen und abstecken wollte. Immer wieder war ich hart bestraft worden, weil ihnen der wilde, forschende und wölfische Teil meines Charakters suspekt war und ihnen vielleicht sogar Furcht einflößte.

Ich sah zu, wie die Wölfin aus mir heraustrat und ein paar Artgenossen begrüßte. Erst heulte jeder ein paarmal. Dann gingen sie aufeinander zu und beschnüffelten sich. Schließlich tollten sie miteinander auf einer Wiese herum.

Mein Vater hatte mir nie diese zaghafte, allmähliche Form der Annäherung an andere Kinder erlaubt. Er ließ mich höchstens aus dem Haus, wenn ich spät am Nachmittag alles zu seiner Zufriedenheit erledigt hatte, was selten genug vorkam. Die Spiele der anderen Kinder waren dann bereits im vollen Gange. Ich musste ihnen zuschauen und durfte nur mitspielen, wenn ein Kind nach Hause ging und die anderen noch jemand für ihr Spiel brauchten. Spätestens nach zwei Stunden musste ich wieder zu Hause sein. All die kindlichen Gespräche, Herausforderungen und Wettkämpfe, bei denen man sich langsam kennenlernte, blieben mir verwehrt. Ich war während meiner gesamten Kindheit und Jugend eine Außenseiterin. Daher fühlte ich mich immer sehr hilflos, wenn ich mit anderen Kindern spielte. Ich kannte ihre Stärken und Schwächen nicht, weil mir das langsame Kennenlernen fehlte.

Ohne Vorwarnung spürte ich einen starken Schmerz in meinem Kiefer und meinen Ohren. Er signalisierte mir, dass die mich kontrollierende Präsenz meines Vaters immer noch da war. Plötzlich dachte ich wieder daran, ein braves Mädchen in seinem Sinne zu sein, und ich erinnerte mich an seine Strenge und Härte. Etwas brach in mir auf. Es fühlte sich an, wie eine schwere Verletzung meines Geistes. Eine tiefe Wunde, die ich vergessen, aber unbewusst ständig wahrgenommen hatte. Die mich ständig an meine Außenseiterrolle erinnerte, wenn ich mit anderen Menschen zusammen war. Die Wölfin kam angelaufen und baute sich vor mir auf.

»Jetzt hast du es verstanden. In dieser Verletzung liegt ein wesentlicher Grund für deine Zurückhaltung. Und die hat dazu geführt, dass du dich in deinem Rollstuhl verkrochen hast. Du denkst, er gibt dir Schutz und Sicherheit, weil dir alle Menschen mitleidig und voller Anteilnahme begegnen«, stellte sie fest.

Ich sah sie verblüfft an. Aber bevor ich sie fragen konnte, wie sie zu dieser Annahme käme, drehte sie sich um und lief auf eine Wildnis zu, die mir sehr bekannt vorkam. Im nächsten Augenblick sah ich aus der Vogelperspektive, wie die Wölfin mein Elternhaus umkreiste, das mitten in dieser Wildnis lag. Es war das Haus, in dem ich geboren wurde und in dem wir gelebt hatten, bevor mein Vater das Hotel in Bodrum übernahm. Ein kleines Ziegelsteinhaus mit fünf winzigen Zimmern, das er eigenhändig gebaut hatte. Es war umgeben von dichtem Wald und ein paar Feldern, zwischen denen ein breiter Bewässerungsgraben in einiger Entfernung hinter unserem Haus verlief.

Die Wölfin rannte spielerisch und frei in der Natur herum. Auf einmal verstand ich, dass diese schöne Landschaft mein eigentliches Zuhause gewesen wäre. Aus meiner übergeordneten Perspektive wurde mir in diesem Augenblick bewusst, wie eng und begrenzt dagegen mein Elternhaus war. Wie meine ganze Kindheit und Jugend. Statt wie die Wölfin frei umherzustreifen und meine Umgebung zu beschnüffeln und kennenzulernen, hatte ich eingekerkert in diesem kleinen Haus und mit den limitierten Vorstellungen meiner Eltern gelebt. Mein Elternhaus, das ich aufgrund meiner Erziehung als einen sicheren, mich beschützenden Ort empfunden hatte, war in Wirklichkeit ein Gefängnis und der gefährlichste Ort meines Lebens. Alles, wovor ich pausenlos gewarnt und was mir verboten wurde, war der natürliche Lebensraum der Wölfin, der auch meiner hätte sein sollen. Ich begriff, dass meine Eltern die Charaktereigenschaften der Wölfin, die auch die Eigenschaften meines wahren Ichs waren, bekämpft und schließlich völlig unterdrückt hatten. Bis diese, wie der Rest meines wahren Ichs, tief in mir verschüttet worden waren und mein verändertes Ich zum Vorschein kam und die Herrschaft über mein Denken und Handeln übernahm.

Jäh verwandelte sich die Wölfin in einen Luchs. Er sah schlau und geheimnisvoll aus. Die gerade gewonnenen Erkenntnisse ermutigten mich, und ich fragte ihn, was er mich lehren wollte. Er antwortete nicht, sondern lief vor mir her und nahm mich mit in seinen Bau. Dort erwarteten uns sein Weibchen und zwei Junge. Ich nahm den starken Geruch der Luchsfamilie wahr und konnte verschiedene Ausdünstungen unterscheiden: Da gab es den der Jungen und den des Weibchens. Dann waren da ein angenehm süßlicher Geruch und der unangenehme Dunst von Urin und Kot. Die Gerüche einer Tierfamilie.

Die Luchse akzeptierten mich ohne Vorbehalte. Die beiden Erwachsenen beschnupperten mich sehr gründlich am ganzen Körper. Plötzlich hatte ich eine merkwürdige Idee: Ich wollte von dem Luchs wissen, ob ich in ihn hineinschlüpfen dürfte. Er stimmte sofort zu, und ich verschmolz mit ihm.

Unaufhörlich beschnüffelten wir weiter meinen ganzen Körper, von den Zehen bis zu meinen Haaren. Wir waren sehr gründlich und ließen keine einzige Stelle aus. Zum ersten Mal konnte auch ich meinen eigenen Geruch wahrnehmen, der mir auf Anhieb sehr gut gefiel. Ich lernte die verschiedenen Ausdünstungen meines Körpers kennen. Sie erschienen mir viel angenehmer und wohlriechender als alle Parfums und Deodorants, die ich jemals benutzt hatte.

Ich erkannte, wie reich die Welt des mich beschnuppernden Luchses mit seinem ausgeprägten Geruchssinn war. Wie leicht zugänglich und verständlich ich ihm mit meinen Ausdünstungen war. Wie er zum Beispiel am beißenden Gestank an einigen Stellen meines physischen Körpers sofort die Verletzungen erkannte, die mir an den entsprechenden Zonen meiner Geistkörper zugefügt worden waren und deren Wunden sich hier manifestiert hatten. All das blieb uns Menschen verwehrt.

Nachdem ich den Körper des Luchses wieder verlassen hatte, forderte er mich auf, mit seiner Frau zu verschmelzen, damit ich ihre Welt auch aus ihrer weiblichen Sicht erfahren könnte. Als ich in sie eindrang und eins mit ihr wurde, fühlte ich als Erstes, wie die Jungen an den Zitzen saugten. Ich spürte, dass sie, während sie die Jungen säugte, jedes von ihnen als einen Teil von sich selbst erfuhr. Sie ergoss sich sozusagen selbst mit ihrer Milch in ihre Kinder, die sie begehrlich in sich aufnahmen. Zusätzlich beschnüffelte sie die Kleinen und leckte sie überall ab. Sie umhüllte sie mit einer wohligen Wärme und vermittelte ihnen ein Gefühl der Geborgenheit und Liebe.

Plötzlich wurde ich selbst wieder zum Säugling. Ich lag auf einem Wickeltisch, und meine Mutter stand vor mir. Sie wusch mich mit lauwarmem Wasser. Danach puderte sie mich und legte mir neue Windeln an. Ich fühlte ihre ganze Liebe. In diesem Augenblick wusste ich, dass ich ein erweiterter Teil ihres Körpers für sie war. Wir waren für immer miteinander verbunden. Ich konnte mich darauf verlassen, dass meine Mutter meine Bedürfnisse versorgte und darauf achtete, dass ich beschützt, warm und gut genährt war. Ich fühlte mich in dem Moment bei ihr tief geborgen und wohlbehütet.

Dann sah ich entsetzt, wie mein kleiner Körper verzweifelt in den Händen einer Krankenschwester zappelte, die ihn mit eisernem Griff festhielt. Vor mir stand ein alter Mann in einem weißen Kittel, der eine Spritze tief in meinen linken Armmuskel hineinstach. Es tat furchtbar weh. Ich schrie wie am Spieß vor Schmerz und Entsetzen. Mein Körper bebte voller Panik und Angst. Jetzt griff der Weißkittel zu einem Skalpell und ritzte mir drei Schnitte in meinen rechten Arm, in deren blutende Öffnungen er eine milchige Flüssigkeit träufelte. Es brannte wie Feuer. Ich schrie mit aller Kraft meiner Lungen. Eine furchtbare Angst überfiel mich, was er als Nächstes mit mir anstellen würde.

Verzweifelt fragte ich mich, wo meine Mutter geblieben war. Warum beschützte sie mich nicht? Ich war doch ein Teil von ihr. Wie konnte sie mich im Stich lassen und erlauben, dass mir hilflosem Wesen so eine brutale Gewalt angetan wurde? Ich hatte das Gefühl, dass ich gerade mit dem kleinen Messer des Arztes von ihr abgeschnitten worden war.

Erstaunt bemerkte ich, dass auch die beiden Luchse die Szene von ihrem Bau aus beobachteten und mit mir litten. Sie rannten aufgeregt hin und her und wollten unbedingt zu mir. Ich fühlte, dass sie die Wunden an meinem Arm lecken wollten, die immer noch leicht bluteten. Aber sie schafften es nicht, zu mir zu gelangen. Ein großer Mann stand vor ihrem Bau und versperrte ihnen den Weg. Obwohl ich ihn nur von hinten sah, wusste ich sofort, dass es mein Vater war. Die beiden Luchse verstanden genauso wenig wie ich, warum sie nicht zu mir durften und warum meine Mutter es zugelassen hatte, dass mir das angetan wurde.

Ich suchte meine Mutter und fand sie im Wartezimmer des Arztes. Sie blätterte unkonzentriert in einem der bunten Blätter, die damals die ganze Türkei zu überschwemmen begannen. Ich registrierte, dass sie voller Zweifel war. Doch ihr Verstand schien sie zu beruhigen und ihr zu sagen, dass es richtig gewesen war, mich so früh wie möglich impfen zu lassen.

In diesem Moment spürte ich deutlich, dass die Eindrücke dieses Erlebnisses nach wie vor in mir präsent waren. Hier lag anscheinend eine Ursache für mein Misstrauen, für meinen Argwohn und für meine übergroße Vorsicht allen Menschen gegenüber. Wie sollte ich einem Fremden trauen, wenn ich nicht einmal meiner eigenen Mutter trauen konnte? Diese ersten leichten Verletzungen meines Körpers und schweren meines Vertrauens waren nie verheilt, weil die Luchse sie nicht behandeln durften. Mein Vater hatte sie auf der geistigen Ebene nicht an mich herangelassen, weil ihm ihre Wildheit suspekt gewesen war. Indem meine Eltern mich von den beiden Wildkatzen, in denen auch die Wölfin lebte, vollständig isolierten, hatten sie auch verhindert, dass ich mein wahres Selbst entdecken konnte. Mein verändertes Ich konnte schalten und walten, wie es wollte. Deshalb war ich so unglaublich misstrauisch gegenüber allen Veränderungen in meinem Leben und anderen Menschen geworden.

Noch einmal sah ich das verzweifelte Kleinkind vor mir, das sich aus dem unbarmherzigen Griff der übermächtigen Schwester befreien wollte. Es war vollkommen verwirrt. Auf der einen Seite brauchte es dringend die Mutter, um getröstet und gehalten zu werden. Auf der anderen Seite war es zutiefst enttäuscht von ihr und nahm es ihr sehr übel, dass sie es an die beiden Fremden ausgeliefert hatte, die ihm diese Schmerzen zufügten. In diesem Augenblick wurde mir klar, dass sich diese frühkindliche Zerrissenheit meiner Gefühle in all meinen Beziehungen fortgesetzt hatte: Einerseits hatte ich mir immer eingebildet, meine jeweiligen Lebensabschnittsgefährten zu brauchen. Andererseits hatte ich es ihnen aber übel genommen, dass ich so für sie empfand. Es war kein Wunder, dass niemand diese Schizophrenie lange aushielt. Um die unvermeidlichen Trennungsschmerzen zu vermeiden, hatte ich es daher vorgezogen, alleine zu leben, und war bei Begegnungen mit Männern noch spröder und abweisender geworden, als ich es Frauen gegenüber war.

»Hast du alles verstanden?«, fragte der Bär hinter mir.

Ich nickte und fühlte, wie mir Tränen über die Wangen liefen.

»Dann öffne jetzt wieder die Augen und kehre in die Gegenwart zurück. Du wirst erwartet.«

12 Frieden erfüllt meine Seele, und Frieden hat in meinem Herzen seine Wohnstatt gefunden. Ich bin erfüllt von Freude darüber, was ist, und voller Zuversicht für das, was kommen wird.

Nach dieser inneren Reise war ich völlig aufgewühlt. Ich hatte mich erhoben und saß schluchzend auf der Liege. Unablässig strömten die Tränen aus mir heraus. Arslan schwieg. Er blieb hinter seinem Schreibtisch sitzen und ließ mich in Ruhe. Erst als mein Tränenstrom verebbte, stand er auf, kam zu mir und legte seine Hand auf meine Schulter.

»Es ist ein schönes Bild und ein gutes Zeichen, dass du die Luchse in ihrer Höhle besuchen durftest. Eine Höhle ist ein Symbol für die negativen Erfahrungen in deinem Leben. In einem so begrenzten Raum findet eine Begegnung mit deinen Abgründen statt, und du wirst erneut mit deinen schmerzlichsten Erlebnissen konfrontiert. Dabei wirst du sehr spirituell. Spiritualität ist viel mehr als das schöne, ruhige Gefühl während der Meditation. Sie ist der harte, unverstellte Blick auf die Realität der eigenen Existenz. Spiritualität konfrontiert dich mit den Ursachen deiner Ängste und Schwächen, aber sie weist dir auch den Weg zum Höhlenausgang. Wie du es gerade erlebt hast.«

Er unterbrach sich und sah mich prüfend an. Doch diesmal konnte ich mich einfach nicht auf seine Worte konzentrieren. Meine Gedanken waren immer noch bei meiner inneren Reise, die mich an die ersten Verwundungen meines Lebens und ihre bis heute andauernden Auswirkungen erinnert hatte. Ich war wieder genauso verletzt und verwirrt wie damals als Kleinkind. Arslan spürte das offensichtlich. Er nahm mich in seine Arme und hielt mich fest. Obwohl, oder vielleicht gerade weil ich mich geborgen und behütet fühlte, brachen alle Dämme. Meine Tränen flossen in Strömen.

»Lass es raus, Nazan. Lass alles fließen, was dich so lange blockiert hat«, flüsterte er mir ins Ohr.

Es dauerte lange, bis mein Tränenstrom verebbt war. Ich schob Arslan von mir und sah, dass ich seine Hemdbrust durchnässt hatte. Mit feuchten Augen blickte ich auf den flächendeckenden Fleck.

»Jetzt ist bestimmt kein Tropfen Flüssigkeit mehr in mir.« Er lachte und strich die letzte Träne von meiner Wange.

»Das war wundervoll, Nazan. Du hast gerade eine wesentliche Ursache für die Existenz deines veränderten Ichs aufgelöst. Ich weiß, das hat dich sehr viel Kraft gekostet. Deshalb reicht es für heute. Am besten, du gehst jetzt sofort ins Hotel, legst dich ins Bett und spürst dieser Erfahrung nach. Und schläfst. Tief und fest. Ich komme heute Abend um sechs zu dir. Sag Melek Bescheid, dass sie dich rechtzeitig weckt und ankleidet.«

»Mach ich«, antwortete ich. Ich nahm meine Umgebung nur gedämpft wahr und hatte das Gefühl, einen dicken Wattebausch statt eines Hirns in meinem Kopf zu haben.

Arslan rief über seine Sprechanlage Fatma herbei und bat sie, mich ins Hotel und sofort in mein Bett zu bringen. Auf dem Weg dorthin wollte Fatma wie immer mit mir plaudern.

Aber ich schwieg. Sie verstand und verstummte ebenfalls. Immer noch schweigend und in mich versunken, ließ ich mich von ihr auskleiden und ins Bett bringen.

Sie hatte sich kaum verabschiedet und das Zimmer verlassen, als mir die Augen zufielen. Ich schlief ein, ohne Melek informiert zu haben, wann sie mich wecken sollte.

Jemand fasste mich an die Schulter und schüttelte mich leicht. Ich öffnete die Augen und sah Melek an meinem Bett stehen. Sie lächelte mich freundlich an. Mein Blick fiel auf meine Armbanduhr, und ich sah, dass es bereits 17.45 Uhr war.

»Wo kommst du denn her? Woher wusstest du, dass ich jetzt geweckt werden wollte?«

»Arslan hat mich angerufen und mir Bescheid gesagt. Er war sich sicher, dass du vergessen würdest, mich zu informieren«, antwortete sie grinsend und begann, mich anzukleiden.

Ich hatte fast fünf Stunden wie eine Tote geschlafen, so erschöpft hatte mich die erneute Begegnung mit der ersten schmerzlichen Erfahrung in meinem Leben. Immer noch fühlte ich mich wie gerädert. Melek setzte mich in meinen Rolli und brachte mich in die Praxis. Fatma nahm mich in Empfang und schob mich zu meinem Erstaunen nicht in das Behandlungszimmer, sondern hinaus auf die Dachterrasse, wo Arslan am Geländer stand. Er umarmte mich zur Begrüßung.

Dann stellte er einen Stuhl neben meinen Rolli und setzte sich. Wir schauten schweigend auf das tiefe Blau des unter uns liegenden Meeres. Ich fühlte, wie sich in Arslans Nähe allmählich mein Schock und meine Verwirrung auflösten. Andächtig begann er zu sprechen.

»Heute früh hat dir dein Herz-Tier deine erste schwere Verletzung gezeigt, die du in diesem Leben erlitten hast. Du hast tiefen Schmerz empfunden, weil dein Vertrauen schwer enttäuscht wurde. So, als wärst du heute früh noch einmal von deiner Mutter abgeschnitten worden. Aber durch dieses erneute Durchleben der Verletzung und deiner dabei empfundenen Emotionen hast du sie endlich aufgelöst. Die Blockierung deines Bauch-Chakras, das für deine Emotionen zuständig ist, hat sich aufgelöst. Sie können wieder frei fließen und sich im ganzen Körper verteilen. Es wird eine Weile dauern, bis dein Verstand begreift, dass die Wunden verheilt sind.

Deshalb wirst du eine Zeit lang das Gefühl haben, alles wie durch Watte wahrzunehmen. Es gibt so etwas wie einen Phantomschmerz. Du kannst diese tiefe Trauer und Verzweiflung, die dich dein Leben lang begleitet hat, nicht so einfach vergessen. Dein verändertes Ich hat dich immer wieder daran erinnert, um seine Macht über dich zu festigen. Aber jetzt ist sie zum ersten Mal ins Wanken geraten, und ich bin sicher, dass du dich von Minute zu Minute besser fühlen wirst.« Ich sah ihn schräg von der Seite an.

»Ich glaube, du hast recht. Seit ich hier sitze, fühle ich mich schon entspannter. Und weißt du was? Ich habe gerade meiner Mutter verziehen.«

Arslan lächelte mich an.

»Das ist eine ganz hervorragende Geste, Nazan. Aber der wichtigere Schritt wäre, wenn du deine Mutter wieder lieben könntest. So, wie sie ist. Mit all ihren Fehlern und Schwächen.«

Er schwieg, schloss die Augen und sog die Meerluft hörbar in sich ein.

Ich wusste nicht, was ich erwidern sollte, und starrte in den blauen Himmel über der Bucht. Die Weite und Klarheit des Firmaments legten sich über meine Erinnerungen an meine Impfung und die Rolle, die meine Mutter dabei gespielt hatte. Allmählich verflüchtigte sich auch der letzte Rest meines Zornes auf sie, und ein tiefer Frieden breitete sich in mir aus. Ich erinnerte mich nur noch an all das, was sie im Laufe meines Lebens für mich getan hatte. Plötzlich empfand ich innige Liebe für die zierliche Frau mit den verhärmten Gesichtszügen, die sicher auch meinetwegen so viele Entbehrungen erlitten und die Tyrannei meines Vaters erduldet hatte.

Arslan drehte sich zu mir. Seine Augen strahlten. »Ich fühle, dass es dir tatsächlich gelungen ist, deine Mutter zu lieben. Das ist ein ganz wichtiger Schritt zu deiner Ganzheit. Damit du das verstehst, möchte ich dir jetzt erklären, warum wir Schamanen im Prinzip nur zwei Gründe für eine Krankheit sehen …«

»Bevor du weitersprichst«, fiel ich ihm ins Wort, »möchte ich dir eine Frage stellen, die mir seit unserer ersten Begegnung auf der Zunge liegt. Du bezeichnest dich immer wieder als Schamane. Wie hast du eigentlich deine Fähigkeiten entdeckt? Sind sie dir einfach so zugeflogen oder sind sie dir von einem Lehrer beigebracht worden?«

Arslan warf mir einen prüfenden Blick zu. Dann wandte er sich ab und schaute minutenlang hinaus aufs Meer.

»Okay. Weil du diese Frage nicht aus Misstrauen stellst, werde ich sie dir beantworten. Ja, ich hatte einen Lehrer, der mir half, meine Fähigkeiten zu entdecken und sie freizusetzen. Dein Großvater hat dir doch erzählt, dass ich an einem ganz besonderen Ort das Gärtnern gelernt habe. Dieser Ort war ein deutsches Gefängnis. Dort habe ich meinen Meister getroffen.«

Er sah mich wieder an. Doch ich zeigte keinerlei Reaktion. Ob jemand im Gefängnis gewesen war oder nicht, war für mich noch nie ein Maßstab für die Einschätzung seiner Persönlichkeit gewesen. Für mich hatte immer mein individueller Eindruck gezählt. Wichtig war einzig und allein, ob ich mich in seiner Gegenwart wohlfühlte und ich in irgendeiner

Form von ihm profitieren konnte. Seine geschäftliche oder strafrechtliche Vergangenheit hatten mich genauso wenig interessiert wie seine sexuelle Orientierung. Von Arslan profitierte ich nicht nur immens und fühlte mich in seiner Gegenwart unglaublich wohl, ich war zudem viel zu gespannt auf das, was er mir über sein Leben erzählen würde, um diese Information negativ zu bewerten.

»Na, dann mal los«, forderte ich ihn auf und lächelte ihm aufmunternd zu.

Arslan drehte seinen Oberkörper wieder dem Meer zu und begann.

»Mein Vater war von Beruf Metzgermeister. Er besaß eine große Wurst- und Fleischfabrik in Ankara mit Hunderten von Angestellten, Häuser, Grundstücke und Wohnungen. Damals hatten viele Menschen nicht einmal ein Eselsfuhrwerk. Mein Vater besaß vier amerikanische Autos. Er war mit zwei Frauen verheiratet und hatte mit ihnen insgesamt neun Kinder. Ich wuchs mit meinen zwei Brüdern und meiner Mutter in einem dreigeschossigen Haus auf. Mein Vater schlief jede Woche mindestens drei Nächte in der Woche bei uns. Die anderen vier verbrachte er bei seiner zweiten Frau, die mit ihren sechs Kindern in einem anderen Haus meines Vaters lebte. Zwischen unseren Müttern herrschte permanent Krieg, der sich auf uns Kinder übertrug. Wir hassten uns, weil wir uns unseren Vater teilen mussten. Wenn die Frauen sich bei Familienfeiern in Anwesenheit meines Vaters stritten, schaute er eine Weile ruhig zu. Dann wurde es ihm zu viel, und er mahnte sie, sich vor uns Kindern zu benehmen und Ruhe zu geben. Wenn sie ihm nicht folgten und weiterstritten, stand er auf und gab ihnen Ohrfeigen. Dann rannten sie schluchzend in ihre jeweiligen Häuser. Mein Vater zuckte die Achseln, setzte sich wieder zu uns an den Tisch und trank genüsslich seinen Raki.

Von seinen neun Kindern war ich sein Lieblingssohn. Als ich sechzehn wurde und meinen Führerschein erhielt, machte er mich zu seinem Fahrer und Vertrauten. Wollte er irgendwohin zum Feiern und wusste, dass er trinken würde, ließ er mich ans Steuer. Ganz offen erzählte er mir während unserer Fahrten von seinen Geschäften und seinen Affären mit anderen Frauen. Meine Mutter war sehr eifersüchtig auf mich, weil ich mehr von ihm wusste als sie. Meine Brüder und Geschwister ebenso. Wir waren nicht nur Vater und Sohn. Wir waren Freunde, die sich vertrauten. Deshalb wollte er, dass ich sein Nachfolger würde. Er ließ mich eine Metzgerlehre in seiner Fabrik machen. Im letzten Jahr meiner Lehrzeit musste ich täglich bis zu fünfzig Tiere töten. Was völlig normal war für mich. Der Tod hatte noch nie einen Schrecken für mich gehabt. Ich hatte immer das Gefühl, ich erlöse die Tiere und setze ihre Seelen frei, wenn ich sie schlachtete. Nur wenn ich ein ungeborenes Kalb in dem Körper einer von mir getöteten Kuh fand, wurde ich traurig, weil ich ihm ein Leben verwehrt hatte. Ich habe das Fleisch des Kalbes immer den Hunden zum Fressen gegeben und nie zu Wurst verarbeitet. Beim Zerlegen der getöteten Tiere lernte ich ihr Innenleben kennen und begann, mich dadurch auch für die menschliche Anatomie zu interessieren. Das hilft mir sehr, wenn ich heute als Geistheiler im Körper eines Patienten unterwegs bin und es zum Beispiel Probleme in den Nieren gibt. Ich weiß genau, wo sie sich im Körper befinden. Wieder ein Beweis für die alte Erkenntnis, dass das Leben vorwärts gelebt und rückwärts verstanden wird.

Wegen diverser Machenschaften seiner Konkurrenten und geschäftlicher Fehlentscheidungen musste mein Vater eines Tages Konkurs anmelden. Mit Sicherheit haben auch seine Spielleidenschaft und seine kostspieligen Frauengeschichten dazu beigetragen. Weil er mit seinem gesamten Besitz für die

Verbindlichkeiten der Firma haftete, verlor er alles. Bis auf das Haus meiner Mutter und das Haus seiner anderen Frau. Die beiden Häuser hatte er ihnen geschenkt.

Ich war zu dem Zeitpunkt seines Konkurses beim Militär und bekam das ganze Desaster nur aus der Ferne mit. Nachdem ich meine Dienstzeit beendet hatte, machte ich mich selbstständig. Ich ließ in der ehemaligen Fabrik meines Vaters, die jetzt einem Konkurrenten gehörte, eine ganz spezielle Wurstsorte nur für mich produzieren und verkaufte große Mengen davon an Großhändler. Das Geschäft funktionierte, und es ging mir finanziell gut. Bis der Firmeninhaber, der meinen Erfolg natürlich mitbekam, die naheliegende Idee hatte, mich auszubooten und selbst die Großhändler zu beliefern. Damit war ich raus aus dem Geschäft.

Was sollte ich jetzt noch in Ankara? Ich beschloss, zu meinem Onkel nach Kassel zu gehen, der dort eine Fleischimportfirma betrieb. Also flog ich nach Frankfurt und fuhr mit dem Zug weiter nach Kassel. Während der Zugfahrt klaute mir jemand meine Tasche mit meinem Geld und meinen Papieren. Ich war verzweifelt. Doch dann dachte ich, dass mein Onkel mir helfen würde, und beruhigte mich wieder.

Aber als ich ihn in seiner Firma aufsuchte, ließ er mir durch seine Sekretärin ausrichten, er hätte heute keine Zeit, und ich könnte die nächsten Tage ja mal nachfragen, ob er einen Termin für mich freihätte. Ich knallte die Bürotür so heftig zu, dass ihre Glasscheibe zersprang. Blind vor Wut und Enttäuschung rannte ich davon und schwor mir, nie wieder mit ihm zu sprechen.

Ziellos lief ich durch die mir völlig fremde Stadt. Bis ich an einer türkischen Teestube vorbeikam. Spontan trat ich ein und erklärte dem Besitzer meine Situation. Er gab mir eine Tasse Tee und erlaubte mir, nach Ladenschluss auf einer Bank in seiner Teestube zu schlafen. Damit hatte ich wenigstens nachts ein Dach über dem Kopf. Tagsüber trieb ich mich in den Parks von Kassel herum. Das ging fast einen Monat so. Eines Tages kam ich an einer Baustelle vorbei. Ich fragte einen der Arbeiter, ob ich mithelfen könnte. Er schickte mich zu seinem Polier, und als der mich sah, war er einverstanden. ›Klar, Rambo. So ein Kraftpaket wie dich kann ich immer gebrauchen‹, sagte er und bot mir acht Mark die Stunde und neun für jede Überstunde.

Ich rechnete mir aus, dass ich am Tag mindestens 64 Mark und im Monat über 2000 verdienen würde, wenn ich viele Überstunden machen und auch am Wochenende arbeiten würde. Das war ein Vermögen für mich. Ich stimmte sofort zu. Dann wollte er wissen, wo ich wohnte und ob ich meine Papiere dabeihätte. Pass, Aufenthaltsgenehmigung und Arbeitserlaubnis. Schon sah ich meine Chance dahinschwinden. Ich überlegte, ob ich eine Geschichte erfinden sollte. Aber er sah so ehrlich und ehrenwert aus, dass ich ihm meine Situation so schilderte, wie sie war.

Er nahm mich trotzdem. Zwar ohne Vertrag und mit täglicher Barabrechnung, aber er bot mir eine Unterkunft in einer der Baubuden an.

Der Arbeitsvertrag war mir völlig egal. Hauptsache, ich hatte Arbeit, ein Dach über dem Kopf und verdiente Geld.

Das ging ein paar Monate gut. Mein Chef war zufrieden, ich war zufrieden. Ich hatte inzwischen ein paar Tausend Mark gespart, verstand mich gut mit meinen Kollegen und hatte auch einen Asylantrag gestellt. Bei der Ausländerbehörde hatte ich mich als verfolgter Kurde ausgegeben, dem auf der Flucht die Papiere abhandengekommen waren.

Aber meinem Onkel, der mich offenbar beobachten ließ, gefiel es überhaupt nicht, dass sein Neffe als Hilfsarbeiter auf dem Bau malochte. Bis zu seinem Tod war er wirklich mein ärgster Feind gewesen. Ich hatte nie verstanden, warum er mich so hasste. Erst einige Jahre später, bei einer meiner inneren Reisen, erfuhr ich, dass wir in unseren vergangenen Leben immer wieder heftige Kämpfe miteinander ausgetragen hatten. Daraus waren karmische Verknüpfungen entstanden, deren Auswirkungen ich in diesem Leben massiv zu spüren bekam.

Mein Onkel schwärzte mich und meinen Chef bei der Polizei an. Eines Morgens tauchten Zollbeamte auf der Baustelle auf. Alle Arbeiter mussten antreten und ihre Papiere zeigen. Am Ende stellten sie fest, dass ich der Einzige war, der keine ordnungsgemäßen Arbeitspapiere besaß.

Sie ließen mich nach Feststellung der Personalien und Überprüfung meines Asylantrages zwar wieder laufen, aber ich war meinen Job los. Ich mietete mir ein möbliertes Apartment und überlegte verzweifelt, wie ich Geld verdienen könnte. Als ich wieder einmal durch einen Park schlenderte, beobachtete ich einen schlanken jungen Türken, der einer Frau merkwürdig lange die Hand schüttelte und sich dabei unauffällig umsah. Er merkte nicht, dass ihm ein kleiner Plastikbeutel mit weißem Pulver zu Boden gefallen war.

Zweifellos war ich Zeuge eines Drogendeals geworden. Auf einmal kam mir eine verhängnisvolle Idee. Ich schnappte mir den Dealer und forderte ihn auf, mich am Geschäft zu beteiligen. Der lachte mich nur aus. Daraufhin schlug ich ihn so zusammen, dass er um sein Leben fürchten musste. Das war ihm schließlich doch wichtiger als sein Geschäft. Jedenfalls lenkte er ein, und wir wurden handelseinig. Er schwor mir, mich zu beliefern, und gab mir obendrein noch Tipps und Anweisungen für mein neues Metier.

Die ersten zehn Gramm verkaufte ich innerhalb von drei Stunden. Damit hatte ich 500 Mark verdient. Ein Betrag, für den ich auf der Baustelle fast zehn Tage arbeiten musste. Das war mein Einstieg ins Drogengeschäft. Bald bezog ich meine

Ware von Großhändlern und wurde selbst einer. Ich suchte mir unter meinen Kunden Verteiler aus, die für mich dealten. Ich gab ihnen die Ware und musste nur noch abkassieren. Ein Traumjob, bei dem ich so leicht so viel Geld verdiente wie nie zuvor in meinem Leben. Nach ein paar Monaten leistete ich mir einen Mercedes und ein größeres Apartment. Mein Leben schien perfekt zu sein.

Es gab nur einen Haken: Ich hatte selbst angefangen zu koksen. Das verbrauchte nicht nur einen nicht unwesentlichen Teil meiner Einkünfte, sondern der Stoff beherrschte zunehmend mein Leben. Weil mir außer meinem täglichen Konsum inzwischen alles andere egal war, wurde ich unvorsichtig und fiel der Polizei auf. Eines Morgens stand ein Einsatzkommando vom Rauschgiftdezernat vor meiner Tür und durchkämmte meine Wohnung. Ich verstand mit meinem drogenumnebelten Kopf nicht im Geringsten, was hier gerade passierte. Ein Beamter hob meine Hose hoch und griff vorsichtig in meine Hosentaschen. Nacheinander zog er aus jeder mit weißem Pulver gefüllte Plastikbeutel hervor. Ein anderer Polizist fand mithilfe seines Spürhunds die größeren Mengen.

Wenig später waren meine Handgelenke gefesselt, und ich wurde in die nächstgelegene Justizvollzugsanstalt gebracht.

Ich war von meinem exzessiven Drogenkonsum immer noch so high, dass ich gar nichts begriff. Ich verstand nicht, in was für einer Scheiße ich jetzt saß, sondern fühlte mich wie im Kino. Das Ganze war ein Film, der mich nichts anging. Nur die Fesseln um meine Handgelenke waren real und sehr unangenehm. Sie schnitten in mein Fleisch und schmerzten zunehmend.

Erst als ich viele Stunden später nach einem aufwendigen Aufnahmeverfahren, Drogen- und Aidstest inklusive, alleine in Anstaltskleidung in einer heruntergekommenen Zugangszelle saß, dämmerte mir allmählich, dass ich vermutlich mehrere Jahre hinter Gittern verbringen und dann in die Türkei abgeschoben werden würde. Mein gutes Leben als Drogendealer in Deutschland war vorbei, das stand fest. Und meine Zukunft war vollkommen ungewiss.

Schon am nächsten Morgen wurde ich verlegt. Während der Fahrt fühlte ich, wie mir der Schweiß ausbrach und ich am ganzen Körper zu zittern begann. Die ersten Anzeichen des kalten Entzuges, des »Cold Turkey«, machten sich bemerkbar. Ich versuchte zu schlafen. Und es gelang mir tatsächlich, in einen Dämmerzustand hinüberzugleiten.

Als der Bus ruckartig stoppte, brauchte ich eine Weile, um mich zu orientieren. Ich sah, dass wir uns auf einem umzäunten Anstaltsgelände mit vielen großen Gebäuden befanden. Im Hintergrund konnte ich ein mächtiges Bergmassiv erkennen.

Mit wackeligen Beinen stieg ich aus dem Bus. Ich musste durch ein Spalier von zwölf Uniformierten laufen, die sich zu meiner Begrüßung zwischen dem Transportbus und der Eingangstür des Haupthauses der Justizvollzugsanstalt Schulter an Schulter hingestellt hatten, um mir keine Chance zum Weglaufen zu geben.

›Das sieht ja aus wie eine Ehrengarde‹, schoss es mir durch den Kopf, ›was soll denn das für ein Zeichen sein?‹«

Arslan sah mich an.

»Das Leben gibt immer Signale, die die Geschehen ankündigen oder kommentieren. Dieses hier verstand ich nicht. Noch nicht.«

Er atmete tief durch und fuhr fort.

»Ich betrat das alte Haupthaus der JVA über eine schmale Treppe, die an einem Glaskasten vorbeiführte, in dem ein unglaublich fetter Beamter vor Telefonen und einer Batterie von blinkenden Lämpchen und Knöpfen saß. Die erste Etage des

Haupthauses lag vor mir. Es gab fünf Häuser, die parallel zueinander gebaut und durch einen Laubengang miteinander verbunden waren. Das älteste Gebäude, das ich gerade betreten hatte, war das Haupthaus. Was ich davon sah, gefiel mir nicht besonders: Ich stand auf dem blank polierten Fliesenboden an einer geschlossenen Gittertür. Vor mir lag ein offener Gang, von dem links und rechts alte, schwere Holztüren abgingen, die in kleine, etwa sechs Quadratmeter große Räume führten.

Ich wurde eine breite Treppe hinaufbegleitet, die in den zweiten Stock führte.

Ein Beamter mit kurz geschorenen Haaren und kantigen Gesichtszügen erwartete mich und wies mir herrisch den Weg zu einer offen stehenden Tür, hinter der anscheinend meine neue Behausung auf mich wartete. Als ich den Raum betrat, zuckte ich innerlich zusammen: eine verdreckte, etwa dreißig Quadratmeter große Gemeinschaftszelle. An jeder Wand standen zwei Stockbetten, die andere Neuankömmlinge in Beschlag genommen hatten. Dort lagen ihre Sachen, und sie saßen schwatzend an einem Tisch in der Mitte des Raumes. Jeder paffte, die Luft war zum Schneiden dick. Ich sog den Rauch in meine Lungen. Wenigstens Zigaretten gab es. Aber mir war klar, dass ich in diesem Moment am untersten Ende der Leiter meines Lebens angelangt war. Ich würde alle Kraft und List einsetzen müssen, um wieder emporzusteigen. Doch erst einmal stand ich in dieser Gemeinschaftszelle, vollgestopft mit dem traurigen Auswurf unserer scheinbar so zivilisierten Gesellschaft.

Ich fühlte, wie mir wieder der Schweiß ausbrach und ich weiche Knie bekam.

Zwischen zwei Schränken entdeckte ich eine offene Tür, die zu einem Nebenraum führte, in dem nur ein Stockbett stand. Das gefiel mir. Wenigstens etwas Privatsphäre.

Ich betrat den viel kleineren Nebenraum und sah mich um. Auf dem oberen Bett lagen keine Sachen, es schien noch frei zu sein. Als ich mich gerade hinaufbegeben wollte, trat ein junger Bursche ein und bot mir das untere Bett an. Er räumte seine Sachen nach oben. Dann ging er wieder, und ich hörte, wie er und die anderen ihr angeregtes Knastgespräch über die Vor- und Nachteile diverser JVAs fortsetzten. Ich streckte mich auf dem freigewordenen Bett aus und schloss erschöpft die Augen.

Ich musste einige Stunden geschlafen haben, denn ich erwachte erst, als der Junge in sein Bett über mir hochkletterte und dabei das Gestell zum Wanken brachte.

Wut und Verzweiflung breiteten sich in mir aus.

Der Junge über mir erkundigte sich, ob er mich geweckt habe, und entschuldigte sich dafür. Dann fing er an zu reden. Dass diese JVA gar nicht so übel wäre. Besonders die Gärtnerei, wo man den ganzen Tag an der frischen Luft auf den Feldern der Anstalt arbeiten könnte. Dort gäbe es Außenkommandos, die sogar in privaten Gärten in der ganzen Umgebung eingesetzt würden. Von denen bekäme man eine gute Brotzeit. Außerdem käme man ins Haus 5 mit ganz normalen Fenstern und einer guten Zellenausstattung mit separater Toilette. Die Beamten dort wären nett, und es gäbe keine Schlägereien.

Es stellte sich heraus, dass mein ortskundiger Zellengenosse schon dreimal hier war. Aber diesmal wollte er sich auch im Knast von den Drogen fernhalten, um nicht wieder Ärger zu bekommen.

Dann weihte er mich in die Gepflogenheiten des anstaltsinternen Drogenhandels ein, den die Albaner, Araber und Russen kontrollieren. Alles war im Angebot, aber es musste pünktlich gezahlt werden. Da gab es kein Pardon. Zuerst kam die Mahnabteilung, die kleinere Blessuren hinterließ.

Weiterer Zahlungsverzug rief die brutalen Schläger auf den Plan, die ihren Klienten eine Kur auf der Intensivstation verpassten.

Obwohl mich das mich nicht sonderlich beeindruckte, weil ich selbst nicht aus Pappe war, wollte ich mich dennoch von diesen drei Gruppierungen fernhalten. Der Knast bot mir eine Riesenchance, mit den Drogen aufzuhören, das ahnte ich bereits. Ich war fest entschlossen, sie zu nutzen, zumal ich die Auswirkungen des Entzuges immer heftiger spürte.

Mir war so übel, dass ich es gerade noch bis zur Toilette schaffte. Ich kniete nieder, umarmte die vollgeschissene, verdreckte Marmorschüssel und kotzte los. Ununterbrochen und minutenlang schoss das Gift meines Lebens als gelbgrüner Schleim aus mir heraus. Ich würgte, zitterte und schnaufte wie ein Stier in der Arena kurz vor seinem Todesstoß. Und in der Tat, es war eine Hinrichtung. In diesem Moment verschmolz mein verändertes Ich mit meinem wahren Ich und wurde ausgelöscht. Der alte, gewissenlose und verantwortungslose Arslan verschwand mit ihm. Aber das wusste ich da natürlich noch nicht.

Mit offenen Augen lag ich später in meinem Bett und starrte durch das vergitterte Fenster in den Nachthimmel, an dem ein paar Sterne aufgegangen waren. Ich fühlte mich trotz der anhaltenden Entzugserscheinungen irgendwie wie neugeboren und dachte darüber nach, was der Junge über mir gesagt hatte. Beim Zugangsgespräch, das morgen stattfinden sollte und nach dem wir die Zugangszelle verlassen und auf die diversen Häuser verteilt würden, wollte ich mich für die Gärtnerei bewerben und beantragen, in Haus 5 zu kommen. Alles Weitere würde sich ergeben. Damit hatte ich eine Perspektive.

Drei Monate später lag ich an einem strahlend schönen Vormittag im weichen Gras neben dem Wasserfall eines kleinen Baches, der durch die Felder der JVA floss, und döste entspannt vor mich hin. Wie erhofft, war ich in der Gärtnerei und in Haus 5 gelandet. Beides war für einen BTM-Täter, wie ich im Anstaltsfachjargon genannt wurde, alles andere als üblich. Mein Pflichtverteidiger hatte mir erklärt, dass man auf mich die Kronzeugenregelung anwenden würde, wenn ich mit der Staatsanwaltschaft zusammenarbeiten würde, und er riet mir dringend dazu, dieses Angebot anzunehmen. Was ich bereitwillig tat. Ich wollte nur noch reinen Tisch machen und mein Leben im Drogenmilieu beenden.

Im Gegenzug hatten sie dafür gesorgt, dass mir einige Türen innerhalb des Knastes geöffnet worden waren, die mir sonst verschlossen geblieben wären. Nachdem ich einige Wochen mit der Arbeit auf den Feldern der Anstalt verbracht hatte, hatte man mir den Job angeboten, der als der beste in der Gärtnerei angesehen wurde. Ich hatte nichts anderes zu tun, als in der Früh von jedem Gemüse die besonders schönen Exemplare zu ernten, die sich für den Verkauf eigneten. Ich war meist schnell fertig mit meiner Arbeit und konnte mich an meinem Lieblingsplatz auf der Wiese neben dem Bach in die Sonne legen.

Wesentlicher als meine Karriere im Sanatorium, wie ich nun den Knast bezeichnete, aber war meine Begegnung mit Franz, der mein Meister werden sollte. Er war mir sofort nach meiner Verlegung in Haus 5 aufgefallen, weil er völlig anders auftrat als alle anderen Gefangenen. Er wohnte in einer Einzelzelle am Ende des Ganges, aus der es sehr gut duftete, weil er auf geheimnisvolle Weise in den Besitz von Räucherstäbchen gelangte. Er mied den intensiven Kontakt zu seinen Mitgefangenen und hielt sich immer alleine in seiner Zelle auf, in die er keinen Mitgefangenen hineinließ.

Wollte ihn jemand sprechen, musste er klopfen, und Franz kam heraus. Aber er war zu jedem gleich freundlich und immer hilfsbereit, falls er um Kaffee oder sonst ein ausgegangenes Luxusgut gebeten wurde. Er war von Beruf so was wie ein Anwalt und sogar Gefangenensprecher geworden. Die Leute gingen zu ihm und baten ihn, ihre Beschwerden, Sorgen und Nöte bei seiner Sitzung mit dem Direktor des Knastes vorzutragen, die einmal im Monat stattfand. Die Beamten hatten Respekt vor ihm und ließen ihn in Ruhe. Franz war immer gut gelaunt, wenn er aus seiner Zelle trat oder von der Arbeit auf den Feldern kam. Er hatte ein offenes Lachen und ein sympathisches Gesicht. Wir hatten einander stets freundlich gegrüßt, ohne jemals ins Gespräch gekommen zu sein. Als ich dann doch eines Tages wissen wollte, warum er immer so gut gelaunt wäre, erzählte er mir, dass er viel meditiere. Er sei kaum in seiner Zelle, weil er ständig mit einem seiner Geistkörper reise. Das interessierte mich. Solche Reisen kannte ich von meinen Drogentrips. Auch deshalb hatte ich immer wieder das Zeug genommen. Aber Trips ohne Drogen?

Ich bat ihn, mir das Reisen mit den Geistkörpern beizubringen. Er sah mich einen Moment prüfend an. Ich hatte das Gefühl, dass er mich wie mit einem Röntgenapparat durchleuchtete.

Er drehte sich um und ließ mich einfach stehen. Ich war verärgert, aber ich gab nicht auf. Am Abend ging ich zu seiner Zelle und fragte ihn erneut. Wieder lehnte er ab. Unverschämterweise hatte er noch angefügt, dass ich viel zu dumm wäre und ich ihn in Ruhe lassen sollte. Er schien überhaupt keine Angst vor mir zu haben, obwohl er wusste, dass ich durchaus unangenehm werden konnte, wenn mich jemand vor den Kopf stieß. Einige Mitgefangene hatten es zu spüren bekommen. Doch ich gab nicht auf. Bei jeder Gelegenheit sprach ich ihn darauf an, dass ich sein Schüler werden wollte. Einige Wochen später war ich vor dem abendlichen Einschluss mal wieder zu seiner Zelle gegangen und hatte nachgefragt. Zu meiner Verblüffung meinte er plötzlich, es sei okay.

Er habe den Eindruck, dass ich es wirklich ernst meinte.

Dann verschwand er in seiner Zelle und tauchte mit einem Buch über Meditation und Astralreisen wieder auf.

Er forderte mich auf, das Buch, das einst sein Leben verändert hätte, zu lesen. Anschließend sollte ich wieder zu ihm kommen und mit ihm darüber reden. Dann wollte er entscheiden, ob er mich als Schüler akzeptierte oder nicht.

Ich dankte ihm für das Buch und lief beglückt in meine Zelle. Als ich es aufschlug, verflog meine Euphorie. Es war auf Deutsch geschrieben, und schon auf der ersten Seite tauchten Wörter auf, die ich noch nie gehört hatte. Ich hatte sowieso erst eine Handvoll Bücher gelesen. Alles türkische Schundromane. Leichte Kost. Noch nie so ein kompliziertes Zeug. Ich besorgte mir aus der Gefängnisbücherei ein Wörterbuch und begann, mich durchzukämpfen. Wort für Wort, Seite für Seite. O je, war das mühsam. Nach drei Wochen ging ich abends wieder zu Franz und fragte ihn nach dem Dharma.

Er wies mich empört ab: Wie ich als blutiger Anfänger gleich nach so etwas Wesentlichem fragen könne, dessen Erklärung mich um Lichtjahre überfordern würde. Ich dürfe erst wiederkommen, wenn ich das Buch durchgelesen hätte. Und dann wollte *er* die Fragen stellen. Diesmal war ich richtig sauer. Ich war es nicht gewohnt, dass jemand so respektlos mit mir sprach. Aber Franz drehte sich einfach um und verschwand in seiner Zelle.

Ein paar Tage später ging ich beim Hofgang auf ihn zu. Ich schilderte ihm meine erste Erfahrung mit einer Astralreise. Ich hatte meinen Zellenkollegen gebeten, unseren Putzeimer umzudrehen und rhythmisch auf ihn einzuschlagen. Dann hatte ich mich hingesetzt und meine Augen geschlossen. Schon nach ganz kurzer Zeit fühlte ich, wie ich meinen Körper verließ, durch die Zelle schwebte und mich mit geschlossenen Augen auf dem Stuhl sitzen sah. Nur noch eine sehr elastische, silberne Schnur verband mich mit meinem Kopf. Eine Spinne flog auf mich zu und kroch in meinem aufgerissenen Mund. Ich verschluckte sie, fühlte einen starken Sog und wurde in meinen Körper zurückgezogen. Von Franz wollte ich nun wissen, was mir da passiert war.

Er sah mich lange an. Dann akzeptierte er mich tatsächlich als Schüler.

Franz empfahl mir, in dem Buch nun einfach eine Seite über Meditationstechniken aufzuschlagen. Ich tat es und fand auf Anhieb meine persönliche Meditationstechnik. Ich brauchte nur Sekunden der Versenkung, um meinen Körper verlassen und überall hinreisen zu können. Franz war beeindruckt. Das Verrückte war, dass er mich begleiten konnte, wenn ich neben ihm saß und meine Augen schloss. Er sah und erlebte genau dasselbe wie ich. Allerdings war er immer etwas oberhalb von meinem Geistkörper und hatte aus der Vogelperspektive einen besseren Überblick. So konnte er mich beschützen, und das war dringend notwendig. Denn bei einem unserer Ausflüge ins Universum wurde Astralgesindel auf uns aufmerksam und schlich sich von hinten an mich heran. Franz warnte mich im letzten Augenblick, aber ich wusste mich zu wehren.

Das brachte Franz auf die Idee, dass ich ein Krieger sei.

Er nahm mich mit in eine Kristallhöhle, in der ein kleiner alter Mann mit weißem Bart und Haaren lebte. Er sah ein bisschen aus wie der Zauberer Gandalf aus dem Film ›Herr der Ringe‹. Offenbar genauso wie bei deiner ersten Begegnung mit deinem Großvater. Der Alte gab mir ein Schwert, einen Schild und eine golden schimmernde Rüstung. Sie passte wie angegossen über meinen Geistkörper.«

Arslan legte eine Pause ein und schloss die Augen. Offensichtlich nahmen ihn die Erinnerungen an diese wilden und harten Zeiten seiner Vergangenheit mehr mit, als er erwartet hätte.

Auch ich war völlig durcheinander. Seine Drogenerfahrungen und seine wahnwitzigen Knastschilderungen hatten mich doch geschockt. Meine Güte, auf was hatte ich mich hier eingelassen? Der Mann war ein verurteilter Dealer.

›Unfassbar, du vertraust dich einem ehemaligen Knastbruder an, bist du völlig verrückt geworden?‹, warf ich mir insgeheim vor. ›So wie er früher mit seinen Drogen wilde Trips verkauft hat, verkauft er jetzt seine angeblichen Geistheilungen. Er will nur dein Geld. Deine Gesundheit ist ihm genauso egal wie die seiner einstigen Kunden. Ihm ging es damals ums Geld. Und woher soll ich wissen, ob es ihm nicht heute auch nur ums Geld geht?‹

Mein Misstrauen war hellwach, und mein listiges verändertes Ich drohte wieder Oberwasser zu gewinnen. Doch ich spürte die Gefahr und bemühte mich um Gelassenheit. Ich aktivierte mein drittes Auge. Sekunden später wurde ich zum Beobachter der negativen Gedanken, die auf mich einstürmten. Wie ich es von Arslan gelernt hatte, ließ ich sie wie Wolken an mir vorüberziehen, ohne mich mit ihnen zu identifizieren. Nach kurzer Zeit lösten sie sich auf. In mir war nur noch die Ruhe des klaren blauen Himmels. Ich musste schmunzeln. Auch der Himmel über der Bucht von Antalya war wolkenlos.

Arslan hatte mich aufmerksam beobachtet. Er lehnte sich entspannt zurück und fuhr fort.

»In unseren Mittagspausen und während unserer Umschlüsse – Franz ließ mich inzwischen als einzigen Insassen zu sich in die Zelle – hatte er mir beigebracht, wie man die physischen Körper von dem erzeugten Dreck und den Fäkalien des Astralgesindels säubert. Er zeigte mir auch, wie ihre beschädigten Körperfunktionen zu reparieren waren. Er ermahnte mich jedoch, dass ich niemals meine Fähigkeiten zur Ausübung von Macht über andere missbrauchen dürfte.«

Arslan hielt inne und sah mich an. »Viele einflussreiche Politiker haben ein gehörntes Wesen als ständigen Begleiter, Ratgeber und Antreiber, Nazan. Verlieren sie ihr Amt und ihre Macht, werden sie uninteressant, und es zieht sich zurück. Die Verlassenen fallen körperlich und geistig zusammen, weil ihnen ihre Macht und ihr Einfluss fehlen, die sie getragen haben wie eine geistige Rüstung.« Dann wandte er sich wieder seiner Lehrzeit im Gefängnis zu.

»Ich fragte Franz, wieso das Böse geduldet wurde. Er erklärte mir, dass die Erde eine Existenzform der Dualität ist. Das sogenannte Böse hätte genauso eine Existenzberechtigung wie das sogenannte Gute. Das eine würde das andere bedingen. Erst durch die Existenz des einen könne das andere erkannt werden, denn in Wirklichkeit gebe es keine Trennung zwischen den beiden Polen. Aber jede auf der Erde inkarnierte Wesenheit solle die Chance haben, sich frei zwischen diesen Polen entscheiden zu können. Dazu müsse sie sie aber unterscheiden können. Dafür werde gesorgt, indem die Gehörnten und ihre Spießgesellen bei ihren Aktivitäten in Ruhe gelassen werden, um so ein Gleichgewicht der Kräfte zu schaffen. Es gebe aber Ausnahmen. Einige von ihnen dürften wir beseitigen, aber nur mit der ausdrücklichen Genehmigung des Alten.

Das andere Gesindel in diesem gut geordneten System, zum Beispiel die Spinnen und anderes Getier, dürften wir immer aus dem Weg räumen, ohne nachzufragen. Das seien nur von ihren Wirten erzeugte Phantome und Popanze. Nicht zu vergleichen mit den Dämonenfürsten und ihren Dienern. Eher mit Krebsgeschwüren. Wenn wir sie entfernten, würden wir damit automatisch die Gesundheit ihres Erzeugers verbessern.

Franz machte mir klar, dass ich heilen konnte und dass dies ab sofort meine Lebensaufgabe sein sollte.

In der Folgezeit fragte auch ich den Alten sehr oft um Rat, weil ich bei unseren Reisen andauernd mit bizarren Wesen konfrontiert wurde, die sehr bösartig und gefährlich waren. Aber ich wusste nicht, ob ich sie bekämpfen durfte.

Der Alte schien sie alle zu kennen. Er lehrte mich, wer Freund und wer Feind war und wen ich angreifen konnte und wen nicht. Das war für mich eine erstklassige Ausbildung. So lernte ich, wie ich mit den Wesenheiten umzugehen hatte, die uns bei unseren Reisen begegneten.

Im Knast bleibt nichts verborgen. Eines Abends bekam mein Zellengenosse schreckliche Magenkrämpfe. Ich heilte ihn in wenigen Minuten. Er erzählte am nächsten Tag im Hof anderen Gefangenen davon. Von da an kamen Insassen zu mir und ließen sich ihre Wehwehchen kurieren. Meine Erfolge sprachen sich herum. Bald hatte ich viele Patienten, die sich mit kleinen Geschenken bei mir bedankten. Schließlich wandte sich sogar ein Aufseher an mich. Er erzählte mir von dem Tumor in seinem Kopf. So etwas Schwerwiegendes hatte ich bis dahin noch nicht erlebt. Ich ging zu Franz, und wir erkundigten uns bei dem Alten, ob ich ihn heilen durfte.

Das eben war der Deal: Nur wenn der Alte zustimmte, war es mir erlaubt, zu heilen. Er hatte uns erklärt, dass ich kein neues Leben schenken konnte. Bei manchen Menschen war einfach die Lebenszeit abgelaufen, aus welchen Gründen auch immer. Dann war eine Heilung verboten. Bei dem Beamten war sie es nicht.

Ich brauchte mehrere Wochen, aber ich schaffte es. Strahlend kam der Aufseher eines Tages in meine Zelle und zeigte mir eine Röntgenaufnahme, auf der kein Tumor mehr zu sehen war. Seine Ärzte waren völlig verblüfft gewesen und konnten sich keinen Reim darauf machen, was geschehen war.

Seine Heilung hatte gravierende Auswirkungen auf sein Leben. Er kündigte seinen Job als Strafvollzugsbeamter, weil auch er nicht mehr hinter Gittern sein wollte. Er musste allerdings eine mehrmonatige Kündigungsfrist einhalten. Demonstrativ lief er bis zu seiner Entlassung mit Franz und mir über den Hof, um seinen verständnislosen Kollegen seine Solidarität mit uns Gefangenen zu signalisieren. Begierig fragte er mich nach den Details seiner Heilung. Ich erklärte sie ihm. Er wurde mein erster Schüler. Er war der Einzige, der wusste, dass Franz und ich gemeinsam geistig durchs Universum reisten. Nachdem ich ihm sein Wohnzimmer beschrieben hatte, das ich mir auf einer Geistreise angesehen hatte, war er endgültig überzeugt. Wenn er uns abends in unsere Zellen einschloss, grinste er. ›Ganz schön paradox, euch wegzusperren.‹

Heute arbeitet er erfolgreich als Heilpraktiker. Bei schwierigen Problemen mit seinen Patienten ruft er mich an, und wir besprechen den Fall. Meine eigene Ausbildung als Heiler dauerte bis zu meiner Entlassung. Mein Anwalt hatte inzwischen einen Deal für mich ausgehandelt, und das Gericht sprach mir die Halbstrafe zu. Mit der Auflage, dass ich sofort nach meiner Entlassung in die Türkei abgeschoben würde. Ich akzeptierte das Urteil ohne Wenn und Aber. Nach fünfzehn Monaten im Gefängnis wurde ich mit einem Polizeiwagen abgeholt und zum Flughafen gebracht. So wurde ich zu dem Menschen, den du gerade vor dir siehst.«

Arslan schwieg und blickte einige Sekunden starr aufs Meer hinaus. Dann drehte er sich zu mir und sah mir fest in die Augen.

»So, jetzt habe ich dir von meinen Wurzeln und dem Unkraut in meinem Leben erzählt. Morgen Vormittag werden wir uns intensiv darum kümmern, dass deine letzten Spannungen in deinen Geistkörpern beseitigt werden und du wieder auf deinen Beinen durchs Leben gehen kannst. Aber sei bitte nicht aufgeregt oder angespannt. In den letzten Tagen haben wir die Weichen gestellt. Dein Zug muss jetzt nur noch drüberfahren. Alles easy in Antalya.«

Er lachte – frei und herzhaft.

Mit gemischten Gefühlen hatte ich mir seine Geschichte angehört. Ich sah den klaren blauen Himmel über uns. Ohne mich auf irgendetwas zu fixieren, schaute ich einfach in die blaue Weite. Ich war da, das Blau des Himmels war da. Und sonst gab es nichts. Nur diese Weite und Klarheit.

»Sehr, sehr gerne«, antwortete ich und fühlte eine ungeheure Fröhlichkeit in mir emporsteigen. »Ich bin zu allen Schandtaten bereit.«

»Das ist gut so. Das ist sehr, sehr gut.«

13 Wenn ich in meiner Mitte suche, dann muss ich Höhen und Tiefen durchwandern. Ich darf lachen und weinen. Ich darf auch außer mir sein oder friedlich in mir ruhen. Aber ich werde den Frieden in meiner Mitte finden.

Ich saß auf dem Beifahrersitz in Charlottes Auto. Ich hatte die schöne Belgierin, wie Arslan sie gern nannte, vor einer halben Stunde in seiner Praxis kennengelernt, und wir fuhren gerade über eine breite Stadtautobahn zum Zentrum von Antalya.

Nach dem Gespräch mit Arslan war ich noch eine Zeit lang auf seiner Terrasse sitzen geblieben und hatte mir von Fatma einen Tee bringen lassen. Voller Freude hatte ich registriert, wie leicht es mir inzwischen fiel, die zarte Porzellantasse zu ergreifen, an meinen Mund zu führen und danach präzise auf der Untertasse abzusetzen. Die Beweglichkeit meiner Finger war wiederhergestellt. Meine beiden kleinen Sorgenkinder standen gerade und stramm wie Paradesoldaten und ließen sich bei Bedarf mühelos bewegen.

Charlotte war einfach zu mir gekommen und hatte mich gefragt, ob ich Lust hätte, Antalya kennenzulernen. Arslan hätte ihr berichtet, dass ich bisher nichts als mein Hotel und seine Praxisräume gesehen hätte. Sie wäre Managerin des größten Reiseunternehmens Antalyas, hätte heute einen freien Tag und wäre sehr gerne bereit, mir die Stadt zu zeigen. Falls ich Lust hätte. Selbstverständlich hatte ich Lust.

Charlotte informierte Arslan. Er kam sofort zu mir, schob mich eigenhändig in den Aufzug und zu Charlottes Auto und setzte mich hinein. Dann verstaute er meinen Rolli im Kofferraum.

»Bring Nazan bitte in drei Stunden wieder bei mir vorbei«, bat er Charlotte zu meiner Überraschung. »Ich habe mir überlegt, dass ich heute noch etwas mit ihr besprechen möchte. Das heißt natürlich nur, wenn du heute deine Siesta ausfallen lassen möchtest?«

»Kein Problem, klar doch«, antwortete ich. Ich war etwas aufgeregt und freute mich sehr auf den bevorstehenden Ausflug.

»Also bis später dann. Viel Spaß, ihr Schönen.«

Er schlug die Autotür zu, verneigte sich und stapfte mit seinen Armen rudernd davon. Wir sahen ihm amüsiert hinterher, bis er im Haus verschwunden war. Charlotte startete den Motor und fuhr los.

»Wie bist du zu Arslan gekommen?«, fragte ich sie.

Sie warf mir einen prüfenden Blick zu.

»Eine Freundin hatte mir von ihm erzählt, als ich in einer Lebenskrise steckte. Seit Jahren liefen alle meine Beziehungen schief. Im Grunde hatte ich immer das Gefühl, nicht genug geliebt zu werden. Der letzte Mann, mit dem ich zusammen war, hatte sich nur deshalb für mich entschieden, weil die Frau, die er eigentlich heiraten wollte, mit einem anderen abgeschwirrt war. Nach dieser Trennung ging ich zu Arslan.

Eine seiner ersten Fragen war, was ich mit seiner Hilfe erreichen wollte. Keine einfache Frage. Ich druckste herum, dann erklärte ich ihm, dass ich mich ständig ungeliebt fühle und über dieses Gefühl hinwegkommen möchte. Daraufhin wollte er wissen, was denn geliebt zu werden für mich bedeute. Ob ich beschützt, versorgt oder verwöhnt werden will. Ich antwortete, nichts davon, ich möchte nur verstanden werden. Seit meiner Kindheit fühlte ich mich nie wirklich verstanden, das heißt akzeptiert. Meine Eltern waren zwar liebevoll, aber sie waren hauptsächlich darauf bedacht, mich so zu erziehen, dass ich möglichst schnell den richtigen Mann finden und eine Familie gründen würde.«

»Na, bravo«, warf ich ein.

»Das kannst du wohl sagen. Arslan holte jedenfalls in den nächsten Wochen mit den inneren Reisen, die du ja sicher auch kennst, all meine verborgenen Konflikte und Erinnerungen ans Licht. Mein Vertrauen zu ihm wuchs, und ich hielt nichts zurück. In dieser Zeit erlebte ich die wesentlichen Momente meines Lebens noch einmal. Es gab Tränen im Überfluss.«

»Davon kann ich auch ein Lied singen.« Ich dachte an Arslans durchnässte Hemdbrust.

»Wie beruhigend.« Charlotte sah mich lächelnd an. »Eines Tages lag ich auf seiner Liege, als es mir wie Schuppen von den Augen fiel. Ich fühlte mich endlich vollkommen verstanden, aber ich wusste nicht, ob ich lachen oder weinen sollte. Mein sehnlichster Wunsch hatte sich erfüllt. Doch ich war nicht glücklicher als vorher. ›Was hat es mir eigentlich gebracht‹, wollte ich von ihm wissen.

›Deine Spannungen in deinem dritten und vierten Geistkörper haben sich aufgelöst‹, sagte Arslan. ›Das hat es gebracht.‹

Dann erläuterte er mir ausführlich, was das bedeutete. Er versicherte mir, dass ich nie wieder in meine alten Verhaltensmuster zurückfallen würde.

Und tatsächlich, ich war allem, was das veränderte Ich in

mir aufgebaut hatte, auf den Grund gegangen und hatte ihm die Basis entzogen. Nun konnte ich mit meinem wahren Ich, wie Arslan es nannte, zu neuen Ufern aufbrechen.

Meine Behandlung war beendet. Trotzdem suche ich ihn nach wie vor gerne auf, rede ich mit ihm und treffe durchaus auch die eine oder andere Entscheidung mit seiner Hilfe, sei es geschäftlicher oder privater Natur. Er ist sowas wie mein ›Life-Coach‹ geworden.«

»Er kennt ja bestimmt das Leben«, wagte ich einen Vorstoß, ob auch sie seine Geschichte kannte.

»Das kann man wohl sagen.« Sie warf mir einen wissenden Blick zu. »Und ich bin nicht die Einzige, die er coacht. Meine Freundin lässt sich auch von ihm beraten. Und ich bin beruflich tatsächlich viel erfolgreicher geworden. Was ich unter anderem daran erkenne, dass mein Chef mir bei unseren Besprechungen sehr genau zugehört, meine Vorschläge schätzt und sie auch in die Tat umsetzt. Außerdem habe ich einen neuen Mann kennengelernt, mit dem ich prima auskomme, weil ich meine Erwartungen aufgegeben habe. Ich akzeptiere ihn so, wie er ist, und denke nicht an die Zukunft. Ich will nicht mehr dauernd verstanden werden und bin deswegen nicht mehr so launisch und unberechenbar. Da hat Arslan mir wirklich sehr geholfen. So, nun aber genug von mir. Jetzt machen wir uns einen vergnüglichen Nachmittag.

Als Erstes zeige ich dir unseren berühmten Wasserfall. Der ist gar nicht weit weg von Arslans Praxis. Anschließend fahren wir in die Altstadt und zum alten Hafen. Wenn du willst, zeige ich dir gerne auch ein paar Boutiquen. Vielleicht finden wir ein schickes Kleid für dich.«

Charlottes offene Art gefiel mir. Sie tat mir gut. Vielleicht hatte Arslan das auch erkannt und sie deshalb gebeten, mir die Stadt zu zeigen. Er schien wirklich an alles zu denken.

Charlotte fuhr mich von einer Sehenswürdigkeit zur anderen. Natürlich konnte ich nicht aussteigen, aber was ich vom Auto aus sah, beeindruckte mich. Aus der verschlafenen Stadt am Meer war eine ausgesprochen lebendige Großstadt mit vielen schönen und scheußlichen Facetten geworden.

Am Ende unserer Sightseeing-Tour hielt Charlotte vor ihrer Lieblingsboutique. Sie stieg aus und ließ mir von der Inhaberin, mit der sie gut befreundet war, alle Kleider in meiner Größe ans Auto bringen. Gemeinsam wählten wir eines aus, und ich kaufte es. Die Boutiquebesitzerin gab mir von sich aus einen großzügigen Nachlass und schenkte mir noch ein Halstuch.

In bester Stimmung fuhren wir zu Arslans Praxis zurück. Der Ausflug in die sogenannte Normalität und die unbeschwerte Zeit mit Charlotte hatte mir Spaß gemacht.

»Wenn du willst, besuche ich dich heute Abend in deinem Hotel, und wir essen zusammen«, bot sie mir an, als wir vor Arslans Praxis angekommen waren. Anscheinend hatte auch ich ihr gefallen. Was mich sehr freute, denn ich hatte mir die Lehren des Karpfens über den Umgang mit meinen Mitmenschen zu Herzen genommen. Und bei Charlotte war es mir wirklich leichtgefallen, mit ihr »zu tanzen«. Aber heute noch gemeinsam den Abend zu verbringen war mir doch etwas zu anstrengend.

»Das ist eine gute Idee, aber ich fürchte, dass ich abends sehr müde sein werde, wenn ich jetzt noch eine Sitzung mit Arslan habe. Außerdem wartet meine Pflegerin heute schon um acht auf mich. Aber wie wär's mit morgen Abend?«

»Morgen ist wunderbar. Ich komme um 18 Uhr zu dir, gleich nach der Arbeit. Dann wird es nicht so spät für dich. So, jetzt darf dich Arslan wieder in Empfang nehmen.«

Wenig später saß ich neben Arslan auf der Terrasse. Neugierig schaute er in die Tüte, die das neue Kleid enthielt.

»Gefällt mir, was du dir da gekauft hast. Schöne warme Farben. Deine Lebensfreude ist zurückgekehrt, stimmt's?«

Ich strahlte ihn an.

»Das freut mich sehr. Aber zur Sache. Ich wollte dich noch einmal sehen, weil ich dir noch einiges über deine Chakra-Tiere erzählen möchte, die du morgen intensiv kennenlernen wirst. In unseren Träumen kommen immer wieder Tiere vor, und auch in unserem Alltag tauchen gelegentlich Tierbilder vor unserem geistigen Auge auf. Bei einer meiner inneren Reisen mit Franz haben wir entdeckt, dass die Energien, die unseren physischen Körper, der zur Fauna gehört, am Leben erhalten, oftmals als Tiere in Erscheinung treten.

Die Chakra-Tiere sind immer gegenwärtig. Wir können jederzeit Kontakt zu ihnen aufnehmen. Sie stehen in einer sehr liebevollen und fürsorglichen Art in Beziehung zueinander. Wenn sie zusammenkommen, können sie gegenseitig ihre Verletzungen heilen. Dazu brauchen sie aber unsere Zustimmung und Unterstützung.

Ich will dir erzählen, was ich mit meinen Tieren erlebt habe. Eines Morgens schwamm ich, wie jeden Tag, um sieben Uhr in der Bucht. Ich legte mich flach auf den Rücken, ließ mich von den Wellen tragen und genoss mit geschlossenen Augen die kühle Frische des Wassers. Plötzlich hatte ich eine Vision und sah, dass sich in meiner Stirn eine weiße Taube und in meinem Herzen ein Gorilla aufhielten. Sofort war mir klar, dass das die beiden Tiere waren, die in diesen Zentren lebten. Ich fragte mich, wie wohl meine anderen Chakra-Tiere aussähen.

Also begab ich mich auf eine innere Reise durch meinen Körper. In meiner Kehle, meinem fünften Chakra, konnte ich eine silberne Schlange erkennen, die zusammengerollt schlief. In meinem Solarplexus, meinem dritten Chakra, lief ein Hirsch nervös auf und ab. In meinem Bauch, meinem zweiten Chakra, tollten zwei Kojoten herum, und am unteren Ende der Wirbelsäule, meinem ersten Chakra, saß still und ruhig eine kleine Schildkröte.

Ich suchte nacheinander alle Tiere auf und befragte jedes Tier, ob es zu einem Treffen mit den anderen bereit wäre. Sie stimmten alle zu und versammelten sich unter einem Olivenbaum. Dort standen sie wie Fremde auf einer Party still nebeneinander und starrten vor sich hin. Kein Tier schaute die anderen an. Offensichtlich schienen sie sich nicht besonders gut oder gar nicht zu kennen. Ich wollte wissen, ob ich etwas für sie tun könnte. Wie auf ein geheimes Kommando bewegten sie sich auf einmal und bildeten einen Kreis. Die kleine Schildkröte trat zaghaft in die Mitte. Sie erzählte, dass sie sich in der Gegenwart der anderen Tiere sehr schwach und klein fühlte und Angst vor ihnen hätte, weil sie alle so groß und stark wären. Sie hätte das Gefühl, dass sie nicht wirklich zu ihnen gehörte und nicht die Leistung bringen könnte, die von ihr erwartet würde.

Als ich die Worte der Schildkröte hörte, erinnerte ich mich daran, wie ich mich gefühlt hatte, als ich das erste Mal als Lehrling an der Seite des Vorarbeiters die Schlachthalle in der Fabrik meines Vaters betreten hatte.

Er hatte mich zu einer Gruppe von sechs muskelbepackten Hünen geführt, die an der Schlachtbank arbeiteten. Sie waren dabei, eine gerade getötete Kuh zu zerlegen, deren Blutreste an ihren weißen Schürzen, ihren nackten Armen und in ihren Gesichtern hafteten. Inmitten der Fleischstücke, die einmal ein Lebewesen gewesen waren, sahen sie mit ihren blutverschmierten Messern aus wie furchterregende Dämonen, die ich in Horrorfilmen gesehen hatte. Ich bekam es mit der Angst zu tun und fühlte mich klein und schwach. Als der Vorarbeiter mich ihnen vorstellte und ihnen mitteilte, dass ich ab sofort mit ihnen zusammenarbeiten würde, sahen sie mich misstrauisch an. Sie wussten, dass ich der Sohn des Chefs war, und dachten, ich sollte sie kontrollieren. Also ließen sie mich eine Arbeit verrichten, bei der ich mich dauernd von ihnen entfernen musste. Den ganzen Tag über transportierte ich die fertig zerteilten Fleischportionen mit einem Handkarren zur Verpackungsstation. Mit den klein geschnittenen Körperteilen ihrer Artgenossen auf meinem Wagen lief ich an den auf ihren Tod wartenden Rindern vorbei, die mich mit ihren schönen, sanften Kuhaugen ansahen. Sie spürten genau, was ihnen bevorstand. Die Luft in der Halle roch nach Blut und Tod. Panik überfiel mich. Ich wollte weglaufen. Ich hatte das Gefühl, dass ich überhaupt nicht hierhergehörte. Mir ging es genau wie der Schildkröte.

Die Schildkröte zog ihren Kopf in ihren Schutzpanzer ein. Die anderen Tiere bildeten einen engen Kreis um sie herum und bückten sich zu ihr hinunter.

›Du gehörst zu uns und bist ein fester Bestandteil unseres Teams. Ohne dich könnten wir unsere Aufgaben nicht erfüllen‹, sagte der Gorilla sanft. ›Er hat recht. Du bist ein ganz wesentlicher Bestandteil unseres Teams‹, bestätigte der Hirsch röhrend, und die anderen Tiere murmelten beifällig durcheinander.

Da geschah etwas Merkwürdiges: Die Schildkröte lugte aus ihrem Panzer hervor und fing an zu wachsen. Sie wurde immer größer und größer, bis sie eine Riesenschildkröte geworden war, die die anderen Tiere hoch überragte. Sie traten alle zurück und sahen bewundernd zu ihr auf. Die Schildkröte hatte ihre Angst und Schüchternheit verloren. Sie strahlte Selbstbewusstsein, Kraft und Liebe aus.

Fasziniert hatte ich die Szene beobachtet. Als die Schildkröte zu wachsen anfing und immer mächtiger wurde, hatte ich ganz deutlich gespürt, wie dieses Gefühl von damals, klein und schwach zu sein und nicht dazuzugehören, endgültig von mir abfiel. Dieses intensive Gefühl, das mich so lange begleitet hatte und das ich so oft durch Aggression und Geltungsbedürfnis zu kompensieren versuchte, verließ mich endgültig und löste sich genauso auf wie mein verändertes Ich. Auf einmal war ich wirklich mit meinem wahren Ich verbunden. Mein physischer Körper wurde leicht und schwerelos – und das hatte nichts mit den Wellen zu tun, die ihn sanft schaukelten.

Bei dieser Begegnung mit meinen Chakra-Tieren lernte ich, dass wir alle ein inneres System besitzen, das uns unsere Verletzungen und Blockaden in den einzelnen Energiezentren anzeigt. Und selbst wenn wir unsere Tiere ein Leben lang verdrängt und missachtet haben, sind sie jederzeit bereit, deren Heilung beziehungsweise Auflösung in Gang zu setzen, wenn wir sie kontaktieren.

Ich hatte soeben das innere Selbstheilungssystem gefunden, nach dem ich schon so lange suchte. Und dieses, meine liebe Nazan, werden wir morgen aktivieren und zu deiner Ganzwerdung und Heilung einsetzen. Zur Vorbereitung darauf bekommst du die Aufgabe, heute Abend mit deiner Schlange in Kontakt zu treten.«

»Meiner Schlange? Was soll das heißen?«, fragte ich ihn erschrocken. »Habe ich etwa doch noch eines dieser selbst erzeugten Ungeheuer in mir?«

»Keineswegs, Nazan. Ich spreche von etwas sehr Schönem. Du musst dich nicht fürchten. Jeder Mensch hat seine Schlange, auch du. Sie wartet darauf, dich zu treffen. Die Zeit ist reif für eure Begegnung. Bevor du heute einschläfst, ruf nach ihr. Wenn sie erscheint, vertraue ihr und befolge ihre Worte. Ich freue mich auf deinen Bericht. Wir sehen uns morgen wie immer um zehn Uhr. Geht es dir gut?«

»Ausgesprochen gut«, sagte ich. Ganz kurz sah ich einen silbern schimmernden, riesigen Schlangenkopf vor meinem geistigen Auge auftauchen. Aber das war sicher reine Fantasie.

Arslan stand auf und verabschiedete sich von mir. Ich bat ihn, Fatma auszurichten, dass ich gerne eine Tasse Tee hätte, bevor sie mich ins Hotel zurückbringen würde. Ich wollte einfach nur den Zauber des Augenblicks noch ein wenig genießen.

Es dämmerte bereits, als Fatma mich mit meiner Einkaufstüte in der Hand zum Hotel schob. Ich fühlte mich wie eine völlig normale Frau, die soeben ihre Shoppingtour beendet hat. Melek erwartete mich in der wie immer eisgekühlten Halle und sah mich erstaunt an.

»Du siehst wunderbar aus«, begrüßte sie mich. »So strahlend und rundum glücklich.«

»Das bin ich auch. Und ich freue mich auf alles, was mich hier noch erwartet.«

Eine halbe Stunde später lag ich frisch gewaschen und umgezogen in meinem gemütlichen Bett und schaute zufrieden meinem neuen Kleid zu, das Melek auf einem Bügel vor dem offenen Fenster aufgehängt hatte. Es tanzte fröhlich in der Brise, die wie immer vom Meer in mein Zimmer strömte und es mit salzigem Duft erfüllte. War das ein gutes Omen? Ich schloss die Augen. Kurz darauf war ich tief eingeschlafen. Arslans Aufforderung, meine Schlange anzurufen, hatte ich vergessen.

14 Gott, ich weiß, dass ich mit dir verbunden bin und in dir mein Sein habe. Ich bin dein Ebenbild und deshalb in meinem Innersten auch vollkommen, unverletzlich und voller Stärke.

»Na gut, wenn du gestern Abend die Schlange nicht mehr angerufen hast, dann war die Zeit eben noch nicht reif für eure Begegnung. Wir werden deine heutige Behandlung eben damit abschließen. Das ist perfekt, du wirst sehen. Aber vorher möchte ich dich endlich mit deinen Tieren bekannt machen.«

Ich lag seit ein paar Minuten wieder auf Arslans Liege. Er stand neben mir und sah aufmunternd zu mir herunter. Mein Eingeständnis, dass ich die Schlange gestern Abend komplett vergessen hatte, hatte er sogar erfreut zur Kenntnis genommen. Was mich sehr erleichterte. Ich war auf eine heftige Standpauke gefasst, wie ich es von meinem Vater kannte. Verdammt, da war er wieder aufgetaucht!

Nach einer entspannenden Atemübung, für die Arslan sich heute besonders viel Zeit nahm, forderte er mich auf, den Ort aufzusuchen, an dem ich mir meine inneren Bilder ansehen könnte.

Ich hatte keine Ahnung, was er damit meinte. Doch im

nächsten Moment stand ich vor einem alten, schweren Holzportal, das mit vielen Schnitzereien verziert war. In ihnen erkannte ich einige der Tierköpfe wieder, die mich während meiner Kindheit oft von der Mauer meinem Bett gegenüber angesehen hatten. Bevor ich sie näher betrachten konnte, öffnete sich das Portal einen Spaltbreit. Die Öffnung war groß genug für mich. Ich schlüpfte hindurch. Auf der anderen Seite befand sich ein Zoo mit vielen weitläufigen Gehegen, in denen sich alle Arten von Tieren aufhielten, die mich neugierig anschauten. In einem der eingezäunten Gebiete erblickte ich einen Baum mit weit ausladenden Ästen, der mir merkwürdig vertraut vorkam. Schlagartig fiel es mir ein. Es war der Affenbrotbaum, von dem ich damals in München ein paar Tage vor meiner Abreise nach Antalya geträumt hatte. Der Baum, unter dem ich dem Löwen begegnet war. Suchend blickte ich mich um. Der Löwe war nirgends zu sehen, aber wie aus dem Nichts stand der Teddybär hoch aufgerichtet neben mir.

»Willst du, dass ich deine anderen Tiere herbeirufe?«, fragte er mich.

Ich nickte.

Sofort tauchten ein Zebra, ein Gorilla, eine Giraffe, ein Elefant und mein silberner Karpfen in dem Gehege mit dem Affenbrotbaum auf. Sie kamen auf mich zu und bildeten mit dem Bären einen Kreis um mich herum. Vom strahlend blauen Himmel flog ein Adler herbei und ließ sich auf einem Ast des Baumes nieder.

»Hast du eine Frage, die du uns stellen möchtest?«, wandte sich der Bär an mich.

»Sag ihnen, dass du wissen möchtest, was du für sie tun kannst«, hörte ich Arslans Stimme. »Sie sollen es dir genau erklären.«

Der Bär hatte ihn genauso gut verstanden wie ich.

»Also gut«, antwortete der Bär. »Ich möchte dir unbedingt etwas zeigen. Setz dich bitte auf meinen Rücken.«

Er ließ sich auf alle viere nieder, und ich kletterte auf ihn hinauf. Zum ersten Mal bemerkte ich, dass sich sein Fell an seinem Rücken schmutzig, borstig und räudig anfühlte. Kaum saß ich, sprang er auf und lief los. Ich erwartete, dass wir gleich abheben und wie mit dem Karpfen wieder ins Weltall hinausfliegen würden, aber ich irrte mich. Der Bär lief zielstrebig in Richtung eines am Ende des Zoos gelegenen Dschungels. Er rannte durch das dichte Unterholz, bis er eine kleine Lichtung erreichte, in deren Mitte sich die quadratische Öffnung eines Schachts im Boden befand. Der Bär verlangsamte sein Tempo, trottete zu dem Einstieg und blieb an dessen Rand stehen.

Ich blickte in ein tiefes, dunkles, bodenloses Loch. Es sah aus wie ein Brunnen. Im Halbdunkel erkannte ich eine lange Leiter, die an eine Wand gelehnt war. Der Bär forderte mich auf, mich gut festzuhalten. Dann stieg er auf die Leiter und kletterte mit mir auf seinem Rücken nach unten. Um uns herum war es düster, nass und kalt. Der Bär stieg immer weiter die Leiter hinunter. Auf einmal bekam ich starke Herzschmerzen. Je tiefer der Bär die Leiter hinabstieg, desto stärker wurden meine Schmerzen. Entsetzt spürte ich, wie sich das Fell des Bären, in das ich mich festgekrallt hatte, von seiner Haut löste. Ich verlor den Halt und stürzte in die Tiefe. Nach einem mir endlos erscheinenden Fall knallte ich mit voller Wucht auf den Boden. Es wurde schwarz um mich.

Als ich wieder zu mir kam, stellte ich fest, dass ich mich im Keller meines Elternhauses befand. Der Schmerz in meiner Brust wurde unerträglich. Ich dachte, dass ich mir bei dem Sturz alle Rippen gebrochen hätte. Ich konnte kaum atmen. Mühsam richtete ich mich auf und schaute mich nach dem Bären um. Er war weg.

Das Aufstehen hatte mich viel Kraft gekostet. Erschöpft lehnte ich mich gegen eine Wand und schloss die Augen. Eine Kindheitserinnerung tauchte vor mir auf. Ich war fünf Jahre alt und stand mit meinem Vater in genau diesem Keller. Er hatte sich zu mir heruntergebeugt und erklärte mir, dass er hier ein Spielzimmer für mich und meinen kleinen Bruder einrichten wollte. Aufmerksam lauschte ich jedem seiner Worte, glücklich, dass er sich so um mich kümmerte und so lieb zu mir war. Plötzlich verstummte er und sah mich ganz merkwürdig an. Dann packte er mich und gab mir zwei schallende Ohrfeigen.

Während ich als Fünfjährige tief verletzt und weinend davonstürzte, weil ich keine Ahnung hatte, warum er mich so heftig geschlagen hatte, wurde mir als Beobachterin der Szene blitzartig klar, dass die vielen Schläge, die ständigen Kritiken und Demütigungen, die ich von meinem Vater erdulden musste, einen sexuellen Hintergrund hatten. Sie hatten gar nichts mit meinen angeblichen Fehlern und Schwächen zu tun. Es ging nur um seine unterdrückten sexuellen Begierden.

Im Grunde genommen hatte er pausenlos sich selbst geschlagen und gedemütigt. Meine aus seinen fortwährenden Erniedrigungen resultierenden Minderwertigkeitskomplexe, Selbstzweifel und meine Schüchternheit Fremden gegenüber waren also völlig unbegründet gewesen.

Schlagartig ließen die Schmerzen in meiner Brust nach. Ich holte tief Luft und musste laut lachen. Doch ganz verschwunden waren sie noch nicht. Ich spürte, dass es noch eine winzige eingefrorene Stelle in meinem Herzen gab.

Aus der Dunkelheit tauchte der Bär vor mir auf und umarmte mich sanft. Dann deutete er auf die Kellerwand. Dort lief ein Film ab. Er zeigte mich als kleines Mädchen. Ich sah das Kind, wie es durch das Unterholz eines Waldes rannte. Es war wild, aktiv, neugierig und abenteuerlustig und wollte die Welt entdecken. Dann musste ich zuschauen, wie das Mädchen schluchzend und zitternd vor seinem Vater stand, der es beschimpfte und schlug, weil diese Dimension der Persönlichkeit seiner Tochter zum Vorschein gekommen war. Diese Szene wiederholte sich immer und immer wieder auf der Leinwand. Schließlich erschien das Mädchen als Dreizehnjährige. Es saß traurig und allein in seinem Zimmer und nähte Knöpfe an ein Kleid. Seine Risikobereitschaft und Lebendigkeit waren verkümmert. Dieser Teil war in seinen Tränen eingefroren worden. Entgeistert sah ich mir an, wie ich mich in ein angepasstes, total kontrolliertes und gehorsames Kind verwandelt hatte. Ohne jeglichen eigenen Unternehmungsgeist. Ich hasste dieses gehorsame Mädchen, das nur daran orientiert war, den Willen seines Vaters zu erfüllen. Auf einmal verdunkelte sich die Leinwand. Zu meiner grenzenlosen Verblüffung stand das Mädchen mit Tränen in den Augen leibhaftig vor mir und schluchzte: »Nicht nur du, jeder hat mich gehasst!«

In diesem Moment begriff ich, dass ich all den Ärger, der von außen auf mich zukam, immer sofort an das Mädchen mit den gefrorenen Tränen weitergeleitet hatte. Plötzlich tat sie mir unendlich leid. Ich erkundigte mich bei dem Bären, was ich mit ihr machen sollte.

»Bitte sie, sich wieder mit dir zu vereinen«, antwortete er. Langsam verwandelte sie sich. Sie wurde zu dem wilden Mädchen, das ich so lange vernachlässigt hatte. Ich spürte ihre innere Verbitterung, ihren Zorn und ihre Wut. Sie trug ihre gefrorenen Tränen wie eine eisige Kette um ihren Hals und zitterte vor Kälte. Dann stellte sich das gehorsame, angepasste und fast leblose Mädchen, das ich beim Nähen beobachtet hatte, neben sie. Beide litten große Qualen und sahen mich mit ihren traurigen Augen flehentlich an. Ich ging mit

Tränen in den Augen zu ihnen, legte meine Arme um die Schultern der beiden und drückte sie ganz fest an mich.

»Ich möchte, dass ihr beide wieder ganz und heil werdet«, wünschte ich mir. »Aber ich habe keine Ahnung, wie das geschehen soll. Sagt mir, was ihr von mir braucht, damit es passiert.«

»Akzeptiere und liebe uns so, wie wir sind«, antworteten sie unisono.

»Das tue ich, ich schwöre es. Ich habe endlich verstanden, dass ich euch immer abgelehnt und mich nie mit euch identifiziert habe. Aber jetzt weiß ich, dass ihr zwei wichtige Teile meines wahren Ichs seid. Ich bin nichts ohne euch und liebe euch so, wie ihr seid. Ihr seid für mein ganzes Dasein wichtig und lebensnotwendig. Ich habe verstanden, dass du, wildes Mädchen, Spontaneität und Lebendigkeit verkörperst und du, gezähmtes, die Fähigkeit, intuitiv zu wissen, um was andere dich bitten werden. Du hast gelernt, kontrolliert zu handeln. In dieser Kombination besitzt ihr alles, was ich brauche, um jede Situation meistern zu können.«

In diesem Moment begann der Eisring um den Hals des wilden Mädchens zu schmelzen. Das Bild einer wunderschönen Wölfin tauchte vor mir auf, die mit großen Sprüngen um einen Käfig tanzte, dessen Stäbe zerbrochen waren. Ich fühlte in meinen Armen, wie die Energien der beiden Mädchen versuchten, sich zu verbinden. Sie waren immer noch voneinander getrennt.

»Du musst aufpassen, dass sie nicht miteinander verschmelzen. Lass jeder von ihnen ihre eigenen Räume und anerkenne und liebe jede von ihnen in ihrer einzigartigen Individualität so, wie sie ist«, hörte ich den Bären sagen. Intuitiv wusste ich das bereits.

Ein Licht fiel in den finsteren Kellerraum, und es wurde schlagartig taghell. Ich musste blinzeln, weil ich so geblendet war. Als ich wieder klar sehen konnte, waren die beiden Mädchen verschwunden, und der Bär stand vor mir. Aber er hatte sich verändert. Er war ungefähr eineinhalb Mal so groß wie zuvor. Sein braunes Fell schimmerte. Er sah gesund und kraftvoll aus.

Ich lief zu ihm und umarmte seinen mächtigen Hals.

»Du hast dich einfach immer viel zu sehr bemüht, gut zu sein und es allen recht zu machen«, brummte er. »Daher hast du deine Handlungen stets in einem viel zu grellen Licht betrachtet. Auch von deinen Mitmenschen verlangst du andauernd zu viel Güte. Deswegen machst du dir ständig Sorgen. Doch all dies ist nichts als Schein. Du bist weder gut noch böse. Verlange daher nicht von dir, gut zu sein. Sowenig, wie du dich als schlecht betrachten darfst. Du sollst nur aus innerem Antrieb handeln, ohne nach irgendetwas zu streben. Ohne zu werten – nicht schlecht, nicht gut, nicht groß, nicht klein, nicht niedrig und nicht hoch – so sollst du sein.«

Ich hatte ihm aufmerksam zugehört. Auf einmal krampfte sich mein Herz zusammen. Ich griff mir an die Brust.

Der Bär hatte meine Bewegung natürlich bemerkt.

»Wenn dein Herz schmerzt, lass es uns einfach zerbrechen«, stellte er gelassen fest. Ich fühlte, wie es einen Knacks in meiner Brust gab und mein Herzschlag aussetzte. Tiefe Trauer erfasste mich. Ich fing an zu weinen. Ich ging zu dem Bären und verbarg mein Gesicht in seinem weichen Fell, das noch angenehmer als zuvor nach Wald und frischem Wind roch. Aber das tröstete mich nicht. Ununterbrochen strömten die Tränen aus mir heraus. Ich weinte wieder wie ein Wasserfall. Der Bär stand ganz still und ließ mich in Ruhe schluchzen. Erst als mein Tränenstrom langsam verebbte, hörte ich ihn flüstern:

»Und jetzt besorgen wir dir ein neues Herz.«

»Wo willst du ein passendes finden?«, fragte ich verwundert.

Der Bär löste sich von mir und deutete mit seiner Tatze in Richtung einer Öffnung in der Decke des Kellers. Aus ihr kam mein Adler herangeflogen. Er fasste mich mit seinen Krallen, hob mich mühelos hoch und flog mit mir ins Freie. Wir schwebten über einer kargen Landschaft oberhalb eines alleinstehenden, kleinen Hauses. Der Adler blieb einfach in der Luft stehen, damit ich eine Szene vor dem Haus beobachten konnte. Ich sah meinen Großvater aus der Tür treten. Mit eisernem Griff zog er meinen Vater hinter sich her, der höchstens vier Jahre alt war. Im Hof waren die dreizehn Geschwister meines Vaters wie Soldaten in Reih und Glied angetreten. Mein Großvater legte den kleinen Körper meines Vaters auf einen Holzblock und zog ihm seine Hose herunter. Dann hielt er ihn mit einer Hand fest, während er mit einer Rute auf seinen nackten Hintern einschlug.

»Ich wollte dir zeigen, wo seine Gewalttätigkeit herkam«, sagte der Adler. Er erklärte mir, dass mein Vater das jüngste von den vierzehn Kindern meiner Großeltern gewesen war. Er war das Lieblingskind meiner Großmutter, die viel jünger als mein Großvater war. Bei jeder Geburt eines Kindes wurde mein Großvater verrückt vor Eifersucht. Ganz besonders aber misstraute er seiner Frau bei seinem jüngsten Sohn. Seinen Zweifel an der Vaterschaft ließ er meinen Vater bei jeder Gelegenheit körperlich spüren. Jetzt verstand ich auch, warum sich mein Vater nie über seine Besuche freute.

Der Adler flog mit mir an das Ufer eines Waldsees, an dem der Bär schon auf uns wartete. Aber nicht nur er. Der Karpfen steckte seinen Kopf aus dem Wasser und schaute uns zu, wie wir sanft neben dem Bären landeten.

»Ich bringe dich jetzt zu deinem neuen Herz«, rief der Karpfen mir zu. Er riss sein Maul weit auf, und nacheinander liefen der Bär, der Adler und ich hinein. Ich erwartete, dass wir jetzt wieder eine lange Reise antreten würden, aber ich irrte mich. Der Karpfen schloss sein Maul und tauchte mit uns auf den Grund des Sees. Als er sein Maul wieder öffnete, standen das Zebra, der Gorilla, die Giraffe und der Elefant vor mir. Ich freute mich sehr, sie alle hier zu sehen. Wieder musste ich weinen. Doch diesmal waren es Tränen der Freude.

Der Elefant deutete mit seinem Rüssel auf eine Schatztruhe, die halb im sandigen Grund vergraben war. Er forderte mich auf, zu ihr hinzugehen und sie zu öffnen. Ich versuchte es, aber ich bekam sie nicht auf. Der Deckel war zu schwer. Die Tiere eilten herbei, und jedes half mir auf seine Weise. Mühelos ließ sich der Deckel jetzt anheben. In der Truhe lag ein großes Herz, das wie eines der braunen Lebkuchenherzen aussah, die man auf dem Oktoberfest kaufen kann. Es trug eine Inschrift: »Wir lieben dich«.

Mir war klar, dass das eine Botschaft der Tiere und das Herz ihr Geschenk an mich waren. Der Gorilla und die Giraffe traten vor und halfen dem Bären, das Herz in meine Brust einzusetzen. Als sie es geschafft hatten, jubelten alle und tanzten fröhlich um mich herum. Ich wollte von dem Bären wissen, wie ich ihnen dafür danken könnte. Statt seiner antwortete der Adler: »Zeige von nun an den Menschen dein neues Herz!«

Ich nickte den Tieren zu. Der Karpfen brachte uns zurück ans Ufer. Wir entzündeten ein Lagerfeuer, um das wir uns herumsetzten. Dann schlug der Bär vor, dass wir jetzt für einige Zeit mein neues Herz betrachten sollten. Ich sah deutlich vor mir, wie es regelmäßig in meiner Brust schlug. Dann horchte ich in mich hinein und konzentrierte mich auf meinen kraftvollen Herzschlag. Ich wurde müde und schlief ein.

»So, genug geruht. Wir haben noch etwas sehr Wichtiges zu erledigen. Jetzt geht's ums Ganze. Es ist Zeit für deine Schlange. Bitte sie, dir zu erscheinen«, vernahm ich aus weiter Ferne Arslans Stimme und war sofort hellwach. Ich fühlte mich frisch und gestärkt. Das Feuer brannte noch, aber die Tiere waren verschwunden.

»Meine Schlange, bitte komm zu mir!«, rief ich. Umgehend tauchte eine bunt schillernde Anakonda vor mir auf. Sie war so groß, dass sie mich mühelos mit Haut und Haaren hätte verschlingen können, ohne dass sich das Volumen ihres gewaltigen Leibes maßgeblich verändert hätte. Ein starkes Angstgefühl ergriff mich. Ich zitterte am ganzen Körper. »Du musst dich nicht fürchten«, zischelte sie. »Natürlich könnte ich dich fressen, aber das bringt uns nicht weiter. Vertrau mir einfach und setz dich auf meinen Rücken. Nur zu deiner Information: Ich kann deine Gedanken lesen. Wenn du mir etwas mitteilen willst, brauchst du es nur zu denken. So, und jetzt setz dich auf meinen Schwanz.«

Mit diesen Worten ließ sie ihr dickes Schwanzende neben mich auf den Boden gleiten. Nach kurzem Zögern kletterte ich hinauf und suchte gerade nach einer Möglichkeit, mich festzuhalten, als ich mit einer peitschenartigen Bewegung durch die Luft geschleudert wurde und auf dem senkrecht aufgerichteten Oberteil der Schlange landete. Ich begann zu rutschen und versuchte verzweifelt, mich festhalten. Aber der Umfang der Schlange war so groß, dass meine Armlängen nicht ausreichten, um sie umklammern zu können. Trotz meiner aufsteigenden Panik bemerkte ich, dass sie mit farbigen Schuppen bedeckt war, wie ein kunstvolles Mosaik, das ihren Rücken zierte. Plötzlich richtete sie sich auf, streckte sich in die Länge und schoss los. Wie ein bunt gefärbter Pfeil, der von einem gewaltigen Bogen abgeschossen worden war und senkrecht nach oben flog. Ich fürchtete, jeden Moment abzustürzen. Aber dann merkte ich verwundert, dass ich mit der Schlange verschmolzen und zu einem Teil ihres Körpers geworden war. Die Anakonda schien das gar nicht zu bemerken. Sie flog bereits viel schneller als der Karpfen, ihre Geschwindigkeit schien sich ständig zu steigern. In einem Wimpernschlag verließen wir den Orbit der Erde, unser Sonnensystem und unsere Galaxie. Und es ging immer weiter. Die Riesenschlange flog so schnell, dass ich nur noch verschwommene Formen und vorbeirasende, farbige Lichtschnüre wahrnahm, die miteinander zu verschmelzen schienen. Mir wurde blitzartig bewusst, dass ich gerade alle meine Bezugspunkte verloren hatte. Selbst die Erde und die Sonne waren verschwunden. Um mich herum existierten nur noch Licht- und Schattenspiele, die mir nichts sagten und die ich nicht definieren konnte. Ich hatte keine Ahnung, wie weit wir schon geflogen waren und wo wir uns befanden. Aber merkwürdigerweise spürte ich keinerlei Angst mehr. Im Gegenteil. Ich wurde in jedem Moment der aberwitzigen Reise immer unbeschwerter. Jeder Ballast fiel von mir ab, und ein tiefes Glücksgefühl breitete sich in mir aus.

»Du hast nur noch mich als deinen einzigen Bezugspunkt«, vernahm ich die zischelnde Stimme der Schlange. »All die Bezugspunkte, Prägungen und Rituale, die dir in deinem Leben gezeigt und beigebracht wurden, gibt es jetzt nicht mehr. Aber du kannst mir völlig vertrauen. Ich bin nämlich die Energie deines wahren Ichs, und die Energie deines wahren Ichs ist ein Teil der Energie des Universums. Sie ist immer verbunden mit dem gesamten Kosmos. Weil du mit mir verschmolzen bist, bist du jetzt eins mit ihm, in ihm geborgen, behütet und beschützt. Es gibt keine Trennung mehr zwischen deinem veränderten und deinem wahren Ich, auch sie sind wieder eins geworden. Deine anderen Bezugspunkte sind aufgelöst, und das ist gut so. Sie waren nichts als Chimären deines veränderten

Ichs, die dich gespaltet und dich von mir und damit vom Universum separiert haben. Diese Ablösung gibt es ab sofort nicht mehr. Jetzt bist du wieder ganz, das heißt eins mit dem Kosmos und dem Gott in dir: deinem wahren Ich.«

Ich fühlte mit jeder Faser meines Körpers, dass sie mit allem recht hatte. Eine ungeheure Euphorie erfasste mich. Ohne Beschwernis dachte ich noch einmal daran, wie ich mein ganzes Leben lang meine Aufmerksamkeit auf Meinungen, Wissen und Dinge gerichtet hatte, die meine Eltern, Lehrer und Mitmenschen als wesentlich bezeichneten. Sie waren der Maßstab für mein Verhalten gewesen. Dabei war ich seit meiner Geburt mit dieser kosmischen Energie der Schlange verbunden, die mir gerade ihre wahre Identität und ihre göttliche Dimension offenbart hatte. Ich hatte eine Göttin in mir, aber ich hatte sie nie wahrgenommen. Mein Bewusstsein war immer außerhalb von mir gewesen. Daraus resultierten die Aufsplitterung meiner Persönlichkeit und die Teilung meines veränderten und meines wahren Ichs. In diesem Augenblick verstand ich alles. Ein Gefühl tiefster Dankbarkeit und Freude durchströmte mich.

»Kann ich etwas für dich tun?«, fragte ich die Anakonda.

»Liebe mich«, zischelte sie.

Bestürzung schnürte mir den Hals zu. Mir wurde bewusst, dass ich mein Leben lang Angst davor gehabt hatte, die Schlange zu lieben. Mir und allen Menschen wurde von klein auf beigebracht, Schlangen zu fürchten und sie zu meiden. Diese Warnung hatte sich tief in mir festgesetzt.

Mir wurde klar, dass man niemals sich oder einen anderen Menschen wirklich lieben kann, solange man nicht seine eigene Schlange liebt. Und jeder Mensch hat seine eigene Schlange, das wusste ich jetzt. Wieder durchströmte mich eine unbändige Freude. Meine Erschütterung wurde schwächer und löste sich auf. Friede breitete sich in mir aus. Ich schmiegte mich ganz eng an die schuppige Haut der Schlange, die sich auf einmal wie Samt anfühlte. Ihr Körper strahlte Wohligkeit aus, die mich wie eine liebevolle Umarmung umhüllte. Verzaubert schloss ich die Augen.

»Ja, ich liebe dich. Ich liebe dich aus ganzem Herzen!«

»Deine Unfähigkeit, mich zu lieben, war die Ursache für unsere Trennung«, hörte ich die Schlange zischeln. »Weil du mich gefürchtet hast, statt mich zu lieben, habe ich mich von dir losgelöst.«

Das Bild einer leeren Höhle in meiner rechten Hüfte tauchte vor mir auf. Das war ihr Platz in meinem Körper, in dem die Schlange bis zu ihrer Trennung von mir gelebt hatte. Sie war seit meiner Geburt ein Teil von mir gewesen, bis sie sich von mir entfernt hatte. Im nächsten Moment sah ich, dass sie zusammengerollt in der Höhle lag. Plötzlich bemerkte ich eine zweite, viel kleinere Schlange, die an meiner linken Seite auftauchte. Ich fühlte sofort, dass sie sehr schwach und ängstlich war. Sie war es, mit der ich mich wohl identifiziert hatte, statt mit ihrer großen, starken Schwester auf der anderen Seite meines Körpers.

Auf einmal streckten sich die beiden Schlangen und schossen links und rechts von mir an meinem Körper entlang in die Höhe. Sie trafen sich in der Mitte meiner Stirn. Regungslos verharrten sie hoch aufgerichtet in meinem dritten Auge und sahen sich an. Eine ungeheure Energie ging von ihnen aus, die in meinen Kopf hineinströmte und sich von dort erst in meinem physischen und dann in meinen Geistkörpern ausbreitete. Mein physischer Leib fing an zu beben. Er vibrierte so stark, dass ich das Gefühl hatte, er würde jeden Moment auseinanderfliegen und sich dabei in Milliarden mikroskopisch kleiner Einzelteile zerlegen. Ich lag zitternd und zuckend auf meiner Liege. Hilflos wartete ich auf den großen Knall der Explosion, die mich zerreißen würde.

Aber nichts geschah.

Allmählich wurde das Vibrieren schwächer. Irgendwann hörte es ganz auf. Es wurde still. Eine Stille, die mich umhüllte, die mir Geborgenheit und Frieden schenkte. Ich genoss diesen Moment, wie noch nie etwas anderes zuvor in meinem Leben. Wieder schwebte mein Geist davon ...

Ein leiser Gongschlag ertönte. Dann noch einer, diesmal etwas lauter. Und schließlich noch einer, sehr laut und direkt neben meinem Ohr. Unwillig öffnete ich die Augen. Arslan stand mit geschlossenen Augen über mich gebeugt. Seine übereinandergelegten Hände schwebten über meiner Stirn. Sie vibrierten heftig, hielten aber keinen Gong. Das wunderte mich nicht im Geringsten. Mich wunderte gar nichts mehr.

Arslan öffnete seine Augen und sah mich mit einem liebevollen Blick an. Er drehte sich um, ging zu seinem Schreibtisch, öffnete eine Schublade und holte ein Buch hervor. Ich hörte, wie er mit den Seiten raschelte.

Er kam zu mir zurück und hielt mir das Buch vor die Augen. Ich erkannte die grafische Abbildung einer Schlange mit zwei Köpfen, die das ganze Universum umarmte. Unter dem Bild stand »Sisiutl«.

»Sisiutl ist ein mexikanisches Symbol für die Ganzheit«, erklärte Arslan. »Die Ganzheit, die du gerade wieder in dir hergestellt hast. Herzlichen Glückwunsch, du hast es geschafft. Dein wahres Ich ist zurück.«

Er strahlte vor Freude.

»Du meinst wirklich, dass ich es geschafft habe?«, fragte ich ungläubig nach.

»Natürlich. Sieh doch!«

Erneut schloss ich die Augen. Immer noch standen sich die beiden Reptilien gegenüber und sandten eine ungeheure Energie durch meinen Körper. Dann geschah es: Die Schlange aus der linken Seite meines Körpers fing an, sich zu verändern. Kleine Partikel lösten sich von ihrem schuppigen Kopf und flirrten durch die Luft. Mit einem dumpfen Knall explodierte ihr Haupt. Geschockt, aber auch fasziniert sah ich zu, wie sich vollständig entleibte und in sich zusammenfiel, in Millionen winziger Korpuskel, die kaskadenartig in eine bodenlose Tiefe stürzten.

»O mein Gott!« rief ich entsetzt. Aber es war noch nicht vorbei. Die durch die Luft schwirrenden Partikel fingen an, sich zusammenzuziehen. Sie wurden zu einer flirrenden Wolke, die sich immer mehr verdichtete, bis sie zu einem violett schillernden, flachen Teilchen geworden war. Scheinbar ziellos segelte es durch die Luft. Doch nur scheinbar. Staunend sah ich zu, wie es auf dem Rücken der immer noch hoch aufgerichtet dastehenden Anakonda landete, mit ihrer schuppigen Haut verschmolz und zu einem weiteren Teil ihres Mosaiks wurde.

Und da verstand ich …

»Ja, du hast es begriffen«, vernahm ich Arslans Stimme.

»Das ganze Mosaik auf dem Rücken deiner Schlange besteht aus den zahllosen veränderten Ichs, die du in all deinen Inkarnationen bisher aufgelöst hast. Du hast gerade den wichtigsten Schritt auf dem Weg zu deiner vollständigen Heilung gemacht. Aber wir sind noch nicht ganz fertig. Schließe bitte wieder die Augen. Wir müssen noch etwas aufklären.«

Nur zu gerne folgte ich seiner Aufforderung. Ich wollte unbedingt dieses Gefühl der Stille und des Glücks nach dem Ende der Vibration noch einmal erleben.

15 Ich wurde geboren, um dein Licht zu sein. Wenn ich es in mir leuchten lasse, werde ich damit anderen Menschen zum Vorbild.

Ich lag auf dem weichen Moos unter dem Affenbrotbaum. Das Lagerfeuer war fast niedergebrannt. Suchend sah ich mich nach den Tieren um, aber ich konnte sie nirgendwo entdecken. Doch dann trat der Bär hinter dem mächtigen Stamm des Baumes hervor und winkte mir zu.

»Komm, steh auf. Lauf zu mir und setz dich noch einmal auf meinen Rücken.«

Ich sprang auf und wollte auf den Bären zulaufen. Im selben Augenblick sah ich, dass sein Körper verschwamm und sich aufzulösen begann. Ich rannte los, um ihn zu erreichen, bevor er ganz verschwunden war. Plötzlich schoss ein grelles Licht an der Stelle in den Boden, an der der Bär gestanden hatte. Dichter weißer Rauch stieg auf.

Als der Rauch sich verzogen hatte, stand anstelle des Bären ein mächtiger Löwe vor mir. Ich bremste meinen Lauf ab und erstarrte. Misstrauisch fixierte ich das bedrohliche Tier. »Du musst dich nicht fürchten. Du kennst mich doch«, beruhigte er mich mit einer erstaunlich sanften Stimme, die mir bekannt vorkam. Er blinzelte mir mit seinen smaragdgrünen Augen zu. In diesem Moment erkannte ich ihn wieder: Vor mir stand der Löwe aus meinem Traum, der mir in München die Antwort auf meine Frage gegeben hatte, ob ich nach Antalya fliegen sollte. Jener Traum, dessentwegen ich mich entschlossen hatte, zu Arslan zu reisen und mich von ihm behandeln zu lassen.

Der Löwe konnte natürlich meine Gedanken lesen. »Jetzt, wo du weißt, wer ich bin, kannst du ja endlich zu mir kommen und dich auf meinen Rücken setzen, meinst du nicht? Oder traust du mir etwa immer noch nicht?«

»Aus vollem Herzen, das weißt du doch. Ich freue mich riesig, dass du wieder erschienen bist. Aber jetzt glaube ich, dass du die ganze Zeit da warst. Du warst doch mein Bär, nicht wahr?«

»Ja, ich bin dein Herz-Tier in all seinen Erscheinungsformen. Arslan hatte vorgeschlagen, dass ich dir zunächst als harmloser Teddybär erscheine, damit du keine Angst vor mir hast. So, komm zu mir und setz dich wieder auf meinen Rücken!«

Ich wollte zu ihm hinüberlaufen, doch merkwürdigerweise lag ich auf einmal flach in einem Bett.

»Jetzt komm endlich zu mir«, forderte mich der Löwe ungeduldig auf.

Ich richtete mich auf und setzte meine Beine auf den Boden, der jetzt nicht mehr aus weichem Moos bestand, sondern sich hart und kalt anfühlte. Ich ließ mich aber nicht irritieren, stieß mich von der Bettkante ab und ging, vorsichtig einen Fuß vor den anderen setzend, auf den Löwen zu. Ich hatte das Gefühl, wie in Zeitlupe zu laufen, und schämte mich, dass ich mich nur so langsam bewegen konnte.

»Du musst dich nicht genieren, das sieht fantastisch aus,

wie du läufst. Wie eine Primaballerina. Geh einfach weiter, gleich bist du bei mir«, rief mir der Löwe aufmunternd zu.

Ich war schweißnass, als ich ihn schließlich erreichte. Der Löwe streckte sich aus und presste seinen Bauch ganz fest an den Boden, damit ich auf ihn raufklettern konnte.

»Komm schon, es ist ganz leicht. Das Schwierige war der Weg zu mir. Halte dich an meinen Haaren fest, den Rest mache ich«, rief er mir zu.

Beherzt griff ich in seine Mähne und klammerte mich fest. Mit einem leichten Ruck seines Kopfes schleuderte er mich durch die Luft, und ich landete auf seinem Rücken. Sein warmer, muskulöser Körper fühlte sich unglaublich gut an zwischen meinen Schenkeln. Ich schloss die Augen, um seine Wildheit und Kraft in mich aufnehmen.

»So, genug jetzt. Wir wollen beim ersten Mal nicht gleich übertreiben«, vernahm ich auf einmal Arslans Stimme. Zu meiner Verblüffung kam sie von unten.

›Was? Wo kommt der denn jetzt her?‹, dachte ich verwirrt und öffnete meine Augen. Ich musste zweimal hinsehen, ehe ich begriff, was ich da sah: Ich saß auf dem Rücken von Arslan, der vor seinem Schreibtisch unter mir am Boden kniete. Er hatte seinen Kopf leicht nach hinten gedreht, blickte zu mir auf und strahlte übers ganze Gesicht.

»Herzlichen Glückwunsch, Nazan. Du kannst wieder alleine laufen und bist sogar auf mich raufgeklettert.«

16 Ich weiß, dass die Liebe mein Glück ist und dass sie mir den Frieden bringen kann.

Aufgelöst und fassungslos saß ich auf Arslans Rücken. Ich konnte nicht glauben, was ich gerade erlebte. Ich wusste nicht, ob ich immer noch auf meiner inneren Reise oder in der materiellen Welt unterwegs war. Es dauerte minutenlang, bis ich verinnerlicht hatte, dass ich tatsächlich von meiner Liege aufgestanden, allein zu Arslan gelaufen, auf seinen Rücken geklettert war und immer noch dort saß. Als ich diese Erkenntnis verdaut und mich einigermaßen beruhigt hatte, beugte ich mich zu ihm hinab, küsste ihn auf seine Wange und umschlang seinen Hals mit beiden Armen. In dieser stummen Vereinigung verweilten wir. Schließlich gab ich mir einen Ruck. Ich löste meine Umarmung und richtete mich wieder auf. Behutsam setzte ich meine Füße auf den Boden und stand auf, wobei ich mich mit beiden Händen auf Arslan abstützte. Ich traute der Belastbarkeit meiner Beine nach so langer Untätigkeit noch nicht. Doch sie trugen mich. Ohne zu wanken, stand ich mit gespreizten Beinen über Arslans breitem Rücken. So, als hätte es niemals Probleme gegeben. Ich löste meine Hände von ihm, und er kroch auf allen vieren unter mir hindurch. Trotz seiner Körpermasse sprang er katzenhaft leicht auf seine Füße.

»Lauf noch einmal ein paar Schritte«, forderte er mich auf. »Keine Sorge, ich gehe hinter dir und fange dich auf, falls du umfällst. Aber das wird nicht passieren. Du kannst wieder gehen, das steht fest. Es fehlt dir nur die Übung.«

Und ich setzte mich in Bewegung. Einmal zur Tür und zum Fenster. Und wieder zurück. Dann gleich noch einmal. Es ging zwar nur Schritt für Schritt, und ich fühlte mich noch wackelig auf meinen Beinen. Aber ich konnte wieder laufen. Es war ein unbeschreibliches Gefühl. Unfassbar. Ich hatte gerade zum zweiten Mal in meinem Leben das Laufen gelernt.

Arslan hatte mich aufmerksam beobachtet.

»Ich glaube, es ist gut, wenn du die erste Zeit an einem Stock gehst. Du bist noch ein wenig unsicher, und er gibt dir Halt. Du kannst ihn jederzeit wegwerfen, wenn du dich vollkommen sicher fühlst. Ich werde dir heute Nachmittag einen besorgen.«

Er kam auf mich zu und nahm mich in seine Arme. Seine Augen schimmerten feucht, als er sich wieder von mir löste. Er räusperte sich, ging mit schnellen Schritten zur Tür seines Behandlungsraumes, riss sie auf und rief mit donnernder Stimme in den Flur:

»Ihr Schönen, kommt bitte alle mal zu mir!«

Dann baute er sich so im Türrahmen auf, dass sein mächtiger Körper den Blick auf mich versperrte.

Es gab ein ziemliches Gedränge, als sich seine Patientinnen, deren Angehörige und Freundinnen in dem engen Gang der Praxis versammelten und ihn neugierig ansahen.

»Achtung, es tritt auf: Nazan!«, rief er wie ein Zirkusdirektor.

Er trat zur Seite und gab den Blick auf mich frei.

Ich stand am anderen Ende des Raumes und stützte mich auf seinen Schreibtisch. In mir tobten die Gefühle. Einen Augenblick lang fühlte ich mich wieder schwach und hilflos. Ich wurde puterrot vor Verlegenheit. Arslan nickte mir aufmunternd zu. Zögernd und unsicher machte ich meinen ersten Schritt vor Publikum. Dann ging ich an meinem Rollstuhl vorbei langsam auf Arslan und die mich fassungslos anstarrenden Frauen zu.

Es herrschte atemlose Stille. Dann brach ein ohrenbetäubender Jubel los. Die Frauen im Gang klatschten Beifall. Alle drängten sich in das kleine Behandlungszimmer und redeten wild durcheinander auf mich ein. Jede wollte mich umarmen und mir gratulieren. Ich fühlte mich, als wäre ich gerade Olympiasiegerin im Hundert-Meter-Lauf geworden. Doch mir war natürlich klar, dass es nicht allein meine eigene Leistung war. Ohne Arslan hätte ich es niemals geschafft. Ich sah mich suchend um. Durch eine Lücke in dem Ring der mich umgebenden fröhlichen Frauengesichter fiel mein Blick auf Arslan.

Er stand neben der offenen Tür des kleinen Zimmers, in dem gerade ein Wunder geschehen war. Er hatte sich gegen die Wand gelehnt, die Augen geschlossen und war tief in sich versunken. Der Wirbel um ihn herum perlte an ihm ab. Reglos lehnte er an der Wand. Nur seine Lippen bewegten sich.

Er betete.

Auf einmal öffnete er die Augen. »Bitte Ruhe!«, rief er laut.

Alle drehten sich zu ihm um. Das fröhliche Stimmengewirr verstummte.

»Ich möchte euch sagen, dass das, was Nazan heute erreicht hat, jede von euch erreichen kann. Jede kann geheilt und ganz werden. Eure Imagination ist eine Chefärztin auf allen Gebieten – vertraut ihr, und alles ist möglich. So, jetzt lasst euch von Fatma zur Feier des Tages in der Küche ein Glas des besten Tees geben und trinkt es auf Nazan und ihr neues Leben …«

»Wie war das möglich?«, fragte ich Arslan am Abend dieses denkwürdigen Tages, an dem ich ihn und Charlotte zur Feier meiner Auferstehung – im wahren Sinn des Wortes – zum Essen in das Dachterrassenrestaurant meines Hotels eingeladen hatte. »Wie gibt es das, diese Verschmelzung der geistigen mit der physischen Welt? Wie konntest du zu dem Löwen werden?«

»Das sind sehr weitreichende Fragen, die du mir da stellst«, erwiderte Arslan. »Aber in Wirklichkeit ist die Antwort sehr einfach: Die Ungeteiltheit ist der Geist der Weisen. Wie Laotse sagte: Nur ein Daumenbreit an Unterscheidung – und es gibt Himmel und Hölle. Alles ist eins. Ein weiser Mensch weiß nicht, was gut oder was schlecht ist. Er ist wie ein Kind. Aber andererseits auch wieder nicht, denn er hat die Trennung in dieser Welt kennengelernt. Er ist durch diese Spaltung gegangen und hat sie transzendiert. Er hat die Dunkelheit und das Licht gesehen, aber jetzt ist er darüber hinaus – jetzt sieht er die Dunkelheit als Teil des Lichts und das Licht als Teil der Dunkelheit. Jetzt gibt es keine Teilung mehr. Licht und Dunkelheit sind eins geworden – beides sind nur Abstufungen desselben Phänomens. Jetzt erkennt der Weise, dass, wie entgegengesetzt Dinge auch scheinen, sie nur Nuancen eines gemeinsamen Ganzen sind. Leben und Tod, Liebe und Hass, Gut und Böse – alles ist eins. Alles ist nur Teil eines einzigen Phänomens. Einer einzigen Energie. Der Unterschied ist nur graduell, ein klarer Trennungsstrich kann nicht gezogen werden. Was ist gut, was ist schlecht?

Von wo aus kann man es definieren und als getrennt markieren? Es gehört immer zusammen. Es sind nur verschiedene Grade ein und derselben Erscheinung. Sobald du das bewusst empfindest, wird dein Geist wieder rein und unschuldig wie der eines Kindes.

Unschuld kann unwissend sein. Dann ist sie aber wertlos, und man muss sie verlieren. Die Unschuld loszuwerden und das Wissen zu transzendieren, das ist der Sinn unseres Lebens.«

Arslan stoppte sich selbst mit einer fallbeilartigen Handbewegung und sah uns schmunzelnd an.

»So, meine liebe Nazan, ich habe genug geredet, jetzt und in den letzten Tagen. Wir haben eine wichtige Etappe deines Weges erreicht und eine Weiche in eine neue Zukunft für dich gestellt. Nun möchte ich nur noch mit dir und Charlotte den wunderbaren Sonnenuntergang und das Essen genießen. Das ist ein würdiges Ende dieser Tage, die wir gemeinsam erleben durften. Prost, ihr Schönen.«

Wir hoben unsere Gläser und tranken. Während der kühle perlende Wein meine Kehle hinunterfloss, war ich mir nicht sicher, ob er meiner Frage nicht sehr geschickt ausgewichen war. Jedenfalls hatte er sie nicht eindeutig und klar beantwortet, das stand fest. Aber es war nicht mehr wichtig. Wichtig war dieser einmalige Augenblick. Von nun an würde ich nur noch im Hier und Jetzt leben und jede Sekunde meines Lebens genießen. Wie an den Abenden zuvor versank die Sonne blutrot hinter den weißen Gipfeln der Berge. Wieder entfachte sie ein prächtiges Farbfeuerwerk am Himmel, das sich auf dem Wasser spiegelte und die Bucht in ein rötliches Meer verwandelte, das eine ähnliche Schönheit hatte wie das, das ich mit meiner Anakonda bei unserer Reise durch das Universum erlebte hatte. Als ich an sie und ihre Schwester dachte, überkam mich tiefe Dankbarkeit. Ich saß lässig mit übereinandergeschlagenen Beinen in einem ganz normalen Stuhl, was vor ein paar Tagen noch völlig undenkbar gewesen wäre. Meinen Rolli hatte ich zusammengeklappt in meinem Zimmer gelassen. Nur der braune Holzstock, der an meiner Stuhllehne hing und den Arslan mir wie versprochen mitgebracht hatte, erinnerte mich noch daran, dass ich bis gestern keinen Schritt hatte gehen können.

»Nazan, du siehst richtig glücklich und zufrieden aus«, stellte Charlotte fest. »Wie lange bleibst du noch in Antalya?«

»Mein Rückflug ist erst in vier Tagen gebucht. Ich glaube, ich werde die Zeit nutzen, um etwas klassischen Urlaub zu machen. An den Strand gehen, lesen, vielleicht sogar schwimmen. Und vielleicht wieder mit dir durch Antalya fahren und ein bisschen shoppen. Einfach die Seele baumeln lassen.« Arslan schmunzelte.

»Recht hast du. Auf jeden Fall kommst du aber bis zu deinem Abflug täglich morgens um zehn Uhr zu mir. Ich werde dafür sorgen, dass dein Energiehaushalt gestärkt wird und in Ordnung bleibt. Und mich ein bisschen um deine Tiere und dein Team kümmern. Es ist wie die Nachbehandlung bei einer komplizierten, aber gelungenen Operation.«

Mit diesen Worten erhob er sich.

»So, ihr Schönen, ich bin müde und verlasse euch jetzt. Genießt den restlichen Abend. Ach, da fällt mir noch etwas ein, Nazan. Wie hat eigentlich deine Pflegerin vorhin reagiert?«

Die Erinnerung an diesen Moment, in dem ich mit Fatma in die Halle kam und meinen Rollstuhl vor mir herschob, gefiel mir ausgesprochen gut.

»O ja, reagiert hat sie. Als ich mit Fatma die Hotelhalle betrat, plauderte Melek, wie immer, angeregt mit dem Mann an der Rezeption. Der Portier sah mich, und ihm entgleisten die Gesichtszüge. Er sagte etwas zu Melek, worauf sie sich umdrehte und mich entgeistert anstarrte. Dann schrie sie auf und fiel auf die Knie. Laut betend verneigte sie sich immer wieder gen Mekka. Es dauerte ziemlich lange, bis sie sich beruhigt hatte und wieder erhob. Ich ging zu ihr, umarmte sie und bedankte mich für alles, was sie für mich getan hatte. Sie war unfähig, etwas zu sagen. Vermutlich hielt sie mich für eine exzellente Schauspielerin, die in die Rolle einer Behinderten geschlüpft war, oder schlicht für eine Hexe. Auf jeden Fall starrte sie mich weiterhin fassungslos an und verließ dann fluchtartig das Hotel.«

Arslan drehte sich auf dem Absatz um und strebte zur Tür. Seine bebenden Schultern verrieten, dass er lachte.

17 Das All ist Geist, das Universum ist geistig. Dieses Prinzip beinhaltet: Alles ist Geist. Es erläutert, dass das All, also die substanzielle Realität, die sich in allen äußeren Erscheinungen manifestiert, die wir unter der Bezeichnung »Materielles Universum«, »Phänomene des Lebens«, »Materie«, »Energie« kennen, eigentlich Geist ist. Der selbst nicht erkannt und nicht definiert werden kann, aber den man sich als einen universellen, unendlichen, lebendigen Geist vorstellen kann.

Ich hatte meinen Aufenthalt in Antalya um ein paar Tage verlängert und meinem Bruder nicht mitgeteilt, wann ich zurückfliege. Ich wollte ihn überraschen. Außerdem wollte ich mir selbst beweisen, dass ich jetzt in der Lage war, die Reise mitsamt Gepäck bis zu meiner Wohnungstür allein zu bewältigen.

Und ich schaffte es – nicht ganz mühelos, aber immerhin. Einen Tag nach meiner Rückkehr rief ich meinen Bruder an. Ersun wollte sofort zu mir kommen, doch ich bestand darauf, dass wir uns in seinem Stammlokal, dem Café Tambosi im Hofgarten, träfen.

Es war zwar ein brütend heißer Sommertag mit Mittagstemperaturen um die fünfunddreißig Grad, aber im Verhältnis zu der feuchten Hitze in Antalya kam es mir richtig angenehm vor.

Eine Viertelstunde vor der verabredeten Zeit überquerte ich langsam den Odeonsplatz vor der Feldherrenhalle und betrat den Hofgarten durch das schmale Tor neben der U-

Bahn-Treppe. Ich blieb auf meinen Stock gestützt kurz stehen und sah mich suchend nach Ersun um. Als ich ihn nicht entdecken konnte, ging ich zwischen den gut besetzten Tischen des Café Tambosi hindurch, um mir einen freien Platz zu suchen. Dabei kam mir eine Idee. Ich würde ihn überraschen.

Ich versteckte mich hinter einem Baum direkt neben dem Cafégarten. Ein paar Minuten später tauchte Ersun auf und lief, wie ich kurz zuvor, suchend durch die Tischreihen. Nachdem er mich nicht finden konnte, ließ er sich auf einen Stuhl an einem der wenigen unbesetzten Tische sinken, der nur ein paar Meter von meinem Versteck entfernt war. Ersun hatte seinen Platz so gewählt, dass er freie Sicht auf die beiden Zugänge des Hofgartens hatte. Er kehrte mir den Rücken zu. Von meinem Versteck aus beobachtete ich, wie sich eine dralle Kellnerin vor seinem Tisch aufbaute.

»Grüß Gott, Ersun, auch mal wieder hier? Wir haben uns ja ziemlich lange nicht gesehen. Kommt noch jemand, oder bist du heute allein?« fragte sie und zwinkerte ihm zu. »Nein, es kommt noch jemand. Meine Schwester. Wir haben uns fast vier Wochen nicht mehr gesehen. Ich bin gespannt, wie es ihr geht. Aber du siehst ja toll aus. Hast du etwa abgenommen?«, flirtete Ersun mit ihr.

»Alles sexuelle Schwungmasse, mein Spezl. Soll ich dir schon was bringen?«

Das war mein Stichwort. Ich trat hinter meinem Baum hervor und stellte mich dicht hinter Ersun.

»Die steht Ihnen ausgesprochen gut«, lächelte ich die Kellnerin an.

Als Ersun meine Stimme hörte, drehte er sich auf seinem Stuhl um, um sich zu mir zu beugen und mich zu umarmen. Er erstarrte mitten in der Bewegung und hob seinen Kopf wie in Zeitlupe.

Vor ihm *stand* Nazan.

Ich saß nicht mehr im Rollstuhl, wie er es wohl erwartet hatte, sondern stand auf einen Stock gestützt aufrecht vor ihm. Ersun blickte mich fassungslos an. Er musterte mich von oben bis unten und wieder zurück. Dann schüttelte er den Kopf. Ich genoss die Überraschung, die ich meinem besten Bruder der Welt gerade bereitete.

Ersun war so geschockt, dass er nichts zu sagen wusste. Er ließ seinen Blick nach wie vor an mir auf und ab wandern. Schließlich räusperte er sich, um seine Stimme wiederzufinden.

»Nazan! Wo ist dein Rolli? Brauchst du ihn gar nicht mehr?«

Ich trat ganz dicht an ihn heran und umarmte ihn. »Wir sollten die Kellnerin erlösen, sie wartet auf unsere Bestellung. Darf ich dich zur Feier meiner Genesung heute einladen?« Ersun nickte.

Wir bestellten zwei Eiskaffee, sahen der Kellnerin hinterher, wie sie davonschob, und grinsten simultan. Ich ging auf meinen Stock gestützt zu dem anderen freien Stuhl des Tisches und setzte mich.

Ersun ergriff meine Hand.

»Jetzt leg los!«

»Hast du Zeit genug, dann erzähle ich dir die Geschichte meiner Heilung von A bis Z?«

»Der ganze Nachmittag gehört dir. Leg los!«

Ich hängte meinen Stock über die Lehne meines Stuhls, faltete meine Hände und begann meinen Bericht.

Zwei Stunden später beendete ich die ausführliche Schilderung meiner Zeit in Antalya. Ich griff mir meinen dritten Eiskaffee und leerte das Glas auf einen Zug. Meine Stimme war heiser geworden, und meine Stimmbänder brauchten dringend etwas Kühlung.

Ersun hing immer noch wie gebannt an meinen Lippen. »Das ist ja ein echtes Wunder«, brachte er schließlich hervor.

Ich musste lachen.

»Vielleicht sollten wir Arslan einen Heiligenschein basteln. Der Abschied von meinem Löwen ist mir übrigens sehr leicht gefallen. Nach seiner letzten Nachbehandlung begutachtete er mich prüfend und meinte dann: ›Ich sehe, dass dich eine sehr glückliche Zukunft erwartet. Aber ich werde trotzdem auf dich aufpassen und regelmäßig mit einem meiner Geistkörper bei dir vorbeischauen, um zu sehen, wie es dir geht. Vergiss nie, dass du wohlbehütet und beschützt bist.‹«

»Und ich bin ja auch noch da«, sagte Ersun.

»Ach Ersun, dir habe ich so viel zu verdanken. Ohne dich wäre ich doch nie bei Arslan gelandet.«

Er grinste schief.

»Aber jetzt muss ich los. Ich habe gleich einen Termin beim Hausarzt und freue mich schon riesig auf sein Gesicht. Hier hast du dreißig Euro für unser Gelage. Bis bald. Ich ruf dich an.«

Ich drückte Ersun zwei Scheine in die Hand und umarmte ihn. Bevor ich den Hofgarten verließ, drehte ich mich noch einmal um. Ersun stand immer noch neben unserem Tisch. Mein Blick fiel auf meinen leeren Stuhl. Über seiner Lehne baumelte mein Stock, den ich dort vergessen hatte. Meine erste Reaktion war, zurückzugehen und ihn zu holen. Doch dann entschloss ich mich anders und warf ihm eine Kusshand zu.

ENDE

Körperliche und seelische Rundum-Erneuerung für jeden Tag

Ewige Jugend und ein Leben ohne Krankheit – ein unerfüllbarer Menschheitstraum? Nein, sagt die Heilerin Lumira. Aus den reichen Quellen ihrer russisch-kasachischen Heimat schöpfend, entwickelte sie ihre erfolgreiche Methode der Selbstheilung und Selbsterneuerung, speziell für den westlichen Menschen.

Der praktische Einstieg in das revolutionäre Zellerneuerungs-Programm der erfolgreichen russischen Heilerin: Affirmationen, Glaubenssätze und Anleitungen zur Meditation, die voll und ganz auf die Hilfe zur Selbsthilfe zugeschnitten sind. Verbinden Sie sich mit Ihren inneren Organen, harmonisieren Sie die Tätigkeit Ihrer Drüsen – und gönnen Sie allen Ihren Zellen frische Lebensenergie!

Stülpschachtel mit 49 Textkarten und Faltblatt,
durchgehend vierfarbig
ISBN 978-3-95550-013-9

Das Praxisbuch für alle Frauen, die mehr vom Leben wollen

Wenn Menschen am Lebensabend etwas bedauern, dann meistens, sich nicht tief genug auf die Abenteuer des Lebens, der Liebe und der Freiheit eingelassen zu haben. Dieses Buch bietet Frauen jeden Alters Anregung und Inspiration, authentisch zu sein und das Leben in seiner ganzen Schönheit und Intensität zu genießen.

Bevor Gott Eva aus der Rippe Adams erschuf, war Lilith dessen erste Frau. Von Geburt eine Göttin, weigerte sich Lilith, ihrem Manne untertan zu sein. Sie fiel daraufhin in Ungnade und verließ das Paradies. An diesen uralten Mythos anknüpfend, entwickelt Antonia Langsdorf ein praktisches Programm für die moderne Frau, um persönlich zu wachsen, unentdeckte Seiten ihrer weiblichen Natur zu entwickeln und frei, authentisch und schöpferisch zu leben.

Antonia Langsdorf
LILITH
Die Weisheit der ungezähmten Frau
TRINITY